王
阳
明

孟斜阳 ◎ 著

王阳明

一个人的朝圣路

华中科技大学出版社
http://press.hust.edu.cn
中国·武汉

图书在版编目（CIP）数据

一个人的朝圣路：王阳明/孟斜阳著. -- 武汉：华中科技大学出版社，
2024.3

ISBN 978-7-5680-9209-8

Ⅰ.① 一⋯　Ⅱ.① 孟⋯　Ⅲ.① 王阳明（1472-1529）—传记
Ⅳ.① B248.2

中国国家版本馆CIP数据核字（2024）第066891号

一个人的朝圣路：王阳明

Yi Ge Ren de Chaosheng Lu : Wang Yangming

孟斜阳　著

策划编辑：亢博剑

责任编辑：康　艳

责任校对：张会军

装帧设计：■VIOLET Q1152979738

版式设计：曹　弛

出版发行：华中科技大学出版社（中国·武汉）　　　电话：（027）81321913

　　　　　武汉市东湖新技术开发区华工科技园　　　邮编：430223

印　　刷：天津中印联印务有限公司

开　　本：710mm×1000mm　1/16

印　　张：16

字　　数：247 千字

版　　次：2024 年 3 月第 1 版第 1 次印刷

定　　价：49.80 元

心是什么？何谓心学？

创建心学的一代宗师王阳明又有怎样的传奇经历？他的心学和事功对今天的人们又有何启迪？

王阳明一生追慕圣贤之道，年轻时"格竹"，落难时"龙场悟道"，中年时悟得"致良知"之道，晚年时"天泉证道"。同时，他并不只是一介书生，可谓是文武全才，三次带兵连战连捷。《明史》有评："终明之世，文臣用兵制胜，未有如守仁者也。"

然而，王阳明每立一次功都受到诋毁，甚至身陷绝境，几乎丧命。王阳明一生坎坷，磨难深重，却于困苦中磨砺心志，其"心即理""致良知""知行合一"学说影响深远。王阳明去世后，民众千里设祭，万人恸哭，又被平反封侯，配祀孔庙，成为与"孔孟朱"并称的一代圣贤。

本书以丰富的历史细节来刻画人物性格，以跌宕起伏的故事情节来演绎王阳明富有传奇性的一生。结合王阳明一生的行迹和事功，本书还重点演绎了心学诞生的曲折历程，并通俗地介绍了心学的基本内容。尤其以"知行合一"为重点，借鉴其心理建构和精神励志功用，深入挖掘传统心学中有益于现代社会的思想养分，使今天的人们能够从中受到启迪，灵魂得到滋养。

知行合一，成就梦想

王守仁（1472—1529），幼名云，字伯安。浙江绍兴府余姚人，因曾筑室于会稽山阳明洞，自号阳明子、阳明山人，世称王阳明。

他在弘治十二年（1499 年）中进士，历任刑部主事、贵州龙场驿丞、庐陵知县、都察院左佥都御史、南赣巡抚、两广总督等职，晚年官至南京兵部尚书、都察院右副都御史，因平定宁王朱宸濠之乱有功而被封为新建伯，隆庆年间追赠新建侯，谥"文成"。

有人说："中国历史上能做到立德、立功、立言三不朽的圣人，只有两个半——孔子、王阳明，加半个曾国藩。"

王阳明在中国古代思想史上是一位开宗立派的思想巨匠。他独创心学，力倡"知行合一"，弟子极众。同时，他又是一位深通兵法的军事天才，多次在国家出现内乱的危急关头挺身而出，平叛止乱。他还是一位诗文高手、书法大家，其隽永文辞与潇洒翰墨流传至今，为人称颂。

天资聪颖的王阳明出身于诗书官宦之家，自幼即有成为一代圣贤的远大志向。有一次，他请教老师："何为第一等事？"老师回答说："唯读书登第耳。"这是当时大多数人心中的答案。王阳明却摇头说："登第恐未为第一等事，或读书学圣贤耳。"王阳明是这么说的，也是这么做的。

王阳明深入钻研宋儒理学经典，朝夕对着家中竹林观察思考，以体悟朱子"格物致知"之理。后来他又转向仙佛之道，甚至在大婚之夜跑到道观里与道士交谈。很长一段时间，王阳明一直沉溺在道家和佛家学说里。弘治十五年（1502 年）八月，三十岁的王阳明因病到会稽山阳明洞中修炼导引术，忽然间，他省悟到自己无法做到道家、佛家那种绝对的自由和逍遥，仙佛之道不问亲情、离世独修，而重视亲情是人的本性，不该割舍。

正德元年（1506 年），王阳明因上疏直言触怒宦官刘瑾，被廷杖后贬往贵州龙场驿。龙场荒僻落后，生活异常艰苦，王阳明不禁自问："圣人处此，更有何道？"他日夜默坐而思，寻求自解。一天夜里，他忽然有所顿悟，如孩童般呼跃而起，若痴若狂，随从皆被惊醒。原来，他体悟到"圣人之道，吾性自足，向之求理于事物者误也"。这就是有名的"龙场悟道"。

王阳明本人不仅著书立说、开堂讲学，还做到了上马治军、下马治民，集文韬武略于一身。他曾任庐陵知县，在短短七个月的时间里，把庐陵治理得井井有条。正德十四年（1519 年），王阳明仅用了一年多时间，就彻底平定了让朝廷头痛多年的南赣匪患；正德十六年（1521 年），王阳明自起兵到生擒宁王朱宸濠不过一个多月。嘉靖六年（1527 年），王阳明在广西思田剿匪中定下"招抚"大计，以兵临城下之势令对手无条件接受招抚，兵不血刃，完成戡乱任务。《明史》评道："终明之世，文臣用兵制胜，未有如守仁者也。"

他还把"杀心中贼"与"杀山中贼"融通为一，更增强了阳明心学的说服力和影响力。有人曾感叹：王阳明是"行动圣哲"，阳明学是行动儒学！在中国历史上，像王阳明这样能将理论与实践结合得如此完美之人寥寥无几。

王阳明四十九岁时，悟出"致良知"之教，使得心学体系有了最终结穴之处。"致良知"学说直指内圣外王之道，通过事上磨、心上觉、省察克己，让内心光明清澈如镜，从而形成笃定强大的精神力量。

嘉靖六年（1527 年）九月，在阳明府邸的天泉桥上，王阳明在出征广西前对弟子钱德洪和王畿重申了"四句教"的要义，作为其心学思想的系统总结：

> 无善无恶心之体，有善有恶意之动。
> 知善知恶是良知，为善去恶是格物。

这四句口诀体现了阳明心学的真谛，是王阳明对心学理论的高度概括，也是他人生体验的结晶，史称"天泉证道"。

王阳明是五百多年来中国伟大、杰出、有着极大影响力的思想家。

他以深湛的学问和显赫事功，以自身立德、立功、立言的生动实践，实现了古往今来读书人孜孜以求的梦想，成为中国历史上罕见地实现了人生最高理想的圣贤人物。现在，我们就走近这位伟大的人物，感悟他的人格魅力和深刻思想。

目录

奇童出世

第一章

第一节　从心说起

雨果曾说："比大地更广阔的是海洋，比海洋更广阔的是天空，比天空更广阔的是人的心灵。"

心为何物？这在古今中外都是一个大问题。不知有多少聪明绝顶的人为解开这个谜，耗尽了智慧和心血。

孟子说："耳目之官不思，而蔽于物。物交物，则引之而已矣。心之官则思。思则得之，不思则不得也。此天之所与我者。先立乎其大者，则其小者不能夺也。此为大人而已矣。"孟子认为，耳目是不会思考的器官，因此，不能光用眼睛看、耳朵听，那样做很容易被事物的假象蒙蔽。"心"是用于思考的器官，对看到的、听到的事物要多想一想。只有经过思考，才能有心得体会，不被耳目蒙蔽，才能透过事物表面而深入理解它的实质。

因此，孟子所说的"心"，其实是指具有意识和思维功能的器官。明事理，辨是非，都靠这个"心"。他还进一步指出人心有四端："恻隐之心，仁之端也；羞恶之心，义之端也；辞让之心，礼之端也；是非之心，智之端也。人之有是四端也，犹其有四体也。"

这四端就是人性中善端的开始，就是一个人的良知起源。

"心学"开山鼻祖陆九渊则认为："宇宙便是吾心，吾心即是宇宙。"即万物皆由"吾心"产生，宇宙有多浩瀚广阔，人的心就有多浩瀚广阔；宇宙有多纷纭复杂，人心就有多纷纭复杂。

陆九渊所谓的"心"其实是指人的意识本身，指人们精神活动的本源。他认为人人心中都有"公理"，人人都有一颗"同心"，这就是天之所命的共同本质，就是天赋的道德精神。封建道德精神作为本体存在于所有人的心中，从而使人知是知非，使行为合乎义理。

王阳明对"此心"的体悟更为独到且深刻，从而将心学理论发展到完善成熟的阶段，人称"阳明心学"。阳明心学对"心"的探索达到了空前的高度。王阳明说："心者，天地万物之主也"，"天下无心外之物"，"生天生地，成鬼成帝，皆从此出"。

王阳明提倡"致良知"，从自己内心中去寻找"理"，"理"全在人"心"，"理"化生宇宙天地万物，人秉其秀气，故人心自秉其精要。他的名言是："人胸中各有个圣人，只自信不及，都自埋倒了。"

王阳明认为，"目虽视而所以视者，心也；耳虽听而所以听者，心也；口与四肢虽言动而所以言动者，心也"。我们能感觉、能思考、能表达感情，原因是我们有心。他还指出："圣人之学，心学也"，"身之主宰便是心，心之所发便是意，意之本体便是知，意之所在便是物"。心是身体和万物的主宰，当心灵安定下来，不为外物所动时，本身所具备的巨大智慧便会显露出来。

我们的心与宇宙万物本来是一体的，万事万物以及圣人之道本来就在我们心中。拥有强大的内心，才有机会突破自身极限，直到成为圣贤。

王阳明说过一段耐人寻味的话："你未看此花时，此花与汝心同归于寂；你来看此花时，则此花颜色一时明白起来，便知此花不在你的心外。"我心即宇宙，宇宙即我心。心是什么样的，就会拥有什么样的命运。

我们每个人都有一颗心，这颗心决定了人的格局和境界。正所谓"一念一世界"，我们是自己命运的创造者，我们外在所表现的一切，都是我们内心世界的呈现。你的任何动念、话语都可能改变世界，而改变世界的关键就在于知行合一、以心转物。

在王阳明的眼中，"心"其实是一种人的主观意志，一种万物之道的"良知"载体。这个"心"既能"知"，也能"行"，知与行不过是践行主观"良知"的一体两面。

所以，万物皆备我心中，知行合一建事功。

他的一生，始终拥有强大的精神力量，不以物喜，不以己悲。因而，他在经历无数惊涛骇浪、百劫千难之后，最终成为立德、立言、立功的一代圣贤。

那么，他是怎样做到的？且听我慢慢道来。

第二节　仙人送子

浙江绍兴府余姚县城位于杭州湾南岸，城中有座龙泉山，还有一条江穿城而过。明代成化年间的余姚还算繁华，街道两边遍布店面，人来人往，络绎不绝。

龙泉山北有一户王姓人家，世代书香，相传是东晋"书圣"王羲之的后代。王家宅院规模宏大，又不失端庄、典雅。明宪宗成化八年（1472 年）九月三十日，这户王姓人家降生了一个男婴，正是我们的传主王阳明。

中国古代的帝王将相、圣贤人物出生时，多伴有"异象"，王阳明也不例外。

常言说"十月怀胎，一朝分娩"，而王阳明的母亲郑氏怀孕十四个月，却迟迟未分娩，王阳明的父亲王华颇为奇怪，也深感忧心。

王华，字德辉，是当地远近闻名的有学问之人，当地有钱的大户人家都纷纷延请他去教子弟读书。王华和妻子郑氏成婚以来，两人相敬如宾，小日子过得幸福和顺。郑氏怀孕迟迟不分娩，王华忧心忡忡，就连王华的父亲王伦和母亲岑老夫人也忧心不已。

岑老夫人日夜盼着早日抱上孙子，以至于连日来心神不宁。这一日，她上床午睡，不一会就进入了梦乡。

在梦中，岑老夫人只见满天霞光，彩云缭绕。耳畔只听得笙箫吹奏，仙乐齐鸣。在飘扬的旗幡中，一群穿红披绿、环佩叮当的仙人驾着五色云自空中而来。其中一个身披红袍、佩戴宝玉的天神，脚踏一片紫云，怀中抱着一个小孩，从天而降，落在王家庭院中。

那天神轻轻推开房门，高声道："贵人来也！"随即走了进来，将怀中白白胖胖的小婴孩送到岑氏怀中。岑老夫人说："我已经有儿子了，我儿媳妇对我很孝敬，能不能让这孩子做我的孙子？"神仙很爽快地答应了，然后回身出屋，随众仙驾云而去，仙乐和彩云也渐渐散去。一觉醒来，岑老夫人这才发现原来是一场梦。

正恍惚间，就听到儿媳郑氏房中传来一阵响亮的婴孩哭声。然后是家人的报喜声："老爷、老太太，生了生了！"老两口赶紧来到郑氏房间。

岑老夫人仔细看去，只见刚刚出生的孙子粉嫩白胖，同梦中情形竟一模一样，心下不觉大喜，就把刚才梦中的情形讲给家人听。

想到这婴儿竟是从天上驭云而来，真是天大的喜事、奇事。王伦环视了一下众人说："这孩子既然是仙人送来，必是大吉之兆。既然来自云端，就给他起名叫王云吧。"

传说，王阳明出生的这间屋子后来常常被缕缕云雾所环绕，人们遂把这间楼阁叫作瑞云楼。如今这瑞云楼已成了浙江余姚一景。在王阳明的家乡还流传着"瑞云送子"的神奇故事。

这一传说被写入湛若水的《阳明先生墓志铭》、黄绾的《阳明先生行状》和张廷玉的《明史·王守仁传》，还载入王阳明弟子钱德洪编的《阳明先生年谱》里。

第三节　世家传承

浙江绍兴府余姚王家，祖上可算是名门望族，甚至可以追溯到魏晋时期的"簪缨世家"——琅邪王氏。但王家真正有史实可查的先祖是王阳明的六世祖王纲。据说他才兼文武，善于识鉴人物，与两个弟弟秉常、敬常，一起因文学造诣而闻名于元末。

明朝开国功臣刘伯温还只是一介平民时，常常上门拜访王纲。两位均是博学广识、谈吐不凡之人，每每相谈甚欢。王纲认为刘伯温有王佐之才，但是从面相来看他的命运并不太好，告诫他需注意明哲保身。他希望刘伯温将来得志后，不要推荐自己，以免自己被俗累所扰。

刘伯温后来出山辅佐朱元璋夺取天下，建立了大明王朝，功成之后，刘伯温转而将王纲介绍给了朱元璋。王纲此时虽已七十多岁，但精神矍铄、面色红润，身体和精神状态看上去像中年人。朱元璋大为惊异，十分欣喜，任命王纲为兵部郎中。王纲后在督办广东暴动事务时，死于海盗之手。

王阳明心中对这位六世祖有着特殊的感情。嘉靖七年（1528年）十月，五十六岁的王阳明从广西平乱后回家，途中行经广东，专程到增城拜谒六世祖王纲庙，并撰《祭六世祖广东参议性常府君文》祭祀，又在壁间题诗以缅怀王纲。

王纲之子王彦达用一张羊皮把父亲王纲的遗体背回南京。然而，朝廷竟没有给王纲任何抚恤。王彦达一怒之下，又用羊皮把父亲的遗体背回老家余姚，并立下家法：凡王家子孙，绝不许做朝廷的官。

洪武二十四年（1391年），御史郭纯上奏其事，朝廷下令在增城立庙以祀，并起用王彦达。王彦达却痛心父亲忠臣死节，朝廷待之太薄，无意出仕，便在余姚秘图湖边结庐而居，醉心山水林泉，时时临湖垂钓，自号"秘湖渔隐"。

王彦达临终时，将祖传藏书悉数交给儿子王与准，并告诫他："但毋废先业而已，不以仕进望尔也。"王彦达的这个决定，使王氏几代虽致力读书，却不求闻达，也让王氏家族积淀了深厚的文化底蕴。

王与准，字公度，号遁石。他谨遵父训，闭门读书。后来他跟从四明的赵先生学《易》，但不打算入朝为官。当地县令听闻王与准有占卜预测、看人相面之能后，常差人前来邀其占上一卦，有时甚至一天两三次。王与准极其厌恶，将所有占卜书籍当着衙门差人的面烧毁，并说："王与准不能为江湖术士，终日奔走公门谈祸福。"这招致了县令的记恨，王与准就逃到四明山的石室中隐遁起来。

恰逢朝廷正在多方招贤纳士，公差来到余姚后，听闻王与准的事迹，想要征召王与准，但是县令却在背后说："王与准以其先世尝死忠，待之薄，遂父子誓不出仕，有怨望之心。"公差听后大怒，逮捕了王与准的三个儿子，并派人到山间搜寻王与准。王与准获悉后，就逃向深山中，不幸跌落山崖，腿部撞在石上受伤，最终被抓获。王与准虽然受伤，但是言行举止一如常人，当王与准讲出自己因焚烧占卜之书得罪县令而不得已逃遁山中时，公差才释放了王与准，并建议让王与准的儿子代他应召，王与准也明白王氏后人想要光耀门庭，还是需要入仕为官，于是答应让儿子王杰代他应召。

王与准临死前对儿子王杰说，想做什么都要凭良心，其他的都可以放下。"良心"二字对王氏后辈产生了重大影响。

王杰，字世杰，从小就有志于圣贤之学，十四岁时，就已熟读四书五经及宋儒典籍，补为邑庠弟子员。时任县教谕程晶负才倨傲，轻视县学诸生，但唯独对王杰非常喜欢，将他比作东汉贤士黄宪，赞曰："此今之黄叔度也。"

余姚知县两度荐举王杰入朝为官，还特意为他准备好了行李和仆从，他都以奉养父母为由推辞了。王杰以耕种授徒赡养父母，清贫度日，却仍安然自得。待父母辞世后，王杰才接受地方官举荐，以明经应贡入南京国子监。国子监主管陈敬宗以朋友之礼相待，后来又向朝廷荐举他。可惜尚未等到任命，王杰就去世了。

王杰有二子，长子王伦，字天叙，也就是王阳明的祖父。据传王伦生得细目美髯，风度翩翩，与人交往亲切和蔼。时人称其"环堵萧然，雅歌豪吟，胸次洒落"，说他与陶渊明、林和靖一般，性情洒脱而颇有隐逸情怀。

王杰去世后，王伦仅继承了几大箱书籍，但王伦视之如命，生怕王氏书香家风在自己这里败落，读书十分刻苦。到二十岁时，王伦已经是当地有名的博学之士，名气越来越大。两浙各地大户争相延聘他为子弟师。

平日，王伦就以开馆授徒为生，以在竹林中弹琴为消遣，每当风月清朗之时，则焚香操弄数曲，吟唱诗词，让子弟们和之。王伦格外喜爱竹子，在自己家的屋前屋后都种满了风雅秀挺的竹子，他还自号"竹轩翁"，希望自己和王家后代能保持节操，品行端正。世人遂称他"竹轩先生"。

王伦娶妻岑氏，岑氏信奉佛教，素有贤名。夫妇有子三人：长子王荣；次子王华，即王守仁的父亲；三子王衮。

王伦身为王阳明祖父，对孩童时期的王阳明十分宽容，从而使他养成了自由豁达、善于思考的秉性。而寿至百岁的祖母岑氏，对王阳明的影响更是深远。王阳明十三岁丧母后，岑氏几乎承担起少年王阳明的全部养育之责。成年的王阳明开始讲学活动以后，她不遗余力地支持，还向他推荐人才，甚至把自己娘家的亲戚朋友也介绍到王阳明门下学习。对这样一位睿智仁寿的长者，王阳明充满了深深的感恩之情。岑氏去世时，年近半百的王阳明泪流满面、痛彻肺腑。

都说父母是孩子的第一任老师，王阳明之所以能成为"三不朽"的圣人，父亲王华的言传身教起着至关重要的作用。王阳明的父亲王华，字德辉，别号实庵，晚年称"海日翁"。王氏家族的先祖们几乎都有几分隐逸山林的情怀，唯独王华是个例外。

据说，王华出生时，他的祖母孟氏梦到已去世的婆婆赵氏，抱着一个穿着绯衣、佩着玉带的孩子给自己，并且说："你平时对我非常孝顺，现在子孙后代侍奉你也十分尽心。我和你的公公向上天乞求，把这个孙子给你，可保我们王氏从此以后，世世荣华富贵。"

传说王华兄长取名为荣，而他名华，正是为了与梦相符。

杨一清在《海日先生墓志铭》里说："公（指王华）生而警敏，始能言，槐里公（即王杰）口授以诗歌，经耳辄成诵。稍长，读书过目不忘。"王华八岁时，开始跟乡里的塾师钱希宠学习，刚开始学作对联，作出的对子就十分工整，一个月之后学作诗，又过了一个月学习写文章，经常能写出一些精妙的词句。仅仅过了两个月，王华写文章就十分了得，甚至超过了那些年龄较长、学习时间更长的同学。钱先生对王华的进步十分吃惊，暗自叹道："唉，这样一来，一年之后我已经没有什么可以教给他了。"

王华十七岁时，写了些关于三礼（《仪礼》《周礼》《礼记》）

的文章。当地县令看过后觉得写得非常好。过了几天，县令又特意出题来考他。题目布置下来，王华文不加点，一挥而就，以至于县令怀疑他正好遇到了以前写过的题目。于是，县令连着又出了三道题，王华应答起来更是得心应手。县令惊讶地赞叹："此人将来一定能一举夺魁。"

明宪宗成化十六年（1480 年），王华参加浙江省乡试，考得第二名。次年，王华考中殿试一甲第一名，以状元身份授翰林院修撰。弘治年间，王华又被任命为明孝宗的老师，曾给孝宗讲过《大学衍义》，还因此受到孝宗赐食慰劳。

王氏家族数代不求闻达，诗书继世，形成了深厚的文化底蕴——以仁德立身、耕读传家、隐逸养气。

第四节　贵人语迟

时间来到成化十三年（1477 年），王云①不知不觉已经快五岁了。

这小王云生得细眉淡目，白净清秀，模样儿机灵可爱，左邻右舍都认为这书香门第出来的孩子，将来准有出息。可是人们渐渐发现这孩子什么都好，就是一直不曾开口说话。

正常人家的孩子在一岁左右就开始咿呀学语，两三岁就能简单会话了。这小王云到底怎么了？哪有快五岁的孩子还不能说话的？王华夫妇二人看在眼里，急在心里，常忍不住唉声叹气。祖父王伦发现孙子除了不说话，其他的倒是一切如常。尤其是在祖父或父亲持书吟读的时候，那原本跑东跑西的小王云竟会停下脚步，一声不吭地静静聆

---

① 在改名之前采用"王云"。

听，好像能听懂似的，眼睛忽闪忽闪，似有感应。王伦暗自点头，相信小王云总会好起来。

一天中午，王伦带着王云悠闲地游逛。一群邻家的小伙伴跑过来做起游戏，天性好动的王云也加入了孩子们的游戏。这时，一个慈眉善目、穿着僧衣的和尚远远地走了过来。走到孩子们面前时，这和尚停下了脚步。他发现几个孩子正在嘲笑那小王云是个不会说话的小哑巴。他便径直走到王云身边，伸手摩挲着他的头，然后在他的头顶轻轻拍了一掌说："好个孩儿，可惜道破！"

王伦何等精明，一听就知道和尚是在点拨自己：原来事情坏就坏在这名字上！一个"云"字泄露了上天托梦的天机，原来他出生的这段根由不能说破，更重要的是"云"还有说话的意思，所以叫了王云后反而不能说话了。看来这个"云"字是一道上天的封印，封住了孩儿的口，必须改名才能破解孙子不能说话的这个迷障。

改个什么名儿呢？他忽然记起《论语》中说："知及之，仁不能守之，虽得之，必失之。"意思是一个人靠智慧得到的东西，如果没有仁德也不能守住，即使一时得到了，最终也必然会失去。

那就叫守仁吧。他希望孙子将来能够恪守仁义。于是，王伦把家人召集在一起，表情严肃，郑重地说："从今天起，我要给孙子改个名字，姓王名守仁。"

一家人面面相觑，王伦看着大家不解的样子，慢慢将当天奇遇和尚的事说了一遍。

大家对老爷子的话还是将信将疑。然而不久后，王华夫妇惊喜地发现，刚刚改名的王守仁[1]居然开口叫父亲母亲了。这在王家上下引起了轰动。

---

[1] 未加号"阳明"前，称其为王守仁。

然而更神奇的事情接连不断地发生了。一天下午，王伦正在绘声绘色地给孙子王守仁讲故事，王守仁很佩服祖父会讲那么多精彩的故事，还懂得那么多的道理。他就问祖父怎么做到的。祖父王伦笑了笑，从书橱里拿了一本书出来说："祖父懂得这么多，都是从书中得来的。"

小守仁拍手兴奋地说："祖父，我也要读书。"王华闻言，会心地朝老爷子看了看。王伦老爷子眼神中闪过一丝得意之色。于是，老爷子牵着乖孙儿王守仁来到一边，要教他读书。

王老爷子刚刚摇头晃脑地读了个开头："大学之道，在明明德，在亲民，在止于至善。"

王守仁却说："祖父，这个不用教了。"

王伦一愣："为什么？"王华和郑氏也一起转过头，看着漫不经心的儿子，有点不解。

没想到，年幼的王守仁接着祖父的话背了下去："知止而后有定，定而后能静，静而后能安，安而后能虑，虑而后能得。物有本末，事有终始。知所先后，则近道矣。古之欲明明德于天下者，先治其国；欲治其国者，先齐其家；欲齐其家者，先修其身；欲修其身者，先正其心；欲正其心者，先诚其意；欲诚其意者，先致其知。致知在格物……"

老爷子惊愕不已：难道这小家伙真是个天才？他将信将疑地又拿起一本《孟子》来，读了几段。哪知只要他刚起个头，小家伙就都能接过来，背诵起来就没完没了。看来这孩子的确是可造之才，天生的读书材料。

王伦喜不自禁地抱起兀自喋喋不休的孙子问："你从哪儿学来的？"小守仁眨了眨眼睛答道："这些书听祖父念过无数遍了，已记在心里了。"

王伦捋捋胡须，抚摸着孙子的头欣慰地笑了："难怪老夫过去读书时，这小家伙总能静静地听，似有所悟，竟是真的听进去，记住了。

真是天送麒麟儿，孺子可教！孺子可教！"

王华若有所思地点点头："孔子曰，生而知之者，上也；学而知之者，次也。难道这孩子就是生而知之，不学而能？"

王伦却笑道："我看还是老子说得好——大方无隅，大器晚成；大音希声，大象无形。这孩子不鸣则已，一鸣惊人。老夫看好他！"

第五节　诗童捷才

王伦深信孙子王守仁是少见的天才，但古话说"玉不琢，不成器"，再好的天赋若是不善加利用，也成不了才，最后只落得个"伤仲永"的结局。

王华要忙着赶考应试，无暇亲自教导王守仁读书，所以这事就落到了王伦的身上。得英才而教之也是所有为人师者的一大快事。于是，在王伦的教导下，王守仁开始发蒙读书，从《论语》《孟子》到唐诗宋词，还有儒释道典籍，遍览诸子百家。小守仁正值好奇心极其旺盛之年，常常跑到王家藏书楼里如饥似渴地读各种著作，恨不能读遍天下之书。

也正是从这时起，读书就成为王守仁一生的事业。在他成年后，还就读书专门谈起自己的心得体会："讽之读书者，非但开其知觉而已，亦所以沉潜反复而存其心，抑扬讽诵以宣其志也。凡此皆所以顺导其志意，调理其性情，潜消其鄙吝，默化其粗顽，日使之渐于礼义而不苦其难，入于中和而不知其故。"

意思是：诵读经典不仅是为了开启智慧，也要借此使人们在反复思索中积累素质，在抑扬顿挫的朗诵中抒发志向。在读书过程中能潜移默化地调整身心，涵养性情，陶冶情操，在不知不觉中提升思想境界。

王守仁还认为，读书只是一个与先贤对话的过程，不应有过强的功利之心。只要能够求知，就不会有苦和累的感觉。如他在《传习录》中所说："良知知得强记之心不是，即克去之；有欲速之心不是，即克去之；有夸多斗靡之心不是，即克去之。如此，亦只是终日与圣贤印对，是个纯乎天理之心。任他读书，亦只是调摄此心而已，何累之有？"可见王守仁读书只是为了探求学问，心中并未惦记功名利禄之事。

成化十七年（1481年），王守仁九岁，他的父亲王华赴京应试，在殿试中高中状元，入朝为官，在翰林院担任修撰一职。王华后来觉得祖籍绍兴风光不错，又是祖辈故居之地，于是在那里买下了一块地，盖了新房，王家就举家从余姚迁居到绍兴。

第二年，王华为了对父亲尽孝，打算接王伦来北京居住，同时也让王守仁进京求学，一家人在北京团圆，共享天伦之乐。儿子有此孝心，王伦当然很是开心，带着孙子就动身前往北京。

进京路途遥远，一路上爷孙相伴解闷，倒也走得悠然自在。这一路上，从未出过远门的王守仁倍觉新鲜。有道是"读万卷书，行万里路"，爷孙俩一路舟车相继，跋山涉水，令王守仁开阔了眼界，增长了见识。

这天晚上，王伦一行人乘船过了南京，来到了镇江。王伦牵着小守仁的手登上岸去，来到江边一个酒楼。早有相熟的老友摆好了酒宴，专程款待远道而来的爷孙俩。此时，只见皓月当空，灯火荧荧，颇让人心旷神怡。

王伦和朋友们在酒楼上欢聚饮宴，一时间觥筹交错。慢慢地，老人家就有了些醉意。酒酣耳热之际，大家决定即兴赋诗，不能当场应和者罚酒三杯。要求是必须应景，诗中所写的必是此时此地人人眼中所见的景象，还要契合此番酒宴。

轮到王伦时，这位饱读诗书的老人一边用筷子敲着碟碗，一边闭着眼睛摇头晃脑地苦想。王守仁在一边瞪圆了眼睛，心中暗叫不妙：

祖父此番只怕是喝多了，难以应付这个场面。

就在这颇为尴尬之际，王守仁突然站了出来，清脆的童声令人们精神一振："各位前辈，晚辈虽愚钝，但平时承祖父训导教诲，也略有所得。祖父年迈不胜酒力，不妨让晚辈代作一首，各位长辈见笑了！"说毕，他朗声吟道：

> 金山一点大如拳，打破维扬水底天。
> 醉倚妙高台上月，玉箫吹彻洞龙眠。[①]

好一个才思敏捷的神童才子！满桌客人大为惊叹。此诗不仅将长江上的风景描写得十分生动，又将在座诸客的状态展现得淋漓尽致。其中一位客人还有点怀疑：这是不是早就准备好的旧作？他还想再考一考王守仁。正值月夜，风景极佳，他便问王守仁能不能以"蔽月山房"为题再作一首。

王守仁听了略一思忖，张口便又吟出一首：

> 山近月远觉月小，便道此山大于月。
> 若有人眼大如天，还见山小月更阔。[②]

这首诗不拘一格，虽有些口语化，但富有浪漫夸张的想象力。山与月的大小，只是因为观察者位置和角度的不同，这与苏轼的"横看成岭侧成峰，远近高低各不同"颇有异曲同工之妙。山和月到底哪个更大，九岁的少年以独特的思考方式提出了新看法，富有禅意。

---

① 《金山寺》，出自钱德洪《阳明先生年谱》。
② 《蔽月山房》，出自钱德洪《阳明先生年谱》。

年仅九岁的孩童，竟能如此谈吐不凡，实属不易。这也展现了王守仁超越年龄的机敏和思维水平。一位朋友对王伦道："令孙出口成章，以后定当名满天下。"

不料，王守仁却说道："文章小事，何足成名？"

众人闻言更加惊奇，王伦也对志向不凡的孙儿另眼相看。自古朝廷以文章取士，读书人以文章博取功名，如何能是小事？如果文章都算小事的话，那么王守仁心目中的大事又是什么呢？

青春时代

第二章

第一节　顽童不羁

　　每个人在青春年少时，都难免遇到令人迷茫之事，凡人如此，圣人亦如此。王守仁的迷惘期始自他从家乡前往京师，这段时期他的心中充满了迷茫和困惑，找不到人生的方向，内心十分痛苦焦灼。他的第一个困惑就是："何为第一等事？"年幼的他，已经开始思考人生最高目标和理想到底是什么、人生的意义在哪里的问题。

　　明洪武元年（1368年），明军攻克元大都，改称北平府。明永乐元年（1403年），朱棣夺得帝位后，改称北京。永乐十四年（1416年），朝廷决定把北京改建为新的都城，兴建新的宫殿，至永乐十八年（1420年）基本建成，改称京师，以区别于南京。在王守仁眼中，北京的一切都显得十分新鲜。

　　爷孙俩到京师后，王华听说了儿子在镇江即席赋诗的事情，心中十分高兴：看来这孩子还真是块读书的料。于是他忙着在京城里给儿子王守仁物色一流学校、顶级老师。

　　王华为儿子找到的塾师是上虞人许璋。许璋，字半圭，天性淳厚质朴，性情淡泊，乐于苦行，不求入仕。许璋潜心钻研各种学问，博采众长，对天文、地理、兵法、奇门九遁之学无所不晓，他还是位占星高手。许璋对聪明伶俐的王守仁自然也是非常喜欢，这位授业塾师不仅给王守仁以经学启蒙，还引导王守仁学习兵法，并培养其对道家文化的兴趣。

在许璋眼里，小守仁虽天资异常聪颖，但可不是个老实听话的学生。王守仁悟性颇强，思考问题常能举一反三，让讲课的老师颇感惊讶。同时，在一班同龄的学生中间，他生性活泼好动，不愿意在私塾里枯坐，常常喜欢舞枪弄棍，十分顽皮。平时，与小朋友玩耍时，王守仁则是大家眼中的"智多星"。他爱动脑筋，点子多，还能绘声绘色地讲故事。伙伴们常常坐在他的周围，聚精会神地听他讲一个又一个精彩的故事。那时，王守仁最喜欢讲历朝历代的战争故事，他对历史上文武双全、有所作为的将帅们充满了钦佩。

这个时候，王守仁尤其喜爱兵法，对《孙子兵法》更是爱不释手。他最喜欢的事就是和老师一起谈论兵书，常常问得老师都答不上来。

他不光是读纸上文字，更爱实际动手去排兵布阵。每逢家中宴请宾客，小守仁就取来许多果核，把果核当成士兵，与别人摆起兵阵，以从书上看来的一些阵法，与客人对垒。为此他没少挨父亲训斥。因为父亲总嫌他打扰了客人，也耽误了读书学习。其实因为行军打仗之事，最忌教条式理解和机械照搬，其奥妙幽微之处非亲临战阵者不能领悟，而从兵法中获得的思维，是王守仁心学理论形成的一个重要来源。

少年王守仁不仅喜爱读兵书、习兵法，还喜欢下象棋。象棋原本就是从现实军事斗争中来的，很多原理与兵法相通。所以，对于喜好兵法的王守仁而言，爱好象棋是件很正常的事。

王华看着天赋异禀的儿子不务正业，还真有点恨铁不成钢。最终他叹息一声，端起棋盘走到河边用力一扔，棋子"哗啦啦"全掉进了河里。

恋恋不舍的王守仁特意提笔赋诗一首：

象棋诗

象棋终日乐悠悠，苦被严亲一旦丢。

兵卒坠河皆不救，将士溺水一齐休。

马行千里随波去，象入三川逐浪游。

炮响一声天地震，忽然惊起卧龙愁。

王华读了这首诗不禁有些无奈。因为这首诗巧妙地嵌入象棋"兵、将、马、卒、象、炮"等元素，传神地刻画出一个象棋迷焦虑不安、无可奈何的心情，也算是颇有妙思趣构。"炮响"既指象棋的炮声，又暗指象棋坠河的声音。

不过，王华并不认同王守仁对象棋的痴迷。毕竟象棋下得再好也只是小技而已，既不能靠它晋升上位、光宗耀祖，也不能靠它谋生。

他时时对儿子叹息："守仁啊，切勿玩物丧志，王家世传儒业，我不希望到你这里败坏了家风。"

王守仁不服气地回答道："父亲，读书有何用处？"

王华现身说法，语重心长："书读得好就能入朝当官，光耀门楣，享受世人的尊敬与仰慕，这些都是读书的功劳。"

王守仁不屑地说："父亲中个状元也只管得一代，虽中状元也不稀罕。"

王华怒从心头起，作势要打这胡搅蛮缠、胡说八道的顽童。

王守仁不躲不闪，迎着父亲严厉的目光继续申辩："孩儿喜爱下棋和兵戏是有道理的。儒者患不知兵。孔圣说，'有文事者必有武备，有武事者必有文备。'真正对国家有用的人才，应该下马能文，上马能武。区区章句之儒，以辞章粉饰太平，临事遇变，则束手无策。孩儿不愿做雕章琢句的腐儒，想做能安邦定国、济世救民的通儒。"

王华被这小家伙的一番话震住了，沉默了一会，摇头无奈笑道："就凭你这调皮捣蛋的浑小子，还想当通儒、做圣贤？"

不过，王华的内心却颇为惊异：这话说得倒也有些道理。一个小孩童口口声声要当通儒、做圣贤，不知是他不知天高地厚，一时心血来潮，还是他真的心有所悟，更不知这样下去对这个家、对孩子未来的人生是福还是祸。父亲王伦却劝他不要着急，守仁爱玩就任他玩，王伦认为这小子聪明过人，志向不凡，将来会有大出息。

王华无奈地摇摇头。作为父亲，他也许真的低估了儿子的智商和志向。

王守仁在学堂那些孩子中威信颇高，他的小脑袋里主意多，常常有很多奇怪的念头和想法，还经常和同学们讨论稀奇古怪的问题。事实上，这个时候的王守仁常常陷入一种说不清、道不明的迷茫和困惑之中。他拥有超出他年龄阶段的思维，人们不知道这个孩子的小脑瓜里都在想些什么。

有一次，他找到先生，问了一个问题："何为第一等事？"

先生不假思索地回答说："唯读书登第耳。"这个回答也是大多数人心中的答案，读书才能有功名，人生头等大事是登第。

王守仁却摇头说："登第恐未为第一等事，或读书学圣贤耳。"王守仁认为这种想法不对，他认为人生的头等大事应该是读书学习、做圣贤那样的人，而不是以此为阶梯，只看重中举登第。

这一问一答，直指人生要义，这个少年已经开始思考一些深层次的东西。

所谓"圣贤"，如尧、舜、夏禹、商汤、周文王、周武王、周公、孔子、孟子等人，他们是完美人格的典范。这是王守仁确立人生志向的开端。

不过，王守仁还有些犹疑：人生第一等事，也许是读书学圣贤，还有可能是别的什么事。总之，他还不确定人生第一等事到底是什么。

这时，祖父王伦为孙子开启了一道门。有一天，王守仁读《后汉书·马援列传》，其中伏波将军马援说："丈夫为志，穷当益坚，老当益壮"，"男儿要当死于边野，以马革裹尸还葬耳"。王守仁读罢不禁热血沸腾，心驰神往，便跑去问祖父王伦："一个人要活成什么样子才是最理想、最为人们认可的？"王伦笑道："当然是实现立德、立功、立言这三不朽了，这是儒家最高的人生理想。"

他见孙子有些不解，便深入讲解道："春秋时，鲁国的叔孙豹与晋国的范宣子就何为死而不朽展开讨论。范宣子认为，他的祖先从虞、夏、商、周以来世代为贵族，家世显赫，香火不绝，这就是不朽。叔孙豹则不赞同这种说法，他认为这种世禄并非不朽。在他看来，真正的不朽乃是'太上有立德，其次有立功，其次有立言，虽久不废'。此后，儒家士子将立德、立功、立言当成毕生奋斗之目标。"

王守仁又问："历史上，有哪些人实现了这一理想呢？"

王伦答道："我个人来看，仅孔圣人和武侯诸葛亮二人可称达成这一理想。"

王守仁眼前一亮，不禁叹服。他似乎在朦胧中找到了人生前行的方向。

除了祖父，父亲王华的为人处世之道也给王守仁带来了深刻的影响。王华在家中盖了一座小楼，忙活了很长一段时间，眼看就要竣工，不知何故，一场火灾将小楼化为灰烬。亲友都说这是因为王华没有供奉神灵，所以遭到惩罚，王家将有大祸临头。

当时王守仁在墙角处偷偷看着父亲，不知如何是好。只见父亲神情自若，很镇定地同亲友谈笑，一点不见慌乱之色。后来，王华又着手重新盖楼。一年后，一栋崭新漂亮的小楼拔地而起，而王家并没有遭受到什么上天的惩罚。

王守仁暗暗佩服父亲的胸怀，便问父亲："家遭火灾，流言四起，父亲为什么还能保持从容不迫、镇静如常？"

王华笑道："为父全靠的是制心功夫。如果能涵养心智，就会把财物看作身外之物，如此就能轻松洒脱地对待那些无妄之灾、不虞之祸。既然火灾已是既定事实，那就不要再为它过多沉沦。他人的言论我们管不了，但要管好自己的情绪。"

王守仁明白父亲是教导自己要注重内心修养、提升自我境界。内心修养到位了，以后遇到什么艰难险阻，都能不以物喜，不以己悲，能够审时度势作出准确判断，而不是人云亦云。

青春期的王守仁有太多的偶像、太多的幻想，有太多想做的事。他爱好兵法谋略，渴望建功立业，修习道家养生术，追慕神仙佛道，又向往圣贤人物。

与当世之人相比，他的志向实在宏大。

第二节 任侠少年

热血少年的内心往往都有一个纵横江湖、四海为家的侠客梦，王守仁也不例外。他本就天性活泼好动，喜好舞刀弄枪，又被英雄豪杰的事迹所吸引，胸怀"经略四方"的志向。

王守仁出生前后，正是大明王朝的多事之秋。此时的大明王朝已经历经百余年，社会矛盾丛生，内忧外患不断。明宪宗皇帝此时不理朝政，宠信术士和宦官，整天沉迷于声色犬马。奸臣当道，吏治腐败，民不聊生，各地百姓纷纷揭竿而起，各方起义风起云涌。

同时，北方少数民族部落也不断侵扰中原。明英宗正统十四年

（1449 年）六月，瓦剌太师也先侵犯边境，明英宗朱祁镇在宦官王振怂恿下，不顾群臣劝阻，亲率大军出征，终兵败被俘，明军最为精锐的三大营毁于一旦，瓦剌大军势不可当，逼近北京城。兵部左侍郎于谦等力排南迁之议，立郕王朱祁钰为皇帝，坚守京师，最终将入侵的瓦剌军队全部击退，保住了大明王朝。然而，明英宗朱祁镇复辟后，为了巩固自身地位杀掉了以于谦为首的众多功臣，导致朝廷栋梁摧折，无异于自毁长城。

每每听闻师长们讲述此事，王守仁心中沉痛之余，也十分钦佩那位力挽狂澜的英雄于谦。他认为，于谦堪称天下读书人的榜样，不仅忠义无双，而且能文能武。在京城的于谦祠前，王守仁还曾留下这样一副对联：

赤手挽银河，公自大名垂宇宙；
青山埋白骨，我来何处吊英贤。

正因如此，王守仁更加重视军事，他苦研兵法，只盼望有朝一日能征战沙场，护国安民。

成化二十二年（1486 年），王守仁十四岁，开始学习弓马骑射之术，更加认真地研读《六韬》《三略》等兵书。出于对北方边境安全的关心，也出于对于谦等英雄的崇敬之情，王守仁还以一身侠客装束，单枪匹马地前往长城一带实地察看。

王守仁先是来到了"居庸三关"，即居庸关、紫荆关、倒马关。这些关隘地势险要，自古为兵家必争之地，是防御外敌入侵的重镇。

居庸关早在春秋战国时期就成为防守要道，此后历经汉、唐、辽、金、元数朝，都由重兵把守。到了明朝，朝廷花费巨资和大量人力，在居庸关修建了一系列军事防御设施，确保北京的安全。

王守仁纵马登上烽火台，只见得天际雁阵嘶鸣而过，群山松涛起伏，关塞绵延万里。正所谓"前不见古人，后不见来者"，王守仁不由得心思浩茫，浮想联翩，仿佛回到了金戈铁马、喊杀震天的战斗现场，脑中涌出无数慷慨激昂的边塞诗句。

当时明帝国的主要敌人就是居庸关外的那些蒙古部落。在被称为"小王子"的达延汗统领之下，蒙古部落的力量逐渐壮大。他们三番五次侵入边境地区烧杀掳掠，与明朝守军发生冲突。想到国家边患未除，再想到历史上那些在边塞杀敌建功的英雄，少年王守仁浑身热血沸腾。

他在居庸关考察了一个多月，登长城、访乡贤、凭吊古战场、思考御边策，详细观察和了解居庸关一带的地形地貌、道路交通以及各要塞关隘的兵备防御等情况，脑中思考着针对外敌入侵的防御之策。

此次边塞之行表明王守仁关切军事并非心血来潮，或出于一时兴趣，也绝不满足于纸上谈兵。书本上的那些兵法谋略与眼前的山川形势一起，构成了他心中的军事宏图。

某晚，王守仁做了个梦，梦见自己去拜谒纪念汉朝名将马援的伏波将军庙。马援的豪迈、勇气和胆识令少年王守仁推崇备至，他在梦里竟然写下一行文辞：

> 铜柱折，交趾灭，拜表归来白如雪。

并赋《梦中绝句》：

> 卷甲归来马伏波，早年兵法鬓毛蟠。
> 云埋铜柱雷轰折，六字题诗尚不磨。

醒来以后，他将这首诗记了下来，成为他立志为国家从戎建功的见证。

少年王守仁留心时政，关心国家大事，不仅在言谈中表达志向，在行动上更是有惊人之举。成化二十二年（1486 年），由于各地或洪水泛滥，或旱灾频发，连年饥荒，盗贼乘机作乱。两湖、河南、陕西交界地区发生以刘通、石龙为首的流民暴动，他们以黄旗为帜，建国号为"汉"，以"德胜"为年号，一时震动朝野。

年方十五的王守仁知道这个情况以后，突发奇想：这不正是我辈挺身而出、大显身手的时机吗？于是，他把自己关在房间里写了封奏折，结合他对居庸关的守地考察，阐述了他的御敌构想和克敌制胜的用兵谋略。他请求皇上让他带领一队兵马，征讨刘通、石龙等人，帮助国家恢复安定和平。

王华知道后惊出一身冷汗，怒斥道："汝病狂耶！书生妄言取死耳。"一介书生妄言兵事，岂不是自寻死路吗？王华冷静下来后劝勉儿子说："治安缉盗要有具体办法，不是看看兵书就能学会的。你还是先充实学问，再想建功立业吧。"

王守仁也未再言及此事，开始专心致志做学问。少年王守仁已经展现出了侠客的不羁，他的志向、胆识和个人行迹处处透着一种超凡脱俗的气质和情怀。他既想做著书立说的传教之人，又想成为功业显赫的做事之人。一手能握书，一手能持剑，正是他心中的"不朽"。

第三节　轶事传闻

在王守仁游历居庸关之前，他的母亲郑氏就因病去世了。

郑氏出身寒微，性情温婉，恭俭持家，去世那一年才四十九岁。这时王守仁也只有十三四岁。在居丧期间，王守仁常常因为思念母亲而悲伤哭泣。他变得多愁善感，常常因内心巨大的悲伤而陷入长久的空虚和迷惘之中。

生命为何如此脆弱，命运为何如此无常？

他感到生与死之间不过相隔一张纸，生死只在一呼一吸之间。生命的真相和根本到底是什么？王守仁再次陷入了一种深刻而执着的思考。他时常感叹说，人生在世，生命无常，来去匆匆，聚散无定，倒不如学习道教长生术，做个逍遥自在的不死神仙。这也为他日后学习佛道之学埋下伏笔。

王守仁失去母亲后，王华很快就续娶了一位年轻女子赵氏，据说只比王守仁大三岁。小说家冯梦龙在作品《智囊全集》中记录了这样一个故事：

王守仁对父亲续娶十分不满。在他心里，母亲永远只有一个，那就是生他养他的郑氏，谁也代替不了。而这位年轻继母经常对他又打又骂，父亲王华公务繁忙，无暇顾及这些家庭琐事。

挨了打骂的王守仁心中冤屈，又不敢告诉父亲。赵氏十分迷信，每个月初一和十五必去佛堂烧香拜佛。王守仁得知后，计上心来。

这一天又到了烧香拜佛的日子，赵氏到佛堂后，发现门口放着一个茶盘。她认出这茶盘是郑氏生前所用之物。奇怪的是，杯子好好的，唯独没有茶壶。赵氏觉得奇怪，却也找不到头绪。

接着，赵氏接连好几天发现自己床上总是莫名其妙地出现各种奇怪的羽毛，因而心神不安。她本是迷信的人，这一连串奇怪费解的事情让她心神不宁，接连去了几次寺庙也不管用。

这一天，王守仁出了门，到街上转悠，正好看到有个人吆喝叫卖鸮鸟。所谓"鸮鸟"是古时对猫头鹰一类鸟的统称，这种鸟被视为不祥的象征。王守仁看着那猫头鹰，心念不觉一动。他当即买下了一只猫头鹰，决意借此教训一下年轻的继母。然后，王守仁跑到这一带有名的巫婆那里，讲了自己被继母虐待的遭遇。那巫婆听得心动，很是同情，同意帮王守仁。

巫婆见这孩子生得十分机灵，便笑问他如何帮他。王阳明上前附耳细说如此这般。巫婆听了大笑，拍拍小守仁的脸蛋："这孩子，亏你想得出来。"

王守仁回到家后，提着有猫头鹰的袋子躲在继母门外，趁她走出房间的时候，便溜进去把猫头鹰塞到她的被窝里。然后，他蹑手蹑脚地回到书房，做出一番用功读书的模样。

这晚，继母来到卧室，拉开床上的被子准备睡觉。突然，只听得一声惨叫，她看到昏暗灯光下，一个黑影从被子里钻出来，迅即扑棱棱地飞腾而起，发出阵阵怪叫声。仔细一看，原来是一只大鸟，张开翅膀在屋内来回盘旋。年轻的赵氏受了惊吓，瘫软在地上，一个劲地乱叫乱喊："来人啊……"一帮仆从丫鬟闻声赶来，只见那只大鸟扑腾着翅膀在屋内左冲右突。他们慌忙打开窗户，大鸟扑腾着从敞开的窗户飞了出去。赵氏被吓得不轻，心里怦怦直跳，再也睡不着了。

按当时的风俗，猫头鹰乃"恶声之鸟"，迷信的说法是"鸟入户，人将去"。王守仁闻房中惊叫之声，装作不知，进入室内问继母发生了什么事。继母想不到这是小守仁的恶作剧，便将猫头鹰入室伏被之事叙说一遍。王守仁对继母说："古人说，野鸟入室不祥，这事得找个巫婆来问问，看看这鸮鸟，为什么会出现在我们家。"

于是第二天清早，王守仁就一路小跑出了门，请来了巫婆。那巫婆一脸严肃地来到王府，入门便说："贵府中怎么有一股不祥的怪气。"见到赵氏时又说道："夫人气色看来有点不佳，也许大灾将至。"

赵氏更加惊恐，将被中出现猫头鹰之异事相告，巫婆道："老妇问问神灵，便知原因了。"巫婆点燃香烛，请赵氏下拜，然后作起法来。她在地面生起几堆火，然后赤脚披发摇动铃铛，围绕着那火堆蹦过来跳过去。跳着跳着，那巫婆身体猛地一阵哆嗦，然后两眼直愣愣地盯着天上，脸上充满了不甘与怨恨，仿佛变成了一个来自地狱的厉鬼。她的喉咙里咕噜一阵后，恶狠狠地说道："我乃状元公王华的原配夫人，王守仁的生母郑氏。你对守仁的所作所为，我在天上已经全都看到了。这鸦鸟就是我变的，不久我就会回来取你性命。"

赵氏见这般排场，倒吸一口凉气，吓得随即"扑通"一声跪在地上连连磕头求饶，承诺以后不再虐待小守仁，并让这孩子继续读书。见事已妥当，巫婆见好就收，两眼一翻倒在了地上，不一会儿爬起来，睁开眼睛，恢复原声说道："刚才见到贵府先夫人郑氏，神情恼怒，托身怪鸟来啄你的生魂，幸好夫人表示愿意改过，她方才飞身飘上屋檐离去。"

赵氏急忙拿出银子来，让王守仁打发这个装神弄鬼的巫婆离开。王守仁忍住笑，送那巫婆出门。赵氏还连忙准备了祭品，带着王守仁去祭拜郑氏。从此以后，她对小守仁视如己出，再也没有苛责过他。此后，王守仁不再受虐待，读书游戏十分自在快活。

这个故事多半是杜撰，意在渲染少年王守仁的聪明机智。从真实历史来看，赵氏只比王守仁年长三岁，虽说是母子，实际上与姐弟差不多。王守仁少年顽劣，不喜读书，非常叛逆。父亲王华家教严厉，有时还大加鞭笞。赵氏常常劝说王华，对王守仁多有庇护。他们母子关系最有力的证明是，当赵氏六十大寿时，王守仁远在广西剿匪，虽不能归家祝寿，却恭敬地绘制了一幅《云山遐祝图》，并命门人邹守益等撰写寿序，为继母赵氏祝寿。可见，王守仁与继母赵氏的关系还是很和谐的。

其实还有两个事例足以证明王守仁与继母的关系很融洽。赵氏生了儿子王守文和一个女儿，王守仁与弟弟王守文感情甚笃，多次给王守文写信，教他如何做学问，如何修身做人。最后王守文也中了进士。王守仁和同父异母的妹妹感情也很深，妹夫徐爱既是他的爱徒，更是知己。他甚至把徐爱与孔门弟子颜渊相类比，认为徐爱对心学的理解是最深的。

第四节　新郎失踪

成化二十三年（1487年），明宪宗朱见深驾崩，朱祐樘继位，是为明孝宗，改年号弘治。明朝历史掀开新的一页，上下气象一新。王华的仕途也有了新的变化，开始参与修撰《宪朝实录》，并充任明孝宗朱祐樘的经筵官，负责给皇帝讲读经书。

这一年，王守仁年满十六，已经是一名玉树临风的青年才俊。有道是"男大当婚，女大当嫁"，他奉父命来到江西，向诸家下了聘礼。

诸家家主是诸介庵，浙江余姚人，时任江西布政司参议，与王华是金石相契的至交。这门亲事当初还是诸介庵主动提起的。

当时，在吏部任职并主持会试的诸介庵到王家做客。善于识人的诸介庵第一眼看到活泼聪明的王守仁就非常喜欢，认为他将来一定能成大气候，于是果断地和王华定下了娃娃亲。

王守仁到了可以成婚的年龄，便遵从父命，亲自到千里之外的南昌迎娶夫人诸氏。这让岳父诸介庵高兴不已，格外热情用心地招待这个远道而来的女婿。

新婚这天，诸府张灯结彩，宾客盈门，笙歌悠悠，喜气洋洋。让人意想不到的是，就在这热闹的新婚之夜，王守仁看着觥筹交错的大婚场面，竟然再次感到了一丝迷茫，居然昏头昏脑地走出了诸家，在南昌城的街道上漫无目的地游荡起来。

或许是命运使然，他不知不觉地走到广润门附近一处道观，抬头看时发现了"铁柱宫"三个大字。这时，天色已晚，宁静幽暗的夜色里，铁柱宫里显得格外安宁静谧。王守仁独自走了进去，只见大殿中神案前有两盏昏昧不明的灯火，殿中一块蒲团上，一位白发垂肩、骨骼清奇的老道士正盘膝而坐，闭目养神。

王守仁轻轻走上前去，安静地坐在道士面前。听到有人前来，老道士缓缓睁开眼。

他静静地观察了王守仁一会儿，不觉有些吃惊。眼前这个举止文雅的少年，眉宇之间透着一股英气。只是这年轻人脸色不太好，呈现一种不太健康的青黑色。

老道士关切地对王守仁说："年轻人，恕贫道冒昧，近日可是身体欠佳？"

王守仁拱手答道："不瞒道长，我从小身体就不好，常犯风寒，肺疾经久未愈，敢问老神仙是何方人氏？"

道士笑着回答："神仙二字不敢当，贫道祖籍四川，因访友问道来到此地。"

王守仁仔细打量，见他鹤发童颜，目光有神，声音洪亮，知是得道之人，便问："道长高寿？"

道士回答："九十有六。"

王守仁闻言一惊，九十六岁的老人身体还如此硬朗，世间少有啊，可见道家所谓长生之术并非妄言。

他又问："老神仙如何称呼？"

道士叹息着答道："贫道从小就在外面漂泊修行，姓名早已忘记。有好事者见我经常静坐，所以称我为'无为道者'。"

王守仁起身走近老道士，恭敬地施礼道："您是世外高人，必有养生妙法，敢请赐教一二。"

道士点头笑笑说："老朽法号'无为'，养生之要也在无为养静，只有心灵清净，才能够领略清静妙处，才能够进入虚无逍遥之境。"

王守仁读过老庄，知道这位老道士的意思。按道家养生法，无非修习静坐之道，行呼吸导引之术，进入坐忘虚静的状态。只要心静神空，就能进入逍遥境界，得以益寿延年。这就是身心安顿、性命双修的养生秘诀。

两人一边闭目静坐，一边谈玄论道，直到东方发白，也毫无倦意。

按照小说记载，王守仁"恍然有悟，乃与道者闭目对坐，如一对槁木"。

直到道观钟声响起，王守仁如梦中惊醒，不觉"啊呀"一声，总算想起自己来南昌是为了完婚。而昨夜正值洞房花烛，只怕诸府上下还在找自己呢。他忙从地上站起来，匆匆和道士告别。

道士意味深长地对他说："也许将来我们还有见面的机会，下一次我们再见面，也许是一个你我都意想不到的地方。"

王守仁一时难以理解老道士的这番玄奥之言，随口问道："那我们何时能再见？"

老道士高深莫测地笑笑，伸出两根手指说："珍重珍重，二十年后吧，当再见于海上。"

王守仁无暇多想，赶忙向道士拜别，一路跑回岳父诸介庵家。

新郎忽然失踪让诸家一夜无眠，以为王守仁出了什么事情。当诸介庵看到王守仁喘着粗气重新出现在门前时，顿时惊喜交加。王守仁则不停地向岳父请罪、道歉。

诸介庵也顾不上追问他去了哪里，只是让他赶紧去见新娘子，一起出来见礼。王守仁知道自己错了，一进新房，马上向诸氏施礼认错。诸氏是贤惠之人，见王守仁平安归来，悬了一夜的心也终于放了下来。此后，诸氏一直跟随在王守仁身边，他的饮食起居，全靠诸氏照料。

后来王守仁新婚之夜出走道观这件事越传越广，成为他传奇人生中的又一桩趣闻。这件事足以说明道家学说对王守仁的影响。当然也可以从中看出，王守仁对任何一件事只要痴迷起来，就会倾注极大的热情和精力。这种使人震惊的热情和痴迷，也帮助他在自己感兴趣的任何领域取得非凡的成就。

不过，王守仁对岳父诸介庵始终心存愧疚。七年后，岳父病逝在山东布政使司左参政任上，王守仁在祭文中写道："我实负公，生有余愧；天长地久，其恨曷既。"

第五节　问道娄谅

成婚后，王守仁与夫人十分恩爱，诸介庵看在眼里，喜在心头，感慨自己没有选错人，将这个有些"不靠谱"的女婿留在了南昌，并在自己供职的江西布政使司为他安排了一份差事。就这样，王守仁不仅娶到了妻子，还谋到了人生第一份公职，一干就是一年多。

王守仁的这份差事其实没多少事可干，薪俸却不低。由于工作实在太清闲了，王守仁只得自己找些事情做。他让人买来了笔墨纸砚，天天待在官衙里临帖，笔走龙蛇，居然练出了一手漂亮的行草书法，形成了自己的独特风格。

王守仁还将心学融入书法理论："吾始学书，对模古帖，止得字形。后举笔不轻落纸，凝思静虑，拟形于心，久之始通其法。既后读明道先生书曰'吾作字甚敬，非是要字好，只此是学'。既非要字好，又何学也？乃知古人随时随事只在心上学，此心精明，字好亦在其中矣。"

意思是：我开始学习写字，临摹古人的字帖，单从字形上追求形似，只是习得字的形状。后来拿起笔来不轻易落在纸上，专注思索，静心思考，在心里构思它的形状，时间久了才开始懂得写字的法则。这就强调了"心"在学书法中的作用，只有用心揣摩古帖的神韵，才能"始通其法"。

王守仁一生追求的人生境界是"怡神养性以游于造物"，"闲观物态皆生意，静悟天机入窅冥。道在险夷随地乐，心忘鱼鸟自流形"的"真乐""真悟"状态。他的书法体现的正是这种超然怡悦、高度自由的精神境界。他的书法创作亦是一种"知行合一"的过程与体验，流露的是卓然超越的真性情，是以他的道德学问渗透于书法的结晶。

王守仁的行书作品最多，艺术成就也最高，在明代书法史上占有重要一席，只是后来被他突出的哲学成就所掩盖，未能彰显于世。明代书画家徐渭曾有这样的评价："古人论右军（王羲之）以书掩其人，新建先生（王阳明）乃不然，以人掩其书。今睹兹墨迹，非不翩翩然，凤翥而龙蟠也，使其人少亚于书，则书且传矣。"

不过，王守仁并不想去做第二个王羲之，而是要做圣贤。在南昌待了一年半之后，王守仁向岳父辞行，带着妻子返回北京。

明孝宗弘治二年（1489 年）冬天，王守仁携夫人诸氏从南昌出发，先往浙江余姚。当船到上饶时，王守仁特地去拜谒了当地一位名儒大家娄谅。正是这一次拜访，使王守仁的价值取向发生了重大转变。

娄谅，字克贞，别号一斋，江西广信上饶人，明代著名理学家。娄谅年轻时是一个豪迈之士，不屑世务，一心立志成圣，曾头戴古冠，腰佩古剑，招摇过市，众皆叹其为高人。他曾遍访名师，投在吴与弼的门下。娄谅在上饶的知名度极高，但他平时不与官府中人过多交往，把时间用于做学问。

当王守仁前来拜访时，娄谅已年近古稀，学问阅历已丰赡成熟。主客寒暄一过，王守仁迫不及待地问出他自小就苦苦思索、在脑海久久萦回不去的人生大问题："如何做圣贤？"

娄谅很是赏识眼前这个有志于圣贤之学的年轻人，口气十分肯定地告诉他："圣人必可学而至。"意思是圣人的境界，一定是可以通过学习而达到的。

王守仁又问："为万世开太平是不是通往圣贤之路的捷径？"

娄谅摇头，说："绝对不是。你说的为万世开太平是庄子所言的外在的王道，要先内省修身成为圣人，先达内圣，然后才能外行王道。"

王守仁再问："怎样才能达到内圣呢？"

娄谅的回答简洁明了："格物致知。"

这是朱熹理学的理论，是指天下之物，莫不有理。世上万物，大至天地宇宙，小至一草一木，都有一种先天本然的自然规律。人与人之间，也存在这个道理。只有通过格物，即熟悉、体察、参悟某个具体事物，才能掌握规律，达到致知的境界。

娄谅的指点和教导，让王守仁豁然开朗，仿佛黑暗中照进一缕光亮，让他清楚地看到了自己成为圣贤的进阶之路，燃起了他通过做学问成为圣人的热情。如果没有和娄谅的这次会面，王守仁的心静不下来，不会笃志于圣学，也不会开创明代儒学的新篇章。没想到这一拜，竟让他从此开启了真正意义上的求圣之路。

娄谅还介绍了关于日常修身治学的诸多心得，其中就有持身恭敬、穷究物理的体会。他认为人生态度要绝对端正恭敬，充满诚意，不可随意苟且。王守仁深以为然。

后世认为，娄谅即使不是王阳明心学发端之人，也是对王守仁的心路历程起了非常重要作用的导师。黄宗羲说："姚江之学，先生（娄谅）为发端也。"

及第为官

第三章

第一节 "格竹"致病

问学娄谅使青年王守仁发生了重大的转变。他身边的很多人都感到了这种变化。

原本王守仁性格好动,是个嬉笑怒骂、谐谑搞怪、率真淘气之人,问学娄谅后,他变得正襟危坐、端庄严肃、谨言居敬。在待人接物方面,他开始模仿圣人"端坐省言",不再放纵自己,开始体悟身心修养之道。

有人觉得好笑,就开玩笑问他怎么变得这么快。王守仁则正色回道:"我过去放任不羁,如今知道自己错了。春秋时期卫国人蘧瑗,活到五十岁,死的前一年才知道自己的过失。我现在悔过自新还不晚。"

弘治三年(1490年),王守仁的祖父王伦去世。这让王守仁悲痛不已。在为祖父守孝的那段时间,他时常回想起祖父的音容笑貌,回想起祖父的慈爱宽仁、随性洒脱。王伦去世令王守仁再次思考人生的意义,他越发确定自己今生今世的使命与担当,就是成为智慧与品德都超越凡俗的圣贤。

王守仁遵从娄谅当初的教诲,每天除了吃睡,就是学习,常常读书到深夜。

王守仁看到这样一句话：众物必有表里精粗，一草一木，皆含至理。仔细品味一番后，王守仁似有所悟。因为娄谅也告诉他，圣贤之道在于格物致知，一草一木都有道理，必须"格"出来。

既然如此，那王守仁自然就要从格物做起，那以何为始呢？

看到祖父王伦在房前屋后种满郁郁葱葱的竹子，王守仁心里有了答案。他还特意邀请了一位姓钱的朋友一起参悟，每天两个人就在院中的一棵翠竹下静坐默观，目不转睛地注视着竹子。在王守仁看来，要做圣贤就要弄懂宇宙万物之道，而要弄懂宇宙万物之道，就要从参悟眼前这竹子的道理开始。

他们坐在竹林里，观察着竹子，如老僧入定，静静地看着眼前这片竹林，感受着竹林的风吹草动，体察竹子的细微变化，竭尽全力思考其中蕴含的道理。就这样，一天天过去。到第三天，姓钱的朋友就因劳累过度而病倒，不再与王守仁为伴。

王守仁认为自己和别人不一样，一定能坚持下去。整整七天，他茶饭不思，夜不能寐，期待着恍然大悟。到了第七天他便开始头晕眼花，因为劳累过度而病倒了，"格竹"失败了。

王守仁以竹子为格物目标，整整思考了七天，史称"阳明格竹"。这也是心学诞生历程中的一个标志性事件。其实，王守仁"格竹"之法更接近于禅宗，以观察、直觉和感悟为主要方法。这与朱熹所说的"格物穷理"是有较大区别的。朱熹认为总合天地万物之理，会形成大的"一理"，每个事物分开来又都有各自之理，千差万别的事物都是"一理"的体现，即"理一分殊"。所以程朱的格物致知，强调一草一木都有存在之理，多观察多思考，这样才能化繁为简，融会贯通，这是一个漫长的过程。青年王守仁却想通过"格竹"一蹴而就，领悟万物之理，用禅家之法做理学功夫，这自然是一厢情愿、不可能实现的。

"格竹"尚且如此困难，何谈"格万物"呢？王守仁陷入苦恼之中，从前对朱熹的狂热瞬间全无。显然圣贤之路别有蹊径，并不在朱熹这里。

第二节　应试及第

弘治三年（1490 年），王华为父亲王伦奔丧守孝，也回到了浙江余姚老家。

王华开始操心儿子的前程，让王守仁多看经义，多学八股文，应对科举考试。王守仁对于父亲的要求，既不过于排斥，也不完全听从。在其他人都埋头死记硬背朱熹的经注时，王守仁选择认真研读原著，从中理解和探究朱子之学的学问原理，辨析其是非得失，寻找成为圣贤的门径。

于是，王守仁白天与师长、同学一起讨论经义，习作八股文；晚上搜集诸子百家，经史子集，广泛浏览，有时家人半夜醒来，见王守仁仍在秉烛夜读。

刻苦勤奋，令王守仁获得了长足进步，使别人望尘莫及地感慨："彼已游心于举业外矣，吾辈不及也！"意思是王守仁的注意力已放到应试科举之外，我们远不如他。

弘治五年（1492），王守仁二十岁，在浙江参加乡试时，恰逢数日暴雨，贡院号舍中的桌子都在雨水中浮起来，众考生被淋得浑身湿透，纷纷跑到公堂避雨，贡院秩序大乱。考官担心事态不可控制，希望明日再行复试。

这时候，浙江布政使刘大夏力排众议说："乡试是朝廷选拔人才的大典，怎可随便改变考试日期？疾风不终日，暴雨不终朝，这雨不会持续太久。"刘大夏命令武官对考生喊话："自信能够中举者就安心留下来考试，自觉无希望中举者，可以选择放弃，提前出场。"

许多自觉无望者听后一哄而散。考官不禁担心放弃者太多，没法向朝廷交代。没想到傍晚时分，雨过天晴，清点人数，还有八百多人，其中就有王守仁。

乡试过后，王守仁又去京师参加会试，不料却名落孙山。王华的同僚早就听说王守仁的各种逸事，见他落榜，都来鼓励他。时为礼部右侍郎的李东阳也来看望王守仁，说："伯安，你此科落第是才气未舒所致。下科你必中状元。不妨做个来科状元赋。"

李东阳这么说不过是想帮受挫的王守仁找回信心，众人也没当真。谁知王守仁提笔就写，文思泉涌、倚马可待，众人惊愕之余拿来一看，但见其文章旁征博引，纵横捭阖，虽有些狂妄，但仍不失为一篇佳作，于是纷纷叹服，连呼"天才"，但也有人认为此子过于骄纵，有目中无人之嫌。

王守仁并没有灰心失望，又继续准备。明孝宗弘治九年（1496年），王守仁在会试中再度名落孙山。有人后来说，他这次落第与他在首次会试落第后写的那篇状元赋有关。考官中有人认为王守仁太过张狂，故意压制他。

面对再次落第的沉重打击，王守仁却显得十分淡定，甚至有些无动于衷。大家以为他是伤心过度，于是都来安慰他。他的脸上掠过一丝淡淡笑意：自己已经不再为此而动心，他真正在意的是寻找实现胸中抱负的机会。

对于王守仁，考进士做大官只是世俗要求下的一种谋生之道，尽人事，听天命就行了。探索成圣的道路、参悟人世的哲理才是他为之奋斗一生的事业。因此，当周围落第的同学扼腕叹息时，王守仁却说："世以不得第为耻，吾以不得第动心为耻。"

王守仁认为落榜并没有什么可耻的。相反，因为落榜而乱了内心，自暴自弃，那才是可耻的呢！

王守仁回到老家后，组织了一个龙泉山诗社。每天都和文章诗歌打交道，与一帮文人吟诗作赋，相互品评；偶尔游山玩水，下棋对弈，一派名士生活。王守仁与诗社成员游龙泉山时，留下了许多唱和诗。

后来宦居京师，他时常忆念这一段清静生活，不过，王守仁是不会长久沉溺于这样的隐逸生活中的。在诗社后期写给诗友陈宗鲁的一首赠诗中，王守仁积极追求内圣外王的意念再次显露：

> 赠陈宗鲁
>
> 学文须学古，脱俗去陈言。
>
> 譬若千丈木，勿为藤蔓缠。
>
> 又如昆仑派，一泄成大川。
>
> 人言古今异，此语皆虚传。
>
> 吾苟得其意，今古何异焉？
>
> 子才良可进，望汝师圣贤。
>
> 学文乃余事，聊云子所偏。

他认为只要能领会圣人的真意，其实今古是没什么区别的，他希望对方能够学力精进，师从圣贤，至于文章诗词不过是余事而已。这也从侧面表明了他对于圣贤之道的执着追求。正是带着这种坚韧的信念，王守仁再一次离开了人生的舒适区——老家余姚，回到了人才云集的京城，准备来年再次参加会试。

不过，这时一桩偶然发生的事件，让他的命运再次出现转变。

弘治十年（1497年）五月，明朝北部边境频频告急。鞑靼达延汗进攻北京东北的潮河川，继而又攻大同，杀死大明军民无数。边报紧急，北京震动，举朝仓皇，朝廷赶紧遴选良将，加紧培养军事人才。当时，选拔武勇之才的方法叫武举。武科也分为童试、乡试、会试、殿试四级，中者分别为武秀才、武举人、武进士；殿试也分"三甲"，"一甲"是前三名，分别为"武状元""武榜眼""武探花"。

王守仁发现这种武举制度有诸多弊端，认为所选拔培养的多是一些莽夫，而真正能"运筹帷幄之中，决胜千里之外"的统驭之才却寥寥无几。他叹息道："武举之设，仅得骑射击刺之士，而不收韬略统驭之才，如此选拔的将领想担当大任，难啊。"

他重新研究兵法军事，经略四方之志又在他内心升腾。他用心钻研兵法，四处寻觅兵书，凡兵家秘籍，无一不精心研读。

王守仁对于《孙子兵法》的批注最为精细，从《孙子兵法》中获益也最多。王守仁后来在军事行动中屡屡使用间谍，这一点也受《孙子兵法·用间篇》影响。《孙子兵法》的制胜原则就是要牢牢把握战场主动权，牵住敌人的行动，而不要陷入被动的困境。这就要靠全面周密的策划与谋略，同时还要有应变的机智。

但是，兵者诡道，与他向往的圣贤之道是完全不同的。这个时候的王守仁该如何协调两者呢？

王守仁弟子王畿在其著作《王畿集》中写道：我曾问阳明先师，人多称道您用兵如神，您是用什么办法做到的？先师回答说："我没有什么秘术可言，不过是平生信守良知之学，凡临机处置、对敌所采用之策，皆是出自良知的感应，一毫不为生死利害所动，所以能做到在施展机谋之初即周密细致，让敌人难以预测。在我原是做本分上的事，世人误以为神耳。"

王守仁对于用兵打仗中的一些关键性细节从不加以说明。钱德洪在《征宸濠反间遗事》一文中谈道："当年我服侍先生八年，在侍同门每有问起用兵打仗的事，先生都默不作答，以故征剿南赣盗乱、平定朱宸濠叛乱之事，其始末我们都不知道。"

其中的原因颇为微妙。王守仁大概担心这毕竟是权谋之术，讲得太明白透彻，怕世人后生学力不够，画虎不成反类犬，害人害己，罪莫大焉。更重要的是，王守仁觉得权谋术终非根本学问，不是具有圣贤气象的大道，不值得宣讲。

不过这些已是后话。弘治十年的王守仁还没有这些深层次的思考和烦恼。此时的他好言兵，且善射，研究军事简直入了迷。弘治十年是王守仁的思想冲突、融合最为激烈的一年，他在准备科考、谈兵论战的同时，还潜心佛老。王守仁修炼了一段时间，仍感一无所获，于是对自己成圣的目标越发犹疑。

读到朱熹上宋光宗疏时，上面有句话引起他的关注："居敬持志，为读书之本；循序致精，为读书之法。""居敬"就是注意力集中，"持志"就是树立远大理想目标。"循序致精"，就是按照顺序，由浅入深，达致透彻。这里"循序致精"不单单是指读书，它还需要实践。

王守仁反省二十年来的求学生涯，虽然自己读过许多书，但博而不精，很多知识也是一知半解。他恍然大悟，迅速改变自己的学习方法，循序渐进，将知识融会贯通。

据《传习录》记载，很多年后，陆澄向王守仁请教如何通达天道，王守仁这样告诫他说：凡眼睛能看得见的，耳朵能听得到的，嘴巴说得清楚的，心里思考出来的，就是"下学"；而看不见的，听不到的，说不清的，心里想不出的，即所谓"上达"。就像每天辛辛苦苦地栽培灌溉一棵树，便是"下学"；至于昼夜生息、枝叶繁茂，却是"上达"的事，人是没有能力去强制干预的。欲学者只管从"下学"里用功，自然会"上达"，除此外不必专门再去寻找什么"上达"的功夫。

"下学"其实就是积累知识的过程，也是融会贯通、化繁为简、去粗取精、去伪存真的过程。"上达"是做到了深层次的理解，就是通达天道。不管是苦修辞章、书法，还是修禅习武、应试科举、研学兵家权谋，其实重点都在"下学"。只要功夫到家，绵绵用力，久久为功，最终都可臻于大成。

第三节　职场见习

弘治十二年（1499年），王守仁再次参加会试，功夫不负有心人，这次他取得第二名的好成绩。据说王守仁会试的成绩本来是第一名，由于有考官作梗，只得屈居第二。在接下来的殿试中，王守仁也终于如愿高中进士，"赐二甲进士出身第七人，观政工部"。

本科会试正主考是礼部尚书兼文渊阁大学士李东阳，他在六年前曾经预言王守仁是来科状元，王守仁如今二甲进士出身，也算没有辜负李东阳的期许。

高中登第的王守仁，请假回籍，荣归故里，京城公卿作诗庆贺送行者甚多。同年五月十七日，王守仁祖母岑老夫人八十大寿，她依旧身强体健。儿子王华是状元郎，孙子王守仁又中了进士，王家喜气盈盈，前来庆寿者络绎不绝。

九年光阴，三进考场，王守仁终于进入官场。不过，他未能进翰林院继续深造，而是"观政工部"，相当于在工部见习，时间是三个月。

工部负责朝廷的土木建设工作，比如都城建设、漕运水利、铁厂织造、屯田铸钱等，虽在名分上为六部之末，却是一个很有油水的部门。观政工部不久，朝廷派王守仁前往河南浚县主持建造威宁伯王越的坟墓。

王越曾任兵部尚书，晚年被任命为大同、延绥、甘宁总制，为防范鞑靼侵扰立下卓越功勋。成化十六年（1480年），王越出漠北攻击鞑靼，一战功成，跻身明朝名将行列。他胆智过人，又久历边陲，身经十余战，不因循常规，不死搬兵书，善于洞察战争形势，出奇制胜，是身系大明帝国安危的栋梁人物，也是王守仁崇拜的对象。

如今，朝廷命工部为王越建一座堂皇气派的坟墓，而工部就把这件差事交给了王守仁。能为自己尊崇之人修墓，王守仁欣喜万分。同时，他将这项普通的陵墓修建工程视作运用兵法指挥调度的实战练兵场，借此锻炼和提升自己的军事指挥素养。

他见朝廷对工作与休息的安排不太合理，于是发明了"什五法"，把每十个人或者五个人分为一组，组内成员对其他成员负有连带责任。他还把手下的民工分为几个批次，让他们轮班干活、吃饭和休息，从而实现了换人不停工的效果，使整个工程队伍保持高效运转。这种方法果然让工作效率提高不少。

因民工在工地上休息的时间比较多，王守仁又想了一个主意。当时明朝边境一直被侵犯，许多百姓都有报国从戎之心，王守仁抓住了大家的这种心理，在民工间搞起了军事训练。他按照兵书上的布置，组织民工们演练"八阵图"等阵法。民工们也愿意配合，阵法演练效果好得出人意料。王守仁也从中获得了指挥千军万马的快感。据王阳明后来说，坟墓修建完毕后，如果把这些民工投向战场，那就是一支所向披靡的精兵。

王越家眷对王守仁负责修建的陵墓很满意，就想以重金酬谢这个忠于职守、认真负责的年轻人。但王守仁自认为这是职责所在，坚决不肯收下钱物。王家家属们一商量，决定把王越生前佩戴的宝剑送给他。

盛情难却之下，王守仁收下了这把王越的佩剑。后来王守仁带着这把剑征战沙场所向披靡，冥冥之中似有天助。

弘治十二年（1499 年），一颗彗星从大明都城北京的天空划过。京城一时间人心惶惶，以为灾祸将至。而此时大明王朝的边境确实不安宁，北方鞑靼频频犯境，大肆抢掠。孝宗心中十分焦虑，一边祈祷上苍保佑江山社稷，一边急召朝臣询问良策。

此时身为六品小吏的王守仁还只是一个官场新人，按礼制来讲，并没有资格进言，但皇帝下诏求言，他不愿意错过，于是就洋洋洒洒地写下了《陈言边务疏》：

> 臣愚以为今之大患，在于为大臣者，外托慎重老成之名，而内为固禄希宠之计；为左右者，内挟交蟠蔽壅之资，而外肆招权纳贿之恶。习以成俗，互相为奸。忧世者，谓之迂狂；进言者，目以浮躁；沮抑正大刚直之气，而养成怯懦因循之风。故其衰耗颓塌，将至于不可支持而不自觉。今幸上天仁爱，适有边陲之患，是忧虑警省，易辕改辙之机也。此在陛下，必宜自有所以痛革弊源、惩艾而振作之者矣。
>
> 新进小臣，何敢僭闻其事，以干出位之诛。至于军情之利害，事机之得失，苟有所见，是固刍荛之所可进，卒伍之所得言者也，臣亦何为而不可之有。虽其所陈，未必尽合时论，然私心窃以为必宜如此，则又不可以苟避乖剌而遂已于言也。

他在这封奏疏中提出了自己的八大主张：

> 一曰蓄材以备急；二曰舍短以用长；三曰简师以省费；四曰屯田以足食；五曰行法以振威；六曰敷恩以激怒；七曰捐小以全大；八曰严守以乘弊。

王守仁清楚自己人微言轻，但还是希望皇帝将这八项建议交内阁审议，酌情施行。

这八条建议仔细想来，其实与王守仁此后的军事行动有莫大关系。他后来的许多思路和做法，都可从这里找到端倪。怎奈王守仁官微言轻，奏折呈上去如泥牛入海，杳无音信。

第四节 录囚平冤

弘治十三年（1500年），王守仁在完成督筑威宁伯王越墓后，没有留任工部，而是被分配到刑部，在云南清吏司做一个六品主事。这个岗位不需要他去云南，而是留在京城审核云南报上来的有关刑案的卷宗文书。

当时云南是刑事案件多发地区，王守仁到任后，深感刑部工作繁重。身为刑部官员，他不仅要熟悉大明律，还需要面对礼与法、情与理的权衡与考量。更有来自四面八方的各种招呼、帖子，这些有形无形的拉拢、威逼、打压、掣肘，使王守仁不仅身体劳累，心理上的烦闷和无力感也难以排解。王守仁不禁感叹："要想秉公办案而不招灾惹祸，看来只有圣贤才能办到。"

在刑部做清吏司主事，使年近而立的王守仁得到了磨砺：在朝做事磨的是心性，炼的是胆量。刑部十三司每天都要从提牢厅提走犯人、遣回犯人。每到十月份秋决时，需要处理的案件异常多。王守仁开始时还认为自己有了用武之地，做了一段时间后，他感觉疲顿憔悴。本来提牢厅的事务繁忙、琐碎又事关人命，偏偏官场中人往往会把一件简单的事办得极其复杂。在处理公事之外，王守仁还要为官场交际煞费苦心。

王守仁要经常到刑部大牢去巡牢。这是刑部的一项例行工作，每个月都要进行一次。由于刑部大牢关押的大多都是重刑犯，有的甚至是死刑犯，只等秋后问斩，因此，所谓的巡牢一般也就只是走个过场，到牢里面象征性地看一看，问一问狱卒有没有什么异常情况。王守仁每次进入大牢，都会感到窒息。这里没有任何光线，阴森凄冷，如同地狱。犯人们蓬头垢面、瘦骨嶙峋，在狭小牢房中和蟑螂老鼠朝夕相伴。

有一次他去巡视牢狱，发现那些囚犯都以黑乎乎的米糠为食，有的食物甚至已经发霉变质到无法辨认原本是何物，那么朝廷拨给囚犯的口粮到哪里去了呢？一边的狱卒说，牢中缺少粮食，只能吃这些。

走着走着，王守仁突然听到了一阵猪叫声，大牢里面怎么会有猪叫的声音呢？他忽然看到狱吏抬着一个大桶，绕到大牢后面去了。他跟过去，发现后面是一个猪圈，狱吏正把大桶里的食物倒进猪食槽中。他发现这些猪正在吃馒头、米饭，还有些菜叶。

王守仁很奇怪，就上前询问。狱吏告诉他，这群猪是刑部所养，食物正是来自朝廷拨给犯人的口粮。

王守仁非常奇怪，问道：“怎可这样行事？”

狱吏洋洋自得地答道：“犯人少吃点，也不会饿死。再说这些人迟早都要死，吃那么好做什么？倒不如把这群猪喂肥了，还可以杀了吃肉。”

王守仁十分气愤，当即召集狱吏训话：“朝廷有好生之德，皇恩浩荡普施万民。即便是囚徒，也拨给米粮布被，使其不致挨饿受冻。囚犯也是人，你们却待其不如禽兽，夺其食以喂猪，你们这简直就是败坏朝廷名声，为朝廷招来怨恨。”

那些狱吏们认为这是多年来的做法，不足为奇，上司也是默许的。王守仁一怒之下跑到监狱长官府上当场对质，监狱长官辩不过他，只得答应改变这一做法，后来还下令宰猪，将猪肉分发给犯人。为了防止再次发生这样的事，王守仁提笔将自己的名字写在大牢的一面空白墙壁上，并写上了日期，表示自己在这天检查过牢房。由于王守仁的坚持，其他主事在巡牢之后，也自觉写下自己的名字和巡牢时间。

弘治十四年（1501 年）的一天，上司派任职刑部主事的王守仁去南直隶淮安府，会同当地巡按御史录囚。所谓录囚，就是审录犯人，审查囚狱案件，核对犯人所犯罪行与处罚是否相当，避免出现罚不当罪的情况，防止冤假错案。于是，王守仁作为中央刑部的特派官员前往淮安。

淮安与苏州、扬州和杭州齐名，为运河沿岸的四大都市之一。这座名城位于淮河与大运河的交汇处，战略位置十分重要。王守仁到了那里，通过查阅卷宗，提审人犯，走访证人，发现一些死囚十恶不赦，的确该杀，但也有一些是屈打成招的，还有一些死囚早该被处决，因为花了大量的钱财买命，仍在等待出狱的机会。

他清理了一批明显有冤情的案件，并予以平反昭雪。史载王守仁这次淮安之行"所录囚多平反"。

就在这期间，发生了这样一件事。当时监狱里关着军队里一个姓陈的指挥，已经长达十余年。这个陈指挥家境显赫，父亲曾是朝中武官，由于报效朝廷而战死沙场。但他本人是个嗜欲贪利又暴戾残狠的人，不仅喜欢饮酒作乐，而且贪得无厌。甚至因为一点小事，残忍地私自处死了十八名无辜官兵。事情传开后，朝野震惊。这个陈指挥被撤职查办，关进大狱。眼看他命在旦夕，家人马上在朝中多方打点，朝中有人还为其求情，说这个陈指挥的父辈有功于朝廷，为国殉职。有司衙门不忍将其处决，同时留着他这条命以要挟陈家继续出钱贿赂，从中获利。于是，原本很简单的案件就一直拖而未决。

这个陈指挥在监狱里依旧嚣张跋扈，放言自己很快就会出狱。狱卒们也清楚内情，对他的管理也就很宽松，所以，陈指挥在监狱里的日子过得逍遥自在。显然陈指挥是在等待出狱的机会，比如皇帝大赦天下时，他就能出狱，说不准还能官复原职。

然而王守仁看到了这份卷宗，觉得事有蹊跷，于是询问其他人，他们却都答得支支吾吾。王守仁大概明白是怎么回事了，直接下令将其问斩。有人就私下提醒王守仁，犯人的犯罪事实清楚，本人也供认不讳，但这个陈指挥的事还是少惹为好，之前已经有不少有头有脸的人出面替他说情，所以案件一直拖着，若现在公事公办，不给上司面子，反而引火烧身。

王守仁当即说道："那些冤死的人命不比上司的面子重要吗？必须杀无赦，无论什么后果，全部由我承担。"这下，没有人再敢公开阻拦。

消息传到陈指挥耳朵里，他急忙通过关系带话给家人前来游说。但到这个份上，谁也不敢轻易出来说情。行刑那天，王守仁亲赴刑场。陈指挥仍然乖张跋扈。他狠狠地对王守仁说："死而有知，必不相舍！"王守仁心头火起，大声呵斥："你这等恶行，就算到了地狱，那十多个冤死的人都在等着你呢，不会有你的好日子过！"

陈指挥见威胁不成，又磕头求饶，恳请给他一个机会重新做人。王守仁不予理睬，厉声喊道："斩！"还厉声地丢下一句，"汝死，何能为乎？"意思是我今天就是要取你脑袋，看你究竟能把我怎么样！

王守仁一声令下，刽子手手起刀落，陈指挥人头落地，被冤杀士兵的家人也都得到了迟来的抚恤金。这件事引起巨大的轰动，当场百姓个个欢欣不已。人们纷纷赞誉王守仁的担当和气魄："居法司，不可不彻此理。"

王守仁在这件事中所体现出来的担当，正是"致良知"学说中的应有之义。在刑部履职的经历也给了王守仁诸多启发。多年后，有位官员曾经向王守仁求教："先生学说很好，只是我平日簿书讼狱事务繁杂，没办法专心做学问，还请先生教我。"

王守仁回答说："我何尝教你离了文书诉讼去凭空做学问？你既然有官司事务，就从官司事务上学习，这才是真正的格物。"王守仁认为，簿书讼狱事务是真正的实际学问。如果离开具体事务，谈圣贤之学，都只是空谈而已。这一点，对于我们理解心学、理解王守仁的一生非常重要。

第五节　九华问道

　　弘治十四年（1501 年）底，王守仁在完成公事之余，登上了九华山。

　　九华山位于安徽省池州，原名陵阳山、九子山，素有"东南第一山"的美称，是地藏王菩萨的道场，为中国四大佛教圣地之一。

　　王守仁游览九华山时，正是九华山佛教蓬勃发展时期，朝廷在山上大修庙宇。王守仁从池州出发，曾在五溪行馆停留，题诗于望华亭，至柯村歇息，宿无相寺，还留下了诗篇《夜宿无相寺》：

　　　　春宵卧无相，月照五溪花。
　　　　掬水洗双眼，披云看九华。
　　　　岩头金佛国，树杪谪仙家。
　　　　仿佛闻笙鹤，青天落绛霞。

　　接下来的几日，他沿着羊肠小道进山涉险寻幽，探奇览胜，畅游了化城寺、太白书堂，观赏了东岩、天台等处奇景，访问了柯秀才等名人隐士，并留诗一首：

　　　　　九华山下柯秀才家
　　　　苍峰抱层嶂，翠瀑绕双溪。
　　　　下有幽人宅，萝深客到迷。

　　王守仁公务闲暇之余，寄情于九华山水，灵山秀水，佛国烟霞，使他诗兴大发，陶醉其中，写下了《九华山赋》并二十余首诗。他感慨人生如梦，荣华富贵犹如木槿之花，朝荣夕逝，自己虽然有几分雄杰之质，也没有被世俗之情所迷惑，但仍一无所获，所以真心羡慕神仙超脱尘世秽浊的境界。

王守仁到九华山游览，实际上是因为对官场的很多事已经心生厌倦。他说："却怀刘项当年事，不及山中一着棋。"那些伟大的光辉事业毫无意义，还不如在深山中下盘棋舒坦。又说："谪仙栖隐地，千载尚高风。"表达自己羡慕李白不做官，只想做个红尘神仙的逸致。

王守仁在九华街长生庵下榻的十余天里，与化城寺住持实庵和尚结为好友。这实庵和尚生得仪表堂堂，能诗善画，学识渊博。王守仁为实庵和尚题赠了一首像赞：

> 从来不知光闪闪气象，也不知圆陀陀模样；翠竹黄花、说甚么蓬莱方丈。
>
> 看那九华山里金地藏，好儿孙，又生个实庵和尚。噫！那些儿妙处，丹青莫状！

经王守仁这一题赠，本名不见经传的实庵和尚，后来竟名重禅林，引起无数人前来拜访。

王守仁自幼就对道家理论充满好奇和莫大的兴趣，听说九华山有个叫蔡蓬头的道士精通道家养生之术，便四处探访求教。据说这位蔡蓬头因长年累月蓬头垢面而得名，他在九华山的山洞里居住多年，精通炼丹术。而道家清修之地，总是选在僻静难找之处，为的就是不会轻易被人打扰。王守仁找了许久，才找到道长蔡蓬头的居所。

清修之人的生活大多清贫艰苦，这位道长的居所简直可以用简陋来形容。既阴暗又潮湿的环境里，蔡道长正在闭目打坐。他明知有人前来拜访，也并不理睬。王守仁毕恭毕敬地等待着道长打坐结束。道长却只想尽快把这位不速之客打发走，干脆不理他，到后面去烤火。

没想到王守仁不仅不离开，反而紧跟在道长身后，向他请教长生之术。蔡蓬头被王守仁磨得实在是没办法了，便说出"尚未"两个字，那意思大概是说时机还没有成熟。王守仁以为蔡蓬头是怕人多嘴杂泄露了天机，便让左右随从离开，一个人跟着蔡蓬头到了后面接着拜请。

不料，蔡蓬头扔给他的还是那两个字"尚未"。王守仁坚持请他讲讲。蔡蓬头忍不住哈哈大笑，说："虽然现在你对我这臭烘烘的道士显得谦恭有礼，可终究还是带着一副官相啊！"说完扬长而去。

王守仁悚然一惊，这蔡蓬头虽是冷嘲热讽，却是一语道破。自己热衷于圣贤之道，积极做事，渴望建功立业，这不正是道士口中的"官相"吗？自己虽极力谦虚求教，却总是显出降尊纤贵、礼贤下士的姿态。蔡蓬头这位民间道士对此是十分敏感的，立刻感受到了这种"官相"，马上就避而远之。

王守仁被丢在原地，一个人独自沉默了许久：俗缘未了，何谈仙佛？难道应当彻底放弃自己在世间的所有追求，去做一个世外清修的隐逸之士吗？

他还没有想明白这些人生的大问题，又打听到九华山的地藏洞住着一位行事举止比蔡蓬头还要怪异的老和尚。王守仁执意前去拜访求教，因为他内心有太多的困惑和迷惘。

这位得道高僧拿野兽皮当作被褥，以树皮做衣服，把松果当成食物，不食人间烟火，几乎完全过着原始的生活。他居住的山洞位于悬崖峭壁之上，而王守仁不顾艰难，执意要去拜访。于是他一路攀岩走壁，历经千辛万苦，终于在一个黑黢黢的山洞中找到了这个老和尚。

老和尚很欣赏眼前这个有着一把长胡子的年轻人，两人席地而坐，纵论佛道之义。谈到儒家之道，老和尚说："周濂溪、程明道是儒家两个好秀才。"意思是说，王守仁没有出世求仙的命，只需要向儒家周程二人学习。圣贤之道在民间，在儒学上，希望王守仁能从此入手。

提到朱熹，老和尚却说："朱考亭是个好讲师，可惜未到最上一层。"显然他对朱熹的学说并不认可，这一观点与王守仁不谋而合。于是两人越谈越投机，无奈天色将晚，王守仁只得遗憾告别。

待到第二天，当王守仁兴致勃勃地再来拜访时，发现老和尚竟然搬走了。望着草木掩映下的空寂古洞，王守仁心头生出些许怅惘和遗憾，便在山洞石壁上留下一首诗：

地藏洞访老道
路入岩头别有天，松毛一片自安眠。
高谈已散人何处，古洞荒凉散冷烟。

弘治十五年（1502年）春，王守仁带着对出世修仙的遗憾结束了九华山之旅，踏上了回京的归途。那里是软红十丈的俗世，那里也许才有他的未来，背后的山林古刹只是他的心灵偶尔的栖居地，他歇个脚、打个盹，然后整整衣襟重新出发。

在途经丹阳时，王守仁又结识了一位奇人——汤云谷。汤云谷当时的身份是掌管传旨、册封等事务的"行人"。此人热心于道家的神仙之学。他陪同王守仁前往位于句容县的道教名山茅山。一路上，汤云谷滔滔不绝地谈起"呼吸屈伸之术，凝神化气之道"，王守仁颇感兴趣。他们来到了陶弘景旧居前。陶弘景是一位南北朝时居住在茅山的隐逸人物，当年梁武帝礼聘不出，时常派人到山中来咨询天下大事，时人称陶弘景为"山中宰相"。

汤云谷感慨南朝陶弘景隐居之遗迹，慨叹世间的污浊与不公，言辞间透露出辞官归隐的念头。王守仁却认为他做不到，就说凭他伤时忧世的神态，眉间透露的那些焦虑，就证明他尘缘未了。

汤云谷当然不以为然："你只看到了我的外表，我的心里到底怎么想的，你是不知道的。"二人便约定以十年为期，再来看他到底能否归隐。

汤云谷后来做了给事中，再改任右给事，他殚精竭虑，勤恳工作，因为直言反对权奸而被贬斥到外地任职。

十年后，王守仁特地前往拜访他，他们再次在丹阳相见。当时汤云谷已赋闲居家三年，王守仁也历经仕宦沉浮。汤云谷不无钦佩地说："还记得'眉间'之说吧？你单从外表就能了解我，我却连自己都不了解，怪哉！如今老夫容颜已老，年齿徒增，于学问之道也不甚了了。"

王守仁正色说："你其实已得道了。"

面对汤云谷的疑惑，王守仁说："我是根据你的谈吐和容貌，从你的居所和乡邻关系，得出这个判断的。"

汤云谷还是颇为疑惑，不知如何从居所和乡邻了解一个人。王守仁于是细细道来："当年你讲呼吸屈伸之术、凝神化气之道，其实并没有什么特别神秘之处。只要能藏精守神、释累忘机，静心一志，修身养性，也就修得了神仙之术。古代有道之士，虽形容枯槁却内心活泼，住所狭窄却胸襟广大，没有私欲所累，任何事情都不会影响他的精神，忘掉机心而不被世俗羁绊。所以其神情愉悦，与其相处，轻松如春风拂面。我今天看到你虽然步履缓慢，外表疲惫，但这是精藏；你言语诚恳，气色略衰，却是神守；你的旧房舍没有增大，但你心胸宽广，未被物质所累，是释累也；你和乡亲交往不论贤愚贵贱，没有分别之心，像母亲一样慈爱，像婴儿一样单纯，这是忘机。所以，精藏、神守、释累、忘机，拥有四者就是得道的象征。拥有这四者，做官和归隐又有什么区别呢？"

汤云谷闻言大笑："太妙了！真是生我者父母，知我者阳明子也。"

第六节　洞中之悟

在刑部供职不到两年，王守仁已经身心俱疲。

作为一个有抱负、有担当的读书人，他不知道自己的工作是否有意义，是否还要坚持下去。他明白自己的人生价值不可能通过这些烦琐无味的差事实现，于是痴迷于文学辞章。

弘治十五年（1502 年），王守仁完成录囚公差回到了京师。孝宗较为开明，当时对于文官的限制，要比以前的天顺和成化两朝宽松得多。与王守仁年纪相仿的李梦阳、王廷相等人，正在发起文学改良运动。

王守仁常常与这些文坛精英切磋诗文。后世王世贞在记载王守仁这段经历时说："又六载，始擢进士上第，补刑部主事，非其好也。日从李梦阳辈为诗文，务出奇句相颉胜，多不理司事。"意思是说，王守仁并不喜欢刑部主事的公务，上任之后天天都在和李梦阳等人一起写诗作文，看谁能写出新奇的句子来，而把本职工作都抛到了一边。

这些从事文学改良的精英文人，极力邀请王守仁加入。而王守仁此时也以极大热忱投入诗文创作之中。他在灯下读先秦诸子、两汉典籍，文笔由此神速精进。父亲王华见他如此用功，颇为忧心他的身体，交代侍仆每到规定时间，就把他书房里的油灯拿走。

王守仁满口答应早点休息。等父亲睡下，他又悄悄点上灯，继续读书至夜深。弟子王畿描述这个时候的王守仁是"泛滥于辞章，驰骋于才能"。

然而，王华的忧虑不幸果然成真。有一天，王守仁在反复思考推敲字句时，突然一阵猛烈咳嗽，口中一股腥甜：居然添了咳血之症！他看着手巾上的血渍，突然意识到，自己将心血虚耗在雕琢这些文句之上，绞尽脑汁写成的文章，或能博取一时虚名。即使学问如韩柳，不过为文人；辞藻如李杜，不过为诗人，于国于家、于天下苍生究竟有何益处？人生苦短，何不做些更有益家国天下之事？念及此，王守仁猛地扔下笔叹息："我怎么可以把有限的精力浪费到这无用的虚文上！"

这是王守仁思想跃升的一个转折点：圣贤之道，不在雕琢辞章！自此，他不再以写出一流文章为追求目标，对辞章之学也不再热衷，甚至决意放弃辞章之学，退出文坛。

不过，以今天的眼光来看，在文学上，王守仁绝非泛泛之辈，他早年的诗文注意辞藻的修饰，讲究句式，文字富于变化，豪迈跌宕，充满清新活泼、兴味盎然的理致情趣。中年后，他的文风变得流畅明快，通顺达意，为后人所效仿和赞赏。在清代《古文观止》中，明朝文学家中入选文章数量最多的正是王守仁，共有三篇。

弘治十五年（1502 年），王守仁迎来了信仰和思想的重大转变。

这一年八月，王守仁肺病复发，于是他向朝廷上书，乞求归乡养病。获得批准后，他回到家乡余姚。经常咳血的致命肺病直接威胁着他的生命，让他对未来更加没有信心，只能期望靠修炼打坐渡过难关。而在静修治病的同时，他的心灵之门也悄然射入了一道灵光。

江南地区风景秀婉宜人。王守仁在会稽山中寻找适合静心清修之地。而会稽山南就有一处洞穴，被称为阳明洞，距城东南二十里。王守仁就决定在这里开始他的清修。后来他自号"阳明子""阳明山人"，世人称"阳明先生"，都源于此洞。

相传四千多年前，大禹在平定水患之后，划定九州，他巡游江南，登会稽、探禹穴，在此留有金书玉简。大禹去世后埋葬于浙江会稽山，是为大禹陵。大禹所到的禹穴，后来被民间认为是阳明大神所居之地，于是成为道教的仙洞，称为"阳明洞天"，列为道教"三十六洞天，七十二福地"中的第十洞天。王守仁在会稽山阳明洞里住了下来，修炼道家的养生引导术，并给自己起了一个别号：阳明子。

导引术，又称导引，今称气功，是一种与天地相契、主静适动、气和体柔的道教养生术。该术"吹呴呼吸，吐故纳新，熊经鸟伸，为寿而已矣。此导引之士，养形之人，彭祖寿考者之所好也"。王阳明[1]独自坐在深山之中，体会着自然之乐。他在会稽山留下了很多诗作，比如"池边一坐即三日，忽见岩头碧树红"，"江鸥意到忽飞去，野老情深只自留"。

那种玲珑透彻、脱俗超尘的心情跳跃于空灵优美的诗章之中，展示了王阳明洒脱澄明的情怀。他一度沉醉在这种生活方式里，似乎已远离红尘，弃绝了一切俗念，可在融通无碍的世界中御风而行。

经过一段时间的修禅打坐、练习导引气功，王阳明感觉到自己通体气静神怡，心中澄澈透明。在虚静之中，他忘却了自我，忘却了天地，内心与万物浑然一体，光耀神奇、恍惚变幻，欲言而忘其所以言，实在是妙不可言。

王阳明筑室阳明洞，当然是想治病养生。佛家止观修行，道教吐纳导引，都无非是调息调心，静坐绝虑，导引行气，但据《王阳明年谱》记载，他"遂告病归越，筑室阳明洞中，行导引术，久之，遂先知"。据他后来的弟子描述，有一天，王阳明正在洞中打坐，突然把仆人叫来说："有四位相公来此相访，汝可往五云门迎之。"仆人来到五云门静候，果见王文辕、许璋等四人前来拜访。仆人将受王阳明差遣他前来相迎一事告知四人，四人都感到诧异，见到王阳明之后问他："你怎么能预知我等要来？"王阳明笑着说："只是心清而已。"

来访的客人中有王阳明早年的塾师许璋。蒋一葵撰写的《尧山堂外纪》、徐象梅所著《两浙名贤录》、张履祥所著《杨园先生全集》，

---

[1]　此时他自号"阳明子"，故采用王阳明之名。

以及明万历上虞县志，都记载了这一件事："王文成初养疴阳明洞，唯与璋及王司舆辈一二山人，相对危坐，忘言冥契，共参道妙。"说的是王阳明回绍兴养病时，唯有许璋、王司舆等人相陪伴，共同参悟道术。许璋还用黄老之学，指导王阳明用丹药医治其肺结核，使其身体大为好转。

很快，越来越多的人慕名前来拜访王阳明，咨询各种问题。坊间关于他有"先知"的本领越传越广，越传越神。弘治十六年（1503年），浙江绍兴出现大旱。知府派人登门拜访，请王阳明出山祈雨，造福百姓。这知府与王氏家族有故交。王阳明推辞不下，只得答应，几天后即赴南镇祈雨。

同时他给知府写了一封信，说祈雨之事不应是事到临头再来跪拜神灵，乞求庇护，而应平时谨言慎行，做人办事无愧于心，合于神明。他提醒知府：自古念符画咒便可以呼风唤雨的，不过是坊间术士混饭吃的伎俩罢了。若执意要求雨的话，不妨学学古人借机"省咎自责""归诚请改"，反思一下自己为官一任有没有搜刮百姓钱财，有没有伤害过百姓。这样，就算是天降灾祸，"薄罚以示戒"，目的也达到了。可见，王阳明认为祈雨念符画咒这样的方术不过是无稽之谈。有道是"子不语怪力乱神"，圣人从来不把荒唐的东西当成正事。

其实，王阳明此时只想追求心灵的平静，希望自己能达到佛教中"无相无想"、超越世间一切羁绊的境界，但他心中仍有一分无论如何都挥之不去的牵挂。

当时，王阳明的祖母岑太夫人已经八十多岁，一直对孙子疼爱有加；他的父亲王华也一直对他关注备至，王阳明放不下与他们深厚的感情牵绊。这些亲人都是他在这个世界上最在乎的人，是他生命中不可割舍的血肉亲情。难道真的要按照佛道之说，永远离开他们，隐身大山，埋头修炼？这样即使能够长生不老，又有多大价值呢？

一面是远离红尘，成仙成佛，一面是骨肉亲情，恩重如山，到底如何抉择？他最终做出了抉择："此念生于孩提。此念可去，是断灭种性矣。"

王阳明终于想明白了，与家人的情感、对家人的感恩，是一种从小就在灵魂中滋长的意识理念，是人之所以为人的根本。孝道是基于普遍人性情感和伦理的观念，是融入生命血脉与灵魂的文化理念，不应该被舍弃。佛道主张完全不问尘事，弃绝人伦，这是违背大道的。

王阳明自小顽皮桀骜，但秉性善良温和，更何况他久读圣贤之书，做不出那种弃绝亲情的事情。对他而言，放弃亲情，就是放弃人间温暖幸福；放弃孝道，不问尘务，就是背离对家国天下的担当。这与王阳明珍重父母亲情和强烈的家国情怀格格不入。正如他创建心学后所说的，佛教徒之所以出家，无非是想逃避君臣、父子、兄弟、夫妻、朋友这五伦中他们本应该尽的责任和义务。

王阳明在阳明洞清静幽谧的环境中安然静坐冥思，回顾了此前所经历的种种过往，一一理清了乱如麻、纤如丝的诸多心绪和思路，随着心中的迷雾一扫而空，他如释重负地站起来，走出山洞，深吸一口气，感受外面新鲜纯净的空气、芬芳青葱的花木。原来所谓俗世，才是最真实、亲切、温暖的所在啊。

王阳明后来对弟子们叹道："道术这东西，仅是簸弄精神罢了。并不是真正的学问，对人生并没有大的好处，还是不学为好。我也已经打算不再学习道学了，我劝你们也不必学。"在王阳明的观念中，孝道是人本性的流露，也是一个人必须具备的品质。而佛教和道教则将孝道视作假和空。王阳明与佛道从此分道扬镳，一意笃信儒学，此后再也没有动摇过。他的信仰由天上落到人间，由虚空变为实有，这一转变的意义十分深远。

王阳明回到京师后，更加专心读书思考。历经种种之后，他对做圣贤的信念愈加坚定，对于何为圣贤的认识也渐渐有所改变，求佛问道，已经不再是他的人生追求。

官场蹉跌

第四章

第一节　山东之行

弘治十七年（1504 年）秋，王阳明应山东巡按监察御史陆偁之邀，为山东乡试出题。王阳明对此十分期待，写下了这样的文字表达情感："夫山东天下之巨藩也，南峙泰岱，为五岳之宗，东汇沧海，会百川之流；吾夫子以道德之师，钟灵毓秀，挺生于数千载之上，是皆穷天地，亘古今，超然而独盛焉者也。"

齐鲁之地为孔孟圣人之乡，有着深厚的儒家文化积淀。能够协助山东乡试，对一生都心怀圣人梦的王阳明来说，是一种至高荣耀。他非常感激陆偁能给自己这样的机会，同时也深感自己的责任重大。

这次乡试，王阳明共出十三道经义题，分别是《四书》三题、《易》二题、《书》二题、《诗》二题、《春秋》二题、《礼记》二题，经义题选的大多是四书五经中跟经世致用有关的语句。五道策论题，分别是礼乐论、佛老批判论、伊尹论与颜回论、风俗论、急务论，主要是考查考生对当时急务的对策。此外，还有论一题，即《人君之心惟在所养》；表一题，拟唐张九龄上《千秋金鉴录表》。

王阳明所出的试题十分新颖而大胆。考生们拿到试卷时，发现第一题的题目是："所谓大臣者，以道事君，不可则止。"

意为身为朝中大臣，应坚持正道和节操，不能为讨君王欢心而不顾原则地阿谀逢迎。如果君王言行有不妥，大臣一定要指出来以助其改正。如果君王不听劝告，大臣则应终止仕途。可见，王阳明早就痛感士人追逐名利、奔走权门的风气日盛，必须加以遏止。

他出的第二道题目是"齐明盛服，非礼不动，所以修身也"。这话出自《中庸》，讲的是修身之道。一个人的精神风貌首先表现在衣着。整齐得体的衣着可以塑造一个人良好的外在形象，也使自己的精神保持一种端正严明的状态。同时，待人接物的行为举止还要合乎礼仪规范，能做到这两点就能实现修身。

王阳明出的另一题目是："禹思天下有溺者，犹己溺之也；稷思天下有饥者，犹己饥之也。"这句话出自《孟子》，指的是大禹想到天下还有被水淹的人，就好像自己正被水淹着一样；稷想到天下还有饿着的人，就好像自己正饿着一样。这里讲的是当政者需具备以天下为己任的责任意识，体现出儒家推己及人、博爱众生的真儒精神，也是"仁者爱人"的最好体现。

还有一题"君子慎其所以与人者"，出自《礼记》。讲的是君子待人以礼，独处要慎。待人接物恪守中庸之道，做到无过与不及。显然这也与修身有关。

王阳明还出了这样一道策论试题："其策问议国朝礼乐之制——老佛害道，由于圣学不明；纲纪不振，由于名器太滥；用人太急，求效太速；及分封、清戎、御夷、息讼，皆有成法。"

"老佛害道，由于圣学不明"，是王阳明自己深有体会的说法，也是他的思想由佛道彻底转向儒学的标志。而"圣学不明"的另一层含义，则可以理解为对当时流行的程朱理学的一种质疑和暗讽。

程朱理学成为主流学说后，就变成了读书人仕进的敲门砖，以致读书人只知死记硬背朱子经解，只会八股应试，其他一切真知实学都不予理会。王阳明在圣人故乡出这样的试题，显然有着深远的考虑。多数考生对王阳明出的偏题、怪题感到无从下手，抱怨不已，但也只能硬着头皮来答。最终，山东乡试共选取举人七十五名，为国家选取了一批与以往不同的优秀人才。其中，王阳明对聊城东昌府举人穆孔晖十分欣赏，提议选取其为该科解元。而穆孔晖也终生追随王阳明，亲聆王阳明讲学，并成为阳明心学在山东的第一个传播者。

王阳明主持完山东乡试，去了孔庙拜谒，还登上了泰山。遥想当年孔夫子登泰山而小天下，此时自己置身气势雄伟的泰山之上，王阳明心境大开，精神振奋，他留下了《登泰山五首》，其中第五首这样写道：

> 我才不救时，匡扶志空大。
>
> 置我有无间，缓急非所赖。
>
> 孤坐万峰巅，嗒然遗下块。
>
> 已矣复何求？至精谅斯在。
>
> 澹泊非虚杳，洒脱无芥蒂。
>
> 世人闻予言，不笑即吁怪。
>
> 吾亦不强语，惟复笑相待。
>
> 鲁叟不可作，此意聊自快。

这一首诗直抒有志于"匡扶救世"的情怀，表达了类似李白那样的自嘲和洒脱。世人对他常常冷嘲热讽，还称他是怪人，王阳明不以为意，不会与其辩驳，反而认为做一个只知经典不知世道人心的腐儒才是可悲的。

王阳明一口气写了五首诗，有情有境。从某种意义上来讲，登泰山也是他的一次悟道过程，是追随古圣贤脚步、触摸历史脉动之旅。王阳明站在泰山之巅，眼中的世界格局和人生要义更加明朗。显然，他已下定了决心，选择儒家思想作为安身立命之本。

第二节 结识同道

弘治十七年（1504 年）九月，王阳明转任兵部武选清吏司主事，掌管武官的选升、袭替和功赏之事。早在弘治十二年（1499 年），王阳明曾就边务问题上疏朝廷，指出选拔武官制度的弊端。现在王阳明就任武选清吏司主事，与上次上书不无关系。王阳明本身的兴趣在于军事，能调到兵部工作，也是一件令人高兴的事情。

弘治十八年（1505 年），名望渐显的王阳明开始接收门徒，在京师讲学。王阳明强调修身养德，而当时是程朱理学的天下，便有人批判王阳明之学说是异端，甚至有人怀疑王阳明的标新立异是为了哗众取宠。庆幸的是，在艰难时刻有一位学者明确支持王阳明，这位学者是翰林院庶吉士湛若水。

湛若水于明成化二年（1466 年）出生于广东增城，自号"甘泉子"，人称甘泉先生，创建的学派也叫"甘泉学派"。湛若水自幼聪敏，十四岁入学，二十七岁就中举。弘治十八年（1505 年）考中进士，入翰林院当庶吉士，擢升为翰林院编修。湛若水听说王阳明讲学，便好奇地前往一观，两人一见如故、相谈甚欢，王阳明对湛若水的评价是："守仁从宦三十年，未见此人。"湛若水对王阳明的评价是："若水泛观于四方，未见此人。"

王阳明说"从宦三十年"，是从跟随父亲王华旅居京都开始数起，其间他阅人无数，只有湛若水才算是同道。这时候的王阳明已经声名鹊起，而且境界高远，"目空千古"。而在王阳明眼中，湛若水是行圣人之学的典范，是颜回再世。

王阳明在探索圣学的路上可谓一波三折。因此，遇到知音湛若水，对王阳明来说可谓是"久旱逢甘霖"。王阳明和湛若水都非常注重身心之学。湛若水受老师陈白沙影响，注重"身心体认"，三十二岁时提出了著名的"随处体认天理"学说。他与王阳明一见如故，一起探讨修养身心之学。

王阳明和湛若水都认为八股化的理学是大患，认为"言益详，道益晦；析理益精，学益支离"。意思是讲得越详细，道理越晦涩，分析得越精巧，学问越支离破碎。他们共同的目标是脱开理学，找到真正的"圣学"。他们认为心即是理，从而把自己的学问称为"心学"。两人约定一起将儒学真义发扬光大，"共以倡明圣学为事"。湛若水对此说："某平生与阳明公同志，他年当与同作一传矣。"

王阳明和湛若水成为明代中期的双璧，二人的主张在思想界掀起了一场轩然大波。王、湛二人的学问旨趣大体相同。王阳明曾给湛若水写信："'随处体认天理'，是真实不诳语，鄙说初亦如是，及根究老兄命意发端处，却似有毫厘未协，然亦终当殊途同归也。"而湛若水也主张"良知必用天理，天理莫非良知"。但二人的主张也有一定的区别，黄宗羲《明儒学案》中记载："阳明宗旨致良知，先生宗旨随处体认天理。"王阳明坚信"致良知"，即在实际行动中实现良知，知行合一；湛若水坚信"随处体认天理"，即人在不同的环境中也要体会、实践自己心中的天理。

二人虽为不同学派，但依然是亲密朋友，一起讲求身心之学。王、湛对明代儒学发展具有重要意义。王阳明曾感慨："和甘泉子成为好友后，我探求圣贤之道的志向更坚定，我受甘泉的帮助太多了。"他还称与湛若水已经达到不言而会、不约而同的至交境界。

那段时间，王阳明和湛若水往来十分密切。他们白天一起讲学授课，晚上秉烛夜谈，切磋学问，砥砺节操，颇为相得。可惜，这样的日子没能长久，一场巨大的政治风暴即将到来。

第三节　阉党之祸

弘治十八年（1505 年）五月，明孝宗朱祐樘因病驾崩于乾清宫，年仅三十六岁。得知他驾崩的消息，天下臣民哭声震野，无不哀痛。

明朝十六帝，大多"个性鲜明"，譬如朱元璋生性多疑、朱允炆懦弱仁慈、朱棣好大喜功，又有道士皇帝嘉靖帝、木匠皇帝天启帝等。唯独孝宗朱祐樘，不论私德还是政绩，都符合一个皇帝的标准。在执政的十八年时间里，朱祐樘为人宽厚仁慈，躬行节俭，不近声色，政风清和。尤为人们称道的是，他能够做到亲贤臣、远小人，广开言路，虚心纳谏。在他的治理下，大明出现了四海晏平、物阜民康的"弘治中兴"。

临终前，朱祐樘将大学士刘健、李东阳、谢迁三人招来病榻前，嘱托道："朕自继位以来，一直遵守祖宗法度，不敢怠慢荒惰。日后之事，多烦尔等费心！"

然后他让皇太子朱厚照向他们行礼。礼毕，他吃力地坐起身，紧执刘健的手，并望向李东阳、谢迁说道："太子年幼，望众位爱卿善加辅佐，助他成为一代明君。"

然而，朱祐樘生前的苦心和期盼却被无情的现实击碎了，因为朱厚照登基后的一系列举动让世人瞠目结舌。

明孝宗朱祐樘经过十几年的苦心经营，一手打造了足以称道的"弘治中兴"局面，留下了一套人才济济的朝臣班底。朱厚照在这个起点上完全可以有所作为。据史书记载，朱厚照长得相貌奇伟，面如冠玉，相貌堂堂，而且打小就十分聪明，学习也很认真，天生就有出众的帝王气质，像个合格的接班人。朱祐樘和皇后张氏对这个独苗看得也格外娇贵，几乎是有求必应，很少进行严格的责罚管教，这也让朱厚照变得肆无忌惮，为所欲为。

更重要的是朱厚照身边以刘瑾为首的一帮太监想方设法投其所好，诱导他飞鹰逐狗，骑马射箭，还不时让人收罗一些稀奇有趣的新奇玩物上贡，花钱找来京城里的一些戏班子演出，把太子的东宫搞得热热闹闹，人称"百戏场"。所以，朱厚照自小在心理和情感上更亲近这班太监，而他对那几位方正严肃、动不动就搬出圣人之言来教训自己的大学士，自然疏远甚至讨厌了。

正德元年（1506年）初，朱厚照派太监刘瑾掌管司礼监，后来又下令在西苑太液池西岸营建一片宫区，称为豹房，豢养虎豹等猛兽以供玩乐。朱厚照在这里广召美女、僧、道、术士，动辄数十天甚至几个月不回紫禁城，还将边关四镇守军调入豹房操演战阵，人称"外四家军"。

这样一来，弘治时期的一班老臣实在是看不下去了，特别是内阁首辅大学士刘健心急如焚。无论是先皇临终的殷切托付，还是自己所受的圣贤之教，都不允许他对这种不成体统的胡闹状况保持沉默。

正德元年（1506年）六月，天变异常，天上雷声轰鸣，把奉天殿上的鸱吻、太庙的脊兽震得摇动欲裂，就连宫门也有几根房柱被摧折。心有余悸的人们私下里议论纷纷，认为这是上天震怒警示世人。

一向天不怕地不怕的朱厚照心里也有些害怕：难道老天爷真的发怒了？按照历朝惯例，出现这种情况，天子必须敬畏上苍的警示，下诏自省，请求臣下进谏。这下总算让群臣逮着机会了，他们纷纷上书进谏，指出朱厚照的违制行为，提醒他应该像个皇帝的样子，不能整天沉溺声色，否则这江山社稷迟早要生乱生变。

大臣们苦口婆心，朱厚照却漫不经心，依然我行我素。他根本无心打理政事，把处理政务的权力交给自己最信得过的太监刘瑾。于是，刘瑾、张永、谷大用、马永成、高凤、罗祥、魏彬、丘聚共同结成一个号称"八虎"的团伙。刘瑾则为"八虎"之首。

刘瑾成为司礼监掌印太监后，不但排陷异己，陷害忠良，而且利用权势公然受贿索贿，清代赵翼在《廿二史札记》中记载，刘瑾被杀后抄家，竟抄得黄金250万两，白银5000多万两。

刘瑾为了敛财，数度将人活活逼死。他派亲信到地方任职，还命那些在外监军的宦官上交"万金"。各地官员到京城朝觐，必须向他呈上"见面礼"，动辄千两，甚至万两白银，肯下本钱送得多的官员都会得到重用，送得少的则会大祸临头。他还在京城周边占田夺地，置了三百多所"皇庄"。

朝中官员对刘瑾等人的所作所为不满已久，皆欲除之而后快。恰在此时，朱厚照命太监崔杲前往南京监督织造事宜。崔杲心生贪念，居然上书朱厚照，请求皇帝同意把盐引作为办事经费。盐引是专门为筹集边境防御军事作战经费的课盐税收项目，关系国家安危。哪知朱厚照居然一口答应了这个荒唐的请求。

眼看朱厚照胡乱作为，破坏国家法度，刘健、李东阳等一帮老臣当然不能坐视，极力劝谏朱厚照。朱厚照虽然不情愿，但在刘健等人的苦苦劝谏下，还是改变了决定。但是，他对刘瑾等人宠信依旧。

户部尚书韩文找到首辅刘健商讨对策，刘健认为"八虎"已成气候，若想剪去这个毒瘤，必须促使皇上痛下决心，再给予他们致命一击，必须将朝廷文官们全部动员起来，才可能彻底击垮"八虎"。他们连夜展开策划部署，联络群臣，要干一件震惊朝野的大事。

第二天早朝，朱厚照收到一份奇怪的奏折，他看得心惊肉跳：

人主辨奸为明，人臣犯颜为忠。况群小作朋，逼近君侧，安危治乱胥此焉关。臣等伏睹近岁朝政日非，号令失当。自入秋来，视朝渐晚。仰窥圣容，日渐清削。皆言太监马永成、谷大用、张永、罗祥、魏彬、丘聚、刘瑾、高凤等，造作巧伪，淫荡上心。击球走马，教鹰逐犬，俳优杂剧，错陈于前。至导万乘与外人交易，狎昵媟亵，无复礼体，日游不足，夜以继之，劳耗精神，亏损志德。遂使天道失序，地气靡宁，雷异星变，桃李秋华，考厥占候，咸非吉征。

此辈细人，惟知蛊惑君上以便宜己私，而不思赫赫天命、皇皇帝业，在陛下一身。今大婚虽毕，储嗣未建。万一游宴损神，起居失节，虽斋粉若辈，何补于事。高皇帝艰难百战，取有四海。列圣继承，以至陛下。先帝临崩顾命之语，陛下所闻也。奈何姑息群小，置之左右，以累圣德。窃观前古阉宦误国，为祸尤烈。

汉十常侍、唐甘露之变，其明验也。今永成等罪恶既著，若纵不治，将来益无忌惮，必患在社稷。伏望陛下奋乾刚，割私爱，上告两宫，下谕百僚，明正典刑，以回天地之变，泄神人之愤，潜削祸乱之阶，永保灵长之业。

这相当于朝廷内阁全体成员都参与发动了弹劾案，几乎等于整个朝廷的文官系统向"八虎"集团发出了讨伐令。朱厚照到底还只是十五六岁的孩子，吓得在退朝之后一个人在宫里呜咽哭泣，过了中午也不吃饭，几个太监也只得陪着小皇帝哭泣流泪。

朱厚照深知，如果这些大臣们都和自己翻脸了，这江山就会坐不稳，因此自己必须给他们一个交代。但他又实在舍不得杀掉"八虎"，真是左右为难。

万般无奈之下，朱厚照勉强答应大臣们在次日早朝下旨惩办刘瑾。刘健得知后深感机不可失，就与众臣暗中商议约定，明日早朝时大家一起伏阙面争，一定要促成皇上诛杀刘瑾等"八虎"。他还与司礼监掌印太监王岳取得默契，同时采取行动。于是，太监王岳就联络太监范亨、徐智等人，准备第二天一早捉拿"八虎"。

但是事态在第二天急转直下。吏部尚书焦芳与刘健、谢迁等人结怨很深，在朝廷上明争暗斗，此次斗争中暗中投靠了刘瑾阉宦集团。按照当时朝中规矩，所有奏章都必须经过吏部签署。身为吏部尚书的焦芳看到奏章后立刻派人向刘瑾报信。

刘瑾得知后大惊失色，趁着天色未亮，急忙带着其他七个太监连夜进宫，在朱厚照面前跪了一圈，一个个要死要活，磕头痛哭。朱厚照原本就不愿加罪于这些身边人，当即就有些心软。刘瑾趁机说："这帮大臣勾结太监王岳，目的就是为了给皇上一个下马威，将来要限制皇上出行，事事要听他们的。应该让他们知道，谁才是紫禁城真正的主人。"

朱厚照一听之下，深觉有道理。他立即下了决心，任命马永成掌东厂，谷大用掌西厂，迅速抓捕了太监王岳、范亨、徐智等，解送至南京孝陵种菜。后来，王岳与范亨都在途中被刺客杀害，只有徐智闻讯逃走，勉强保住性命。

次日清晨，一班大臣兴冲冲地入宫早朝，准备依计而行，不料却陡然发现氛围不对。朱厚照面色冷漠，只是说刘瑾等人从小就跟着自己，忠心耿耿服侍至今，实在不忍处理，此事日后再议。一夜之间事态突变。群臣既惊讶又愤怒。刘健、谢迁、李东阳只得纷纷上表请求辞官。其他北京的官员因受到宦官集团一番凌厉凶猛的政治打压，大都噤若寒蝉。

这时，南京又有官员联名上书请留阁臣，处理"八虎"。刘瑾一不做二不休，直接派锦衣卫前往南京，将为首的戴铣等人押解至北京奉天殿外，二十多人被施以廷杖，戴铣竟然被当场打死。

这些血淋淋的噩耗传来，激起了南京朝臣们的集体义愤。以蒋钦、薄彦徽为首的南京十三道御史再次集体联名上疏，要求罢免刘瑾，请求朝廷委任忠直大臣，请皇上务学亲政，以还至治。对于这些前仆后继的反对者，刘瑾也不客气，一律"廷杖除名"，王阳明也被卷入了正德初年这场骇人听闻、血雨腥风的朝廷政争中。

第四节　遭受廷杖

戴铣等人的忠勇事迹在两京广泛传播，成为众人皆知的朝臣楷模。

在这个忠奸势不两立的关键时刻，身为兵部武选司主事的王阳明感到必须表明自己的态度。虽然自己只是个六品主事，人微言轻，但是事关大明江山社稷，他无法保持沉默，置身事外。

王阳明回到书斋里，沉思良久，挥毫写下了一篇《乞宥言官去权奸以章圣德疏》。"宥言官"是宽恕戴铣等言官，"去权奸"是去除弄权的刘瑾等奸臣，此疏意在为戴铣等人鸣冤：

> 臣闻君仁则臣直。大舜之所以圣，以能隐恶而扬善也。臣迩者窃见陛下以南京户科给事中戴铣等上言时事，特敕锦衣卫差官校拿解赴京。臣不知所言之当理与否，意其间必有触冒忌讳，上干雷霆之怒者。
>
> 但以铣等职居谏司，以言为责；其言而善，自宜嘉纳施行；如其未善，亦宜包容隐覆，以开忠谠之路。乃今赫然下令，远事拘囚，在陛下之心，不过少示惩创，使其后日不敢轻率妄有论列，

非果有意怒绝之也。下民无知，妄生疑惧，臣切惜之！

今在廷之臣，莫不以此举为非宜，然而莫敢为陛下言者，岂其无忧国爱君之心哉？惧陛下复以罪铣等者罪之，则非惟无补于国事，而徒足以增陛下之过举耳。然则自是而后，虽有上关宗社危疑不制之事，陛下孰从而闻之？

陛下聪明超绝，苟念及此，宁不寒心！况今天时冻沍，万一差去官校督束过严，铣等在道或致失所，遂填沟壑，使陛下有杀谏臣之名，兴群臣纷纷之议，其时陛下必将追咎左右莫有言者，则既晚矣。伏愿陛下追收前旨，使铣等仍旧供职；扩大公无我之仁，明改过不吝之勇；圣德昭布远迩，人民胥悦，岂不休哉！

臣又惟君者，元首也；臣者，耳目手足也。陛下思耳目之不可使壅塞，手足之不可使痿痹，必将恻然而有所不忍。臣承乏下僚，僭言实罪。伏睹陛下明旨有"政事得失，许诸人直言无隐"之条，故敢昧死为陛下一言。伏惟俯垂宥察，不胜干冒战栗之至！

王阳明的这份奏疏口气委婉，他劝谏皇帝，戴铣等人作为言官，职责就是进言劝诫皇上；即使他们说错了，皇上也宜多包容，以开言路。现在群臣无人敢说真话。长此以往，皇上还能听到谏诤之言吗？大明社稷还能长久吗？

王阳明没想到，这份奏疏给自己惹下了大祸。朱厚照显然不可能看到这位六品主事上的奏疏，刘瑾却能得到。他干脆代拟一道圣旨，以皇帝名义廷杖王阳明三十，关入锦衣卫大牢。

这一天，几个锦衣卫校尉冲进兵部衙门，把王阳明抓捕后带到午门。几炷香过去，一队举着粗圆廷杖的锦衣卫从午门鱼贯跑出。一个太监用尖厉嗓音宣读了圣旨，几个高大的锦衣卫把王阳明按倒在地，绑住双腕，然后当众扒下衣裤准备开打。

"真是有辱斯文啊！"对立志为圣贤的王阳明来说，这无疑是莫大耻辱。他无奈地闭上眼睛准备挨打，生死只得听天由命了。耳畔只听得监刑宦官尖声喊道："用刑！"锦衣卫校尉便开始轮流用大棍猛击趴在地上的王阳明，左右校尉则高声报着杖打的次数。那阵势足以令听者胆战心惊。

大棒无情地落下，每一下都痛彻肝肠。才二十几杖，王阳明就已经昏死过去。冷不防临头一盆凉水浇下，他又苏醒过来。如此反复。三十杖打下来，被打得半死的王阳明人事不知，立刻被拖走扔进了诏狱。

在幽暗的囚室里，浑身是血的王阳明僵卧不语，他微微喘息着，只有一阵阵刺痛传来时，才感到自己还活着。原本按照刘瑾的安排，施刑者准备杖毙王阳明。然而，王阳明却在昏死过去之后，又奇迹般地醒了过来。

从书香门第的翩翩公子、应试及第的幸运儿到险些丧命的阶下囚，巨大的落差让王阳明第一次感受到了真实的人生之痛：这就是大明帝国政治运作的方式，野蛮而粗暴。在王阳明饱读的儒家经典里，眼前这种人人自危、动辄得咎、粗暴残酷的政治现实，当然是极其不正常的，更不符合古圣贤们的精心设计。

无论从哪方面来说，王阳明此次的上书都正当合理，无可指责。可奸臣当道，天理王法何在？在遭受酷刑后，王阳明的头脑反而变得格外冷静。他明白自己生命的价值和使命所在：自己还有比做一个死谏忠臣更重要、更值得的事情要做。一切艰难苦厄，都不能阻止他走向圣贤之路，那是支撑他战胜一切苦难与绝望的信念。

在漆黑阴冷的监狱里，王阳明夜不能寐，思绪翻涌。想起家中妻老正焦急地等待自己，祖母、父亲慈祥的目光，他禁不住眼泪涟涟。

在协助山东乡试时，他曾经出过一个题目："所谓大臣者，以道事君，不可则止。"现在看来，他已经认定当今天子朱厚照是个不值得辅佐的无道昏君。挂冠而去、归隐山林或许是个不错的选择。

在诏狱里，王阳明才真正思考清楚了大明帝国政治运作的全部奥秘，他已经不再无条件地忠诚、仰赖帝王个人，而是更执着于"道"和"良知"。有道则显，兼济天下；无道则隐，潜心治学。他后来还悟到：这个道与良知，其实人人心中皆有。

就在王阳明入狱后不久，朝廷中的官员为了保命保官，暗中投靠刘瑾的大有人在。而王阳明的父亲王华与刘瑾其实也有些故交，刘瑾还没发迹时就听说过王华的大名，颇为仰慕其才。后来两人又曾一同在太子府里共事，王华那时是太子朱厚照的老师。王阳明身陷诏狱期间，刘瑾多次暗示王华，王华只要去自己的私宅"叙叙旧"，不仅王阳明可以平安回家，他们父子俩还可以得到特别照顾，升迁重用。但王华并未妥协，终于惹恼了刘瑾，被贬官去了南京。

真是有其父必有其子。王阳明在监狱中还听到了一条趣闻。据说刘瑾整理出了一个奸党名录，一共包含五十三人。其中排列在前面的，除了刘健、谢迁、韩文等朝廷重臣，一直默默无闻的六品兵部武选清吏司主事王阳明居然在这份名单中高居第八。可见，刘瑾对这个六品主事十分忌惮。

王阳明身受廷杖重伤，得不到任何医治，只能躺在墙角处的土台上，咬牙等待伤口自愈。这当然是一个漫长而又十分煎熬的过程。但是成为圣人的理想如一团火，在他胸中燃烧。躺在冰冷的草席上，他反而感觉不到冷。王阳明自认并非贪生怕死之人，但是他的追求不止于此，也不愿为了死谏之名而死于阉宦之手：只要此心还在，何惧廷杖下狱，何惧孤独寂寞，何惧阉宦淫威？

正德元年（1506 年）二月，朝廷贬王阳明为贵州龙场驿丞，择日出发。

贵州，位于大明帝国疆域的西南一隅，当时不仅贫穷落后，而且属少数民族群聚之地,事端多发。龙场位于今天的贵州省修文县。驿站,是古代供传递书信文件的信使、官员中途休息和住宿的地方。驿丞就是驿站的管理人员。

王阳明离京那天,好友汪抑之、湛若水、崔子钟等人前来送行,这些人既是与他情谊深厚的朋友,也是志同道合的知己。湛若水作《九章》以赠别。诗中仍然贯之以"随处体认天理"的哲学理念:

其七

皇天常无私,日月常盈亏。

圣人常无为,万物常往来。

何名为无为？自然无安排。

勿忘与勿助,此中有天机。

其九

天地我一体,宇宙本同家。

与君心已通,别离何怨嗟？

浮云去不停,游子路转赊。

愿言崇明德,浩浩同无涯。

湛若水作为王阳明精神上的同道,鼓励王阳明不要在乎眼前是非,而是要找到与天地万物浑然一体的感觉,只要同秉此心此理,咫尺天涯又有何妨;只要一颗求圣之心不死,旅途也就不再那么孤独和艰苦。

王阳明启程奔赴贵州龙场,进入他一生中的至暗时刻。此行对王阳明来说,是肉体与精神的双重流放,他也将开启一次伟大的精神征程。

第五节　向南而行

正德二年（1507 年）五月，王阳明从京杭大运河乘船一路南下，来到浙江杭州，他很想顺路去看望一下年近九旬的祖母岑氏，毕竟这一路山高水远、生死莫测，不知道还能不能再平安回来和家人团聚。然而他未能如愿，因为他发现自己已经被刺客跟踪。为了避免连累家人，他只得叫家仆先回家乡报信，自己则暂时留在杭州。

这时，恰好弟弟王守文在杭州准备参加乡试，其他几个弟弟妹妹也在杭州。当王阳明到达杭州的时候，家人们早已经在此等候。看到久别的亲人，王阳明心中似有千言。王阳明回忆此时情形是："已分天涯成死别，宁知意外得生还。"

王阳明向兄弟们问起父亲的近况，兄弟们回答说父亲由礼部左侍郎调任南京吏部尚书，身体尚好。他们则问起哥哥如何打算。王阳明回答说，无妨无妨，有道是"携汝耕樵应有日，好移茅屋傍云山"，大不了回家务农，你们回去先把茅屋收拾好，待我归来咱们一起耕田砍柴、读书悟道。

其实这个时候的王阳明经常陷入一种寂寥悲怆的心绪，特别是在多雨的江南，只是不想把这种情绪传递给家人。

黄昏暮雨时分，他独坐听雨，想着心事，还乡归隐的念头越发强烈。王阳明确实对政治有些心灰意冷了。远离纷争，归隐山林，与家人、弟子相伴，成了他内心的梦想。当然，朝廷将他发配龙场，他还是要去赴任的。只是这个职务并不算重要，所以到任时间比较宽裕。由于本来身体就不大好，经受廷杖后更是虚弱不堪，王阳明不能连续承受山高路远的颠簸劳顿，便决定在杭州暂住下来，隐居在果胜寺里休养一阵子。在这里，来自余姚的三个年轻人有幸成为王阳明的弟子，他们是徐爱、蔡宗衮、朱节。

这三个人刚乡试中举，正是意气风发之时，决定拜王阳明为师。王阳明见三人均是可造之才，便答应了。王阳明对三人的评价很高，认为"徐生之温恭，蔡生之沉潜，朱生之明敏"都是自己不能及的。从内心来讲，同弟子们游故乡山水，一起自由讨论学术，追慕濂洛遗风，这才是他的乐趣所在。后来三个年轻人被地方府学荐为贡生，到北京国子监读书。临行前，王阳明劝他们要沉潜进学，还给京城的湛若水写了封信，让他帮忙照顾指导三个弟子。

这个时候，身为司礼监掌印太监的刘瑾已将朝中反对者肃清，大权在握。而朱厚照更是一味贪玩作乐，平时懒得上朝理政。偶尔到朝堂的龙椅上坐坐，群臣在向皇帝施礼的同时，还会向东北方向作个揖，因为刘瑾就站在皇帝的左方。人们都称刘瑾为"站皇帝"，称正德皇帝为"坐皇帝"。京城里的人们私下里相聚时，都免不了窃窃私语，说天下只知有"刘皇帝"，而不知有"朱皇帝"。

离开杭州之后，王阳明辗转来到了南京，见到了父亲王华。父亲看起来苍老了许多，鬓发斑白，目光却仍慈爱如初。王阳明心下愧疚，对父亲诚恳说道："孩儿不孝，少时顽劣，不遵庭训；如今又身遭此祸，连累父亲！"

王华坦然一笑："孩子，你小时顽劣调皮是真，倒也无伤大体。如今你上书遭贬，却非错事，不必为此愧疚。大是大非面前，立住根本，何错之有？为父欣慰得很。"

王华知道儿子患有肺疾，身体虚弱，担心他一路上没人照顾，就亲自在家里挑了三个仆人，让他们陪同儿子前往贵州。不久，看淡名利的王华也致仕还乡了。其中还有一段曲折经历，原来那刘瑾对王华仍不死心，他以旧时故人的名义，派人让王华到他家里去拜见，承诺必有大用。刘瑾有意示好，当然是希望王华能领情，亲自去向他表示感谢。但此时的王华态度依然坚决，无意攀附。刘瑾大为恼火，想方设法要找王华的把柄。但王华为官公正清廉，刘瑾费尽心思仍未找到罪名，只能以一件莫须有的事情为借口，传旨令王华退职回家。王华闻令倒十分坦然，这正遂了他供养母亲的心愿，就收拾好行装回家乡了。

王阳明得知后，对父亲决不对权奸俯首就范生出敬意。不过，以父亲正直耿介的性格，能够急流勇退未尝不是幸事。据说王华回乡以后，唯以读书自娱，侍奉老母。虽年已七十，仍行孝于母亲床前，为世人称赞。

诸事已毕，王阳明再无挂念，只有一个目标：贵州龙场。

王阳明这一路跋山涉水，翻山越岭，以他的诗句来形容就是："山行风雪瘦能当，会喜江花照野航。"一个"瘦"字，绘尽当时王阳明在流放途中的艰辛困顿之态。此时王阳明已年近不惑，由于身患肺疾，遭受廷杖、牢狱等危难，虽然清瘦多了，但依然精神矍铄。他高凸的面颊、飘拂的胡须、深沉敏锐的双眼，显出一种特别的气质。

王阳明虽是被贬流放，沿途却有许多地方官员对他盛情款待。当他的船行至广信时，当地的蒋知府很敬仰他的为人和学问，亲自捧着好酒好菜，专程跑到船上来探望他。两人在月光下煮酒论道，说古道今，十分投缘。

正德三年（1508 年）早春，王阳明一行船到长沙。因旅途劳顿、疲惫不堪，他又患上了牙痛病，更因连日风雨大作，他在长沙停留了八天，住进了长沙城北的寿星观。他虽是戴罪之身，但长沙的陈凤梧等人不仅专程来拜访他，还向他推荐长沙的风景胜地岳麓山，并诚邀他在天晴时共游。

在长沙，王阳明吊唁了楚大夫屈原。屈原因忠君直言而遭谗逐，而王阳明也因一篇上疏而遭到贬谪流放，古往今来类似遭遇并不少。他为屈原的坎坷命运而伤感，也为屈原选择自沉汨罗江而惋惜。王阳明天然具有类似屈原等人的精神基因，但显然又与一般传统文人不同。很快，他就摆脱了这种负面情绪。在流放路上，对先贤往圣的拜谒和凭吊使王阳明内心油然而生一种精神和情感的支撑力量。随后，他继续余下的行程，乘船沿湘江而下，然后向西折往贵州。

对于龙场这个陌生的地方，王阳明此时还是一无所知。

龙
场
悟
道

第五章

第一节　穴居生涯

正德三年（1508 年）三月的一天，王阳明终于到达贵州龙场驿。他骑着一匹瘦马，旁边跟着三个挑担背包的仆人。他当然没有想到，将来这个偏远荒僻的小地方会因他的到来而名动四方。

那个时候，等待他们一行人的，是云贵高原连绵起伏、层层叠叠的大山和原始森林，是漫山遍野盛开欲燃的杜鹃花，是驿站里的二十三匹马、二十三副铺陈，和一个年老的小吏。

远道而来的王阳明从马上跳下来，举目四望，若有所思：这里究竟是怎样一个地方？

龙场驿，在贵阳市西北八十多里外的修文县城内，由水西女土司奢香夫人在明洪武十七年（1384 年）所建，是从贵阳府进入水西地区的第一站。

驿，是古代常设的一种机构，是为来往官吏、差人提供中途休息、食宿、补给、换马的处所。常有递送公文的差役、来往的官吏在驿中暂住，换掉力乏的马匹，等到来日再快马加鞭地赶路。龙场驿为水西九驿中的首驿，也是规模最小的一个。据有关史书记载，龙场驿只设"驿丞一名，吏一名，马二十三匹"，龙场驿丞也并无品级。

到龙场后，王阳明发现这里不但瘴气缭绕、荆棘丛生，气候也是潮湿闷热。外地人来此很容易水土不服。当地人都以打猎为生，过着原始的生活。这里缺衣少食、气候恶劣，除了虫蛇野兽的问题，这龙场还是各种地方势力盘根错节之地，方圆百里曾经战乱不止，当地土司之间也经常兵戈相向。

王阳明生有肺疾，又受过廷杖重刑，一路长途跋涉，舟车劳顿，来到这里已经是疲惫不堪。望着层层环抱的群山和大片葱郁茂密的森林，一行人如在噩梦之中，怀疑自己能否生存下去。

而这所谓"驿站"只有两间土砌房屋，早已破败不堪，随时有倒塌的危险。王阳明没有抱怨，立即着手解决住的问题，他与仆人们一起动手砍树折竹，割茅编草，搭起几间齐肩高的茅草屋棚暂时栖身。在《初至龙场无所止结草庵居之》诗中，王阳明这样描述当时的情景："草庵不及肩，旅倦体方适。开棘自成篱，土阶漫无级。迎风亦萧疏，漏雨易补缉。"这种茅草棚到处都是缝隙，常常在下雨时漏个不停。贵州深山里潮湿多雨，几场山雨便把茅草棚全冲垮了。

没办法，王阳明只好到附近的山上去寻找山洞。不久，他找到了一个潮湿阴森的天然洞穴，高约一丈、深约七丈，位于修文县城东三里处，当地人称为"东洞"。这里显然更加空旷宽敞，最起码能够遮风挡雨，不用操心阴雨天气的种种不便与麻烦。细看起来，洞里那弯弯曲曲的小径、低矮狭长的洞口、宽敞空旷的内室，还有熔岩冲刷的道道沟壑，很是眼熟。王阳明仔细再看了看，猛地一拍大腿：这不就是他当年在家乡隐居修道的阳明洞嘛！

王阳明心中一喜，看样子老天早就给他的命运安排好了这样的去处。细细想来，这古洞隐藏在荒僻的山中，难道是专门等待他的到来吗？于是，他将这个叫"东洞"的洞穴改名叫"阳明小洞天"。

王阳明和三个仆人就搬到了这阳明小洞天里。在这里，他们挑选并打制出了石桌、石椅，还在岩洞处做灶台，用来生火做饭。挨着石台放下简陋的石床，可以容身安眠。最后把几处老鼠洞也封堵住。这里总算让他找到一点家的感觉了。他想，就在这里暂且安顿自己的肉身，也安顿一下内心吧！

自此，他开始每天在洞中看书、思考，也经常在山野中四处游逛，日子过得怡然自得。他还写了《始得东洞遂改为阳明小洞天三首》来表达自己的思绪：

其二

童仆自相语，洞居颇不恶。

人力免结构，天巧谢雕凿。

清泉傍厨落，翠雾还成幕。

我辈日嬉偃，主人自愉乐。

虽无棨戟荣，且远尘嚣聒。

但恐霜雪凝，云深衣絮薄。

天然古洞边，清泉潺潺，薄雾袅袅，在王阳明眼中，这里早已成为人间仙境。王阳明感到自己过起了一种上古时的原始穴居生活，倒别有一番趣味。

住的问题暂且算是解决了，但吃饭问题依然困扰着王阳明。王阳明不得不在南山开了一块地，亲自种植粮食、蔬菜，甚至冒着粉身碎骨的危险，在悬崖边上采摘蕨菜来吃。

龙场一带气候炎热，瘟疫多发，外来者通常会水土不服。让人意想不到的是，原本体质较弱、疾病缠身的王阳明没有倒下，三个仆人却先后全病倒了，不但没有力气干活，还需要人来照料。王阳明对此也不怨天尤人，躬下身子照顾这些跟随他一路跋山涉水的仆人们。他不但每天下地耕田，煮饭熬粥，还上山采药回来给仆人们治病。这些仆人其实本身不过是普通的百姓，并没有罪，他们完全是因为跟随他才来到这里受苦遭罪，天性仁厚的王阳明当然不能不管。在这举目无亲的地方，这些跟随他来到龙场的仆人，对他来说不只是朋友，也是亲人。

这些仆人没有多少文化，身处异乡，生活艰苦而单调。如果精神状态不好，他们很快就会陷入崩溃。为了排遣寂寞，王阳明常给他们讲故事、说笑话，甚至哼唱起了越地小调，逗逗闷子，让这些亦仆亦友的老乡们聊慰乡愁。从这点上看，王阳明随遇而安、乐天知命的心境，幽默乐观的性情，一点不亚于文豪苏东坡。

有一次，王阳明来到在溪水边，忽然看到了水中自己的倒影，愕然不已。他惊觉自己不过三十几岁，已经苍老羸弱得如同一个饱经风霜的老人，脸如干枣，几根早生的白发，如秋草在山风中抖动。他不禁作诗感慨：

溪水

溪石何落落，溪水何泠泠。

坐石弄溪水，欣然濯我缨。

溪水清见底，照我白发生。

年华若流水，一去无回停。

悠悠百年内，吾道终何成。

他感到悲哀的是，年华如流水，岁月不待人，想想自己当年的理想，如今壮志未酬，一事无成。万般思绪从心中涌出，真是"剪不断，理还乱"。一种焦虑和惆怅折磨着王阳明。

第二节 参透生死

虽然王阳明怡然自得，但贵州龙场绝非世外桃源。那里同样有着种种权力纷争与各种势力纠葛。不过，王阳明在这里与各方周旋，倒也游刃有余。

当时水西豪族安贵荣是奢香夫人第八代孙，世袭土司之职，出任贵州宣慰使司宣慰使，在水西一带影响力很大。正德三年（1508年），贵州凯里宣抚司下辖香炉山一带发生暴动，朝廷下诏命令安贵荣率兵参与镇压。这安贵荣足智多谋，善于领兵作战，仅用一个多月就平定局势，朝廷降旨加封安贵荣为贵州布政司左参政。安贵荣却颇有怨言，认为朝廷的奖赏太少，又担心水西地区将来终会被朝廷收回，就准备上奏裁减九驿，以削弱朝廷对水西的控制，还额外要求其他封赏。

王阳明闻讯，立即致书给他陈述利害：如果驿站可随意增减，那么宣慰司的职位将来也可以随意革除了。至于加官晋爵之事，王阳明说铲除寇盗、安定地方乃是宣慰使分内之事，朝廷加恩安贵荣兼任布政司参政已是破例的殊荣。宣慰使是守土之官，可以世世代代管理土地人民；而参政不过是流官而已，何处任职都要听从天子调遣，随时可以调任他处。因此，你应该珍惜宣慰使一职，至于参政等流官最好辞去，而你现在不仅不辞，还继续要求封赏，这是引火烧身的做法！

安贵荣读过信后才猛然省悟：自己上奏减驿之举会引起朝廷疑忌，从此埋下祸根。他深感自己考虑不周，几乎招来一场祸事，于是对深思远虑的王阳明十分感激和敬重。

后来，贵州宣慰同知宋然所辖的水东苗族首领阿贾、阿扎、阿麻三人聚众起事，率两万余人进逼贵州城洪边门同知府衙门。安贵荣拥兵观望，不予理睬。王阳明闻知，再次致书安贵荣陈述利害，指出安贵荣应当迅速出兵制止叛乱，否则安氏属地也会化为乌有。安贵荣随即出兵平叛，果然朝廷再次给予嘉奖。

从此，安贵荣对王阳明这个小小的驿丞敬重万分。他听说王阳明生活艰苦，便差专人给他送去柴米油盐肉，另有金帛、鞍马等财物，以改善王阳明的生活条件。王阳明欣然提笔回信说："敬受米二石，柴炭鸡鹅悉受如来数。其诸金帛鞍马，使君所以交于卿士大夫者，施之逐臣，殊骇观听，敢固以辞。"他只收下了粮米柴炭等生活必需品，其他金帛鞍马之类一律敬谢不受。

后来，安贵荣主持翻修九龙山古象祠，请王阳明作《象祠记》。他还数次邀请王阳明到水西各学宫学堂讲学施教，传播心学。

不过，并不是所有官员都对王阳明格外看重。贵州都御史王质就多次派人到龙场驿对王阳明进行凌辱挖苦，还克扣他的粮饷。有一次，王质又派遣差人到龙场去闹事。王阳明正在龙岗书院给当地人讲课。这些差人斥责王阳明不识好歹，肆意凌辱。王阳明不动声色。那些听课的百姓却被激怒了。双方当下就大打出手。当地百姓人多势众，把那些仗势欺人的差人打得头破血流，仓皇逃走。王质闻知大怒，想调兵去镇压，转而觉得不妥，便又向按察副使毛应奎告状，要王阳明向自己道歉。这毛应奎也是浙江余姚人，之前王阳明还为他作过一篇《远俗亭记》。于是，毛应奎就想从中调解一下，让王阳明道个歉了事。王阳明觉得这个要求很滑稽，便回信答复："差人至龙场陵侮，此自差人挟势擅威，非太府使之也。龙场诸夷与之争斗，此自诸夷愤懑不平，亦非某使之也。然则太府固未尝辱某，某亦未尝傲太府，何所得罪而遽请谢乎？"

意思是说，他相信闹事的差人并非受王质指使，而本地人殴打官府差人，也并非我王阳明教唆。所以，他和王质之间并没有任何恩怨

过节，为何要向他道歉？王阳明还进一步表示：如果他要因此怪罪于
我，那请你转告他，我在龙场什么磨难没有遇到过？什么事没经历过？
如今就是天大的事也不算什么。结果此事不了了之。

凭借勇气和智慧，王阳明化解了一场危机。一开始，他超脱了自
己的得失荣辱，但生死执念未曾化解。现在王阳明已经几次面临关乎
生死的大事。无论是在龙场艰苦的生活条件下面临累死、饿死、病死
的威胁，还是面对遭各种政治势力算计而被迫害致死的风险，他都能
坦然面对，他的心境已经朝着"圣"的方向迈进了一大步。

明武宗正德三年（1508年）的一天，王阳明来到平时读书的石洞里，
捧起一本《周易》读了起来。傍晚的阳光斜斜地照在洞口边，将一蓬
蓬野草染得金黄，像燃烧的火焰。王阳明抬头望了望即将下山的落日，
陷入了沉思。他忽然发现洞边草丛间有一块两边凸起、中间凹陷的形
似船体的巨大山石。他走过去看了看，活像个石棺材，他找来一把锤
子丁零咣啷地击打起来。

这时，被击打声惊动的仆人们循声而来，一个仆人忙上前询问所
为何事。王阳明却泰然自若道："吾今惟死而已，他复何计！"这是
他特地为自己打造的一口石棺，他要在棺材内，以天为被，以地为床，
静坐、读书、思考，体悟生命在面对死亡时的种种感受。

这似乎是一个"向死而生"的宣言：连生死都置之度外，生活中
这点儿横逆困顿又算得了什么？很多年后，王阳明回忆说："往年区
区谪官贵州，横逆之加无月无有。迄今思之，最是动心忍性、砥砺切
磋之地。"

对于生死，王阳明这样认识："学问功夫于一切声利嗜好俱能脱
落殆尽，尚有一种生死念头，毫发挂带，便于全体有未融释处。人于
生死念头本从生身命根上带来，故不易去，若于此处见得破透得过，
此心全体方是流行无碍。"在龙场的石棺里，王阳明追求的是看破生死、

从根本上使人的一切好恶脱落殆尽，以达到一种自由自在的精神境界，这种境界与佛道有相似、相通之处。从这个意义上讲，王阳明在龙场悟道，也包括了对生死观的参悟。

不知不觉间，王阳明从北京流放到千里之外的龙场已经有些时日了。他非常想念京城的那些朋友，对于京城传来的消息也十分关注。

正德四年（1509年）秋天，一个来自京师的吏目带着儿子和仆人经过龙场，到远方赴任。他们到了贵阳郊外，在一户苗族人家里住了下来。当王阳明听说京师有人来到龙场时，心中颇有些激动，毕竟有人从京城来到这个地方确实难得。于是他跑出来，从篱笆中间观望，却只见这吏目满脸惆怅落寞之色。此时正值阴雨，天色昏暗，王阳明本想近前去向他们打听一下京城的情况，犹豫了一会儿，最终没有过去。

次日清晨，王阳明前去探视时，却发现他们已经离开了。时至中午，有人忽然跑过来报告王阳明，说是蜈蚣坡下面死了个穿着官衣的老人，尸身旁边有两个人蹲伏在那里，哭得撕心裂肺，十分凄惨。王阳明一听就明白了，一定是那位吏目死了。而接下来的两日内，这位吏目的儿子、仆人，也死在了龙场的荒郊野岭。

王阳明感到惋惜，他想，这位吏目大概也是因为被贬官，从京城来到这里的。"同是天涯沦落人，相逢何必曾相识。"类似的经历让王阳明心有戚戚焉。想到他们陈尸荒野，王阳明心中极为不忍，于是他命两名家仆随自己出去，将三具尸体掩埋了。哪知两名家仆竟面露难色，不愿前去。

王阳明不由感慨道："其实你们好好想一想，我们这些人和那吏目三人其实没什么区别啊！有道是兔死狐悲，同命相怜。我们还是去送一送他们吧。"

两名家仆低头仔细想想，不免也有些感伤，同意一起去。于是，王阳明就领着他们，拿上畚箕和铁锹，转身出门。

三人在山脚下挖坑，将尸身掩埋了，王阳明触景伤怀，文思泉涌，当即写下感人至深的名篇《瘗旅文》。瘗音"义"，意为"埋葬"。这篇文字犹如泣血一般，悲怆沉痛：

维正德四年秋月三日，有吏目云自京来者，不知其名氏，携一子一仆，将之任，过龙场，投宿土苗家……吾念尔三骨之无依而来瘗尔，乃使吾有无穷之怆也。呜呼痛哉！纵不尔瘗，幽崖之狐成群，阴壑之虺如车轮，亦必能葬尔于腹，不致久暴露尔。尔既已无知，然吾何能为心乎？自吾去父母乡国而来此，二年矣；历瘴毒而苟能自全，以吾未尝一日之戚戚也。今悲伤若此，是吾为尔者重，而自为者轻也，吾不宜复为尔悲矣。

吾为尔歌，尔听之。歌曰：

连峰际天兮，飞鸟不通。游子怀乡兮，莫知西东。莫知西东兮，维天则同。异域殊方兮，环海之中。达观随寓兮，奚必予宫。魂兮魂兮，无悲以恫……

性命不可期，吾苟死于兹兮，率尔子仆，来从予兮。吾与尔遨以嬉兮，骖紫彪而乘文螭兮，登望故乡而嘘唏兮。吾苟获生归兮，尔子尔仆，尚尔随兮，无以无侣悲兮！道傍之冢累累兮，多中土之流离兮，相与呼啸而徘徊兮。殽风饮露，无尔饥兮。朝友麋鹿，暮猿与栖兮。尔安尔居兮，无为厉于兹墟兮！

王阳明满怀悲愤，追思联翩，写下了这篇字字皆是血的祭文。金圣叹评论此文："作之者固为多情，读之者能无泪下？"清人吴楚材、吴调侯编辑的《古文观止》中，王阳明的文章被选入三篇，其中就有这篇《瘗旅文》。这篇文章与唐代李华的《吊古战场文》、韩愈的《祭十二郎文》合称祭文"三绝"，流传千古。

这篇祭文既哭吏目一家之死，也是在哭自己的命运遭际。读来令人无法不动容，无法不震撼。生与死，是人生中必然会发生的大事，每一个人最终都要面对。王阳明作为常常思考人生终极问题的智者，自然对此深有思悟。三十多年来，他看尽了无数的生离死别，也曾因至亲的故去深陷悲痛之中。

"同是天涯沦落人"的境遇，让他再次思考生死大关的问题。自己会不会也成为下一个身死异乡的人呢？如果真的死去，那么会不会和这吏目一家一样横尸荒野呢？今天吏目一家尚有自己来埋葬，将来自己死了，谁来安葬呢？最关键的是，自己满腔的远大抱负，孜孜以求的圣人之梦，建功沙场的理想，也会随着肉身的消逝一并化为乌有。这才是人生的至痛之处。

埋葬了三人，王阳明也累出了一身大汗。他坐下来休息，望着周围寂静荒凉的山野，内心不免生起几分凄凉：人生短暂，一生时光真的都要浪费在这里吗？

第三节　由易悟道

在艰难困厄之中，为了更好地悟道，王阳明开始将《周易》作为重点研究对象。

《周易》是儒家经典之一，约成书于西周时期，是我国最古老的一部筮占之书。它包括《易经》和《易传》两部分，其中的《易经》是古人卜问凶吉的卜筮记录，《易传》记录了后人对卦辞的解释和论述。《周易》以阴阳论为基础，运用天干地支五行论，对天地万物进行性状归类，对事物运行规律加以论证和描述，甚至可以对事物的未来发展做出预测。

　　《易经》中有六十四卦，是由八卦重叠演化而来的，而八卦是由阴阳两面排列组合而成。"阳"代表积极、进取、刚强、运动等特性，"阴"代表消极、退守、柔弱、静止等特性。这"阴"和"阳"分别代表了世间万事万物所具有的既对立又统一的两个方面，它们的相互对立和转化往往决定了这个世界的面貌。

　　《周易》卦象中所蕴含的流变、运动的特质，让王阳明感悟良多。古往今来不乏"朝为田舍郎，暮登天子堂"、"昔日阶下囚，今朝座上宾"的事例。他感到自身命运轨迹也将是一个不断变化的过程，其中起作用的有天命、机运、时局情势，更有人的思想、情绪、选择、作为。他相信，自己内心的信念、选择和作为，将在这种变化中起到决定性作用。

　　更重要的是，《周易》以非常直观形象的方式，将天地万物的奥秘一一呈现于眼前。它具有一种不可思议的整体宇宙观，涵盖了世间诸多变化规律。王阳明被这种简洁直观的思维模式深深吸引住了。他认为，世间一切哲学理念都应该如此，既简洁直观，又涵容万物，在简洁与直观中覆盖和包含所有的复杂内容。相比之下，程朱理学则将一切本该圆融、简洁、生动的思想诠释得支离破碎，将一切原本应该灵动活泼的思想弄得僵死而冰冷。王阳明专门作诗《梦与抑之昆季语湛崔皆在焉觉而有感因纪以诗三首》描述自己读《周易》的心情：

　　其二

　　　起坐忆所梦，默溯犹历历。

　　　初谈自有形，继论入无极。

　　　无极生往来，往来万化出。

　　　万化无停机，往来何时息！

　　　来者胡为信？往者胡为屈？

微哉屈信间，子午当其屈。

非子尽精微，此理谁与测？

何当衡庐间，相携玩羲易。

审读研习《周易》后，他的心仿佛忘却了日常烦杂琐碎的各种事务，超脱了私欲的纠缠和烦恼、失落、寂寞、沮丧、悲愤、痛苦等种种心绪，他能够抬头来仰望天穹上的灿烂星空，沉浸在一种安谧、恬静、沉思、旷远的状态中，他的心灵也变得像这夜空一样辽阔、纯净、幽深，似乎直接与浩瀚的宇宙、广漠的苍穹相感、相通、相融，乃至"穷天人之际，通古今之变"。

王阳明还写过一篇《玩易窝记》。他读《周易》悟道的小石洞本没有名字，因他常在其中读《周易》，故命名为"玩易窝"。这个"玩易窝"是龙场南三里地一座小孤山的一个露天石洞。"玩"是把玩、玩味的意思，"玩易"就是在与外界隔绝的状态下专心细读《周易》，玩味易理，深入《周易》所蕴含的深湛精微的宇宙人生智慧里。

阳明子之居夷也，穴山麓之窝而读《易》其间。始其未得也，仰而思焉，俯而疑焉，函六合，入无微，茫乎其无所指，子乎其若株。其或得之也，沛兮其若决，瞭兮其若彻，菹淤出焉，精华入焉，若有相者，而莫知其所以然。其得而玩之也，优然其休焉，充然其喜焉，油然其春生焉。精粗一，外内翕，视险若夷，而不知其夷之为厄也。

于是阳明子抚几而叹曰："嗟乎，此古之君子所以甘囚奴，忘拘幽，而不知其老之将至也。夫吾知所以终吾身矣。"名其窝曰"玩易"，而为之说。曰：夫《易》，三才之道备焉，古之君子，居则观其象而玩其辞，动则观其变而玩其占。观象玩辞，三才之体立矣；观变玩占，三才之用行矣。体立故存而神，用行故动而化。

神故知周万物而无方，化故范围天地而无迹。无方则象辞基焉，无迹则变占生焉。是故君子洗心而退藏于密，斋戒以神明其德也。盖昔者夫子尝韦编三绝焉。呜呼，假我数十年以学《易》，其亦可以无大过已夫。

这篇文章叙述了他研读《周易》的体验：一开始是茫然不解，接下来因有所领悟而十分畅快，最后反复涵泳玩味，终悟易理主旨。研习易理后，他悟到人生的苦难都不过是外在之物，不足乱人本心，从而"精粗一，外内翕，视险若夷，而不知其夷之为厄也"。

王阳明常常将自己被发配到贵州龙场的经历，与孔子受困陈国时的窘况相比。孔子身处危局毫不悲观畏惧，自己身处龙场饥寒交迫也怡然自处。孔门弟子颜回"一箪食，一瓢饮"，悠然自得，不改其志；而王阳明也是住茅屋山洞，食粗粮野蔬，饮山泉冷水；周文王被拘禁在监狱里著《周易》，王阳明也在"玩易窝"里悟出人生的道理。

那本《周易》就放在石棺边，王阳明已经翻过很多遍了。这本智慧之书带给他很大的启发，也赋予他精神上的力量和勇气。他也常常在想，圣人之心、圣人之言，为何常常就是天理与天道相合呢？王阳明轻抚那本早已被翻得发毛的经典，心中忽然一动：这《周易》中所讲的一切道理，不正是天理本身吗？对"生而知之"的圣人而言，这些天理早已在心中明晰如镜、清清楚楚。

易即是道，易即是心。世间万物的终极之道与既广大宏博而又复杂精微的人心，在《周易》这里似乎合二为一了。圣人之心与万物之理的沟通、契合，就是一种心灵和宇宙的碰撞。这不正是天人合一吗？人人皆可以为圣贤，因为人心之本体皆与天理相通相融。

五百多年前的一个午夜里，月光如水，万籁俱寂。王阳明忽然惊醒，从石棺内一跃而起，放声呐喊："圣人之道，吾性自足，不假外求！"

这喊声让三个仆人从梦中惊醒，他们的主人正手舞足蹈，面露狂喜之色。三个人面面相觑：难道他疯了？

他们不知道，这是王阳明一夜之间参透了天地间最大的秘密。

仆人问道："先生，你为何这样狂喊大叫？"

王阳明依然掩饰不住心里的兴奋："因为我明白了，终于明白了！"

仆人忙问："你明白什么了？"

王阳明正色回答："圣人之道，吾性自足，心即是理，心即理啊！"

自此，他豁然大悟：鱼跃鸢飞，无处不是化境；水流花开，随时都见天机。

这是灵透的禅机，也是大迷惑之后的大觉悟。王阳明由此破茧而出，焕然重生了。此时此际，他的心中涌动着一阵难以抑制的狂喜：是啊，从十多岁的少年开始，那些思想深处的疑难困惑宛若阴云雾霭一样，已经缠扰他多少年了，如今竟然一扫而空。

思想的盛宴，精神的美酒，透着醉人的芬芳。王阳明的心情从来没有这样舒畅过。在这一刻，他得到了自己多年来一直想要得到的终极答案。这个终极答案来自他的切身体验，而非单纯的哲学思辨。正是种种生活阅历的积累和长期思考探索，使得王阳明在夜晚睡梦中仿佛有仙人指路，一下子打通了过去苦思不解的种种关节，心中如同一轮明月照彻天宇，山河大地，历历在目。

一场光照中国古代思想史的华丽蜕变，就在斯时、斯地、斯人身上静静地发生了。这就是中国哲学史上大名鼎鼎的龙场悟道。王阳明以自身生命体验与不懈探索，打通了以往所感所学所知所思的知识和经验积累，对中国思想史产生了重大影响。

那么，王阳明悟出的到底是什么道呢？

第四节 岩中花树

王阳明心学的起点，就是提出了"心即理"的重要命题。他认为"心虽主乎一身，而实管乎天下之理；理虽散在万事，而实不外乎一人之心。"

"心即理"这个设想，与以往儒家经典说法是否相合相通，是否能自圆其说呢？为了验证这个命题能否成立，他钻进了阳明小洞天里，凭着记忆和深思写成了《五经臆说》。之后，王阳明讲学时，和弟子们谈起自己当年悟道的经历，说到了这部奇书。学生们大感兴趣，提出想要读一读这本书。王阳明则笑道："已付秦火矣。"可见，《五经臆说》被王阳明亲手烧掉了。《五经臆说》虽并未流传下来，但是它的基本精神却留在王阳明的心学构建中。

王阳明说："始知圣人之道，吾性自足，向之求理于事物者，误也。"这就是说，天底下事物的对与错，是先天就存在于我的心中的，根本不用去外界寻找。王阳明把人心放在了一个至高至圣的位置，认为人心既是人的身体主宰，又是天地万物的主宰，是世界的本源。"理"不是外在的东西，而源于人的本心。

《传习录》中说："身之主宰便是心，心之所发便是意，意之本体便是知，意之所在便是物。如意在于事亲，即事亲便是一物，意在于事君，即事君便是一物，意在于仁民、爱物，即仁民、爱物便是一物，意在于视、听、言、动，即视、听、言、动便是一物。所以某说无心外之理，无心外之物。"

在王阳明看来，人的内心动机决定人的一切道德行为，心能包罗万物，心能主宰一切。后来，他干脆直接提出："心外无物，心外无事，心外无理，心外无义，心外无善。"人世间的一切（物、心、理、义）都包含在"心"中。

《传习录》中讲到了一个非常生动形象的事例：

> 先生游南镇，一友指岩中花树，问曰："天下无心外之物，如此花树在深山中自开自落，于我心亦何相关？"
>
> 先生曰："你未看此花时，此花与汝心同归于寂；你来看此花时，则此花颜色一时明白起来，便知此花不在你的心外。"

这就是有名的"岩中花树"论辩。这个故事最直观、最生动地说明了心学的基本道理：心与物同体，物不能离开心而存在，心也不能离开物存在。离开灵明的心，便没有天地万物；离开天地万物，也没有灵明的心。

一个人正是因为凭借着"心"，才与这个世界有了联系。世界的存在和意义，也是通过"心"的力量建构起来的。心外无物，并不是说我心之外没有任何还没有被我认识的事物，而是对我而言，一切能够被我这颗心所认识的事物对我才有意义。

所以，王阳明"心外无物"的哲学内涵并非说心产生了万物，而是心认识了万物，万物对于我才产生了价值。所谓心即理，其实就是寻找自己所认同的价值观，一种价值观不被自己的本心所认同，那也不是理。

心与理统一，就成为后来阳明心学思想的基石，成为构建阳明心学最初的逻辑起点，也是阳明心学的宇宙观。有了"心即理"这个基点，以后生发出"知行合一"这样的观点就是水到渠成了。

王阳明举例来论证，就孝敬父母来说，如果孝心本在，冬天冰雪覆盖，就一定会想到父母是不是穿得暖、吃得饱，就会努力地使父母有火炉、有棉衣；夏天天气炎热，又会担心父母中暑，就会腾出阴凉房屋给他们。这必须先有诚孝之心才会去做。即便没有经验，也会主动虚心地学习。而如果主观上根本没有孝心存在，也就没有孝行，则世间孝道之理也就不存在了。

王阳明还认为，心是衡量一切事物的尺度。心就像一面明净透亮的镜子，能普照万物。有弟子问他："为什么圣人能随机应变，料事如神，是不是他们早已知之？"王阳明回答说："圣人心中有一个判断是非的标准，凡事他们都用'心'去测量，当然能随感而应，无物不照了。"所谓是非分明、善恶分明，而衡量这一切事物的标准与尺度就是"心"。所以阳明心学不同于其他儒家学说的地方，就是极为强调心的作用，强调洒脱、活泼、灵明的生命体验和人性直觉。

王阳明认为"心"并不是一成不变的，而是与时俱进、应势而行的。他说："天下之事虽千变万化，而皆不出于此心之一理，然后知殊途而同归，百虑而一致。"这就是说，天下的事千变万化，无法预测，我们唯一能做的就是用"心"去把握它们的规律，找到解决问题的最好方法。

这些道理对王阳明来说，是从社会阅历、人生经验和长年读书思考中得来的。正德初年的那场政治风暴把他抛到了完全陌生的荒僻之地，平时所依赖的各种人脉关系和家族力量都消失了。此时的王阳明可谓是空无依傍、一无所有，一切都要从头来过。此时，只有他的一颗心始终伴随着他，他在记忆与思考中打通与文化传统的联系，汲取来自古代圣贤的精神资源。

在龙场岁月里，极度贫乏与困顿的境遇，让王阳明深深地感受到来自"心"的巨大能量。正是这种能量使他振作精神，支撑、引领着他在精神之域进行深度探索。

他以鲜活的生命体验和禅宗式直觉认知，先立其大，明其心体，又由体发用，即体即用，自觉践行圣贤之学，担当起以天下为己任的使命，最终成为以天地万物为一体的仁者。他的这种顿悟式的神秘生命体验在他此时创作的诗歌中多有体现：

送蔡希颜三首

其三

何事憧憧南北行，望云依阙两关情。

风尘暂息滁阳驾，鸥鹭还寻鉴水盟。

悟后六经无一字，静余孤月湛虚明。

从知归路多相忆，伐木山山春鸟鸣。

了悟之后，他感觉圣人之心已与自我生命浑然一体，已无须用文字表达，也无从表达。

霁夜

雨霁僧堂钟磬清，春溪月色特分明。

沙边宿鹭寒无影，洞口流云夜有声。

静后始知群动妄，闲来还觉道心惊。

问津久已惭沮溺，归向东皋学耦耕。

这是王阳明静坐默观时的身心体验，万物纷然落定后，只有此心明净如镜。

龙场顿悟是王阳明一生最传奇的经历。正是这种极端恶劣的生存环境和直面生死的种种挑战，使他的身与心都始终处于一种艰难的自我蜕变状态，对他的心学理论的最后形成起到了临门一脚的作用，催化了他思与悟的进程。最重要的是，他完成了圣贤人格的自我塑造。

王阳明的"吾心之道"赋予他极大的自信、乐观和勇气，使他始终以真理在握、正气在胸的智者姿态面对种种横逆困厄，帮助他克服了人生道路上遇到的种种磨难。从此，王阳明正式确立具有禅观直觉思维特质的心学理念，并在知行合一的实践中进一步完善。

从这时起，王阳明步入了人生新境界。

第五节　贵阳讲学

曾经在工部观政的王阳明对建房架屋十分内行。在龙场，他经常教当地人伐木建屋。那些当地人学会了以后，就开始砍竹伐木，凿岩取石，在一个向阳山坡上破土动工。不到一个月，他们建成了一个巨大院落，请王阳明住进去。毕竟那个阳明小洞天湿气较重，对他的身体不利。王阳明望着那些诚恳淳朴的当地朋友，内心深为感动。他当场决定，把这里改造成一个书院，为当地子弟们传授文化知识。

这个书院建立在龙场的山冈上，故名"龙岗书院"。后来，王阳明把自己的居所取名为"何陋轩"。典出《论语·子罕》："君子居之，何陋之有？"

何陋轩的东堂宽敞明亮，取名为"宾阳堂"。"宾阳"出自《尧典》中"寅宾出日"，意思是以君子之道教化四方。何陋轩前面有座凉亭，被一片翠竹环绕，故取名为"君子亭"。也许这片竹林让他想起了家乡，想起过世的祖父竹轩翁，想起了当年格竹的往事。

自龙岗书院建成后，附近的学子纷纷前来书院求学。除贵州的弟子外，还有云南、湖南等地弟子前来听课，多时达百余人，盛况空前。

为了警策弟子们潜心向学，他把一段语录贴在墙上：

才学便须知有着力处，既学便须知有得力处。学要鞭辟近里著己。

为名与为利，虽清浊不同，然其利心则一。

不求异于人，而求同于理。

此外，王阳明在龙岗书院写下《教条示龙场诸生》，提出"立志、勤学、改过、责善"的治学要求，向弟子们系统地阐述他的教育思想。

王阳明讲学在内容上与常规的先生完全不同。别人只讲程朱理学，多是寻章摘句、照本宣科而已；而他则独抒己见，随物点化，讲的都是自己从思考感悟中得来的真知灼见。在教学形式上也十分灵活，不拘一格。有的时候，他在龙岗书院内的讲堂上侃侃而谈，系统授课；有的时候，他和弟子们在山间边走边谈，同行弟子提出问题后，他马上进行点拨解答。有的弟子写信提出疑问，他便回信予以解答。这样的教学方式深受弟子们的欢迎。由此，龙岗书院名声大振。

当时的贵州提学副使毛应奎在贵阳重新修整当时最大的文明书院，并邀请王阳明到文明书院去为贵阳学生们讲课。王阳明想起他之前处事失之偏颇，便很客气地称病辞谢了。

正德四年（1509 年）秋天，席书成为贵州提学副使，来到了龙岗书院。席书在弘治三年（1490 年）中进士。弘治十六年（1503 年），他任户部员外郎时，因直言议事引起朝中权贵不满，后调任贵州提学副使。

当他听说王阳明在龙场讲学的事情后，立即专门前往龙岗书院拜谒。席书知道王阳明致力于圣人之学，他有些问题想当面请教。当年在京城时，席书曾与王阳明是同僚。此番在龙场相遇，两人十分感慨。

他向王阳明提出一个问题：朱熹和陆九渊的学说有何异同？当时主流思潮是崇朱非陆，王阳明若要讲清楚自己的观点恐怕一时不能被人们接受，他于是答道："圣人之道，吾性自足，不假外求。"

　　席书一时愣住了：这可是前所未闻的观点，也如当头棒喝。席书很受启发，思想也有所颠覆。席书回去后，反复思考王阳明的这句话，又有很多疑惑。于是他又到龙场来，向王阳明请教。切磋一番后，他又回去重新思考琢磨。过了两天，他好像又找到新的破绽和理论盲点，于是又到龙场与王阳明辩论。

　　席书甚至疑虑王阳明是不是在用臆想之论标新立异。王阳明则表示，自己起初也担心有悖圣学，遂与经书相验看，结果与圣人之言相合，正得圣人本意。比如《大学》中讲"止于至善"，明德亲民，事实上只要尽其心之本体，自然能够做到。

　　王阳明重点谈到了自己的知行合一观。他告诉席书，朱熹以读书悟得天理，然后落实到行动中；陆九渊则在静坐中悟得天理，再去日常生活中笃行。他们都认为"知"和"行"是分开的、不同的，而且有先有后。他和他们的看法不同，他认为知与行是一体的，是一个整体。知为行之始，行为知之果，两者其实是一回事。

　　席书又问："先生提倡静坐，与陆九渊的有什么不同呢？"

　　王阳明说："陆九渊的静坐，是想从心中获得天理。如今人们心浮气躁，我想通过静坐沉淀他们的内心，而并非一味要求他们在静坐中获得天理。"

　　席书问："那您从哪里获得天理？"

　　王阳明回答："天理就在我心中，但必须从实践中领悟，才能更深刻地体会天理。而且，这两者是不可分的，正如知行合一一样。"

　　和王阳明反反复复深入交流几次后，席书终于开悟了。他激动地感叹："没想到今日能重睹圣人之学！朱陆异同，各有得失，没必要再辨析纠缠下去，求之吾性本自可以明了。"

　　在通透彻底的大智慧面前，席书对王阳明的心学心悦诚服，越发相信王阳明是世间少有的智者和圣人，也是最好的老师。

他回去后，马上命人将文明书院修葺一新，亲自率领贵阳的学子们来到龙场，向王阳明行拜师大礼，礼聘王阳明为文明书院的总教席。后来，王阳明多次到贵阳文明书院授课，主讲他的"心即理""知行合一"新学说。据说从这时起，贵阳学风大盛，而王阳明的心学也开始在这里传播。

席书一直对王阳明十分敬重。后来到了嘉靖朝，身为礼部尚书的席书极力推荐王阳明入阁。他说："今诸大臣皆中材，无足与计大事。定乱济时，非守仁不可。"可见他对王阳明知之甚深，可谓阳明心学的真正知音。

明嘉靖六年（1527 年），回乡休息的王阳明，惊闻席书离世，写下《祭元山席尚书文》，追忆二人的友谊，文中说道："又忆往年与公论学于贵州，受公之知实深。近年以来，觉稍有所进，思得与公一面，少叙其愚以求质正。斯亦千古之一快；而公今复已矣！呜呼痛哉！闻公之讣，不能奔哭；千里设位，一恸割心。自今以往，进吾不能有益于君国，退将益修吾学，期终不负知己之报而已矣。"

第六节　知行合一

《改建阳明祠记》记载说："阳明之学，言于天下，由贵始也。"

王阳明在贵阳文明书院讲的主要内容就是四个字：知行合一。当时的人多是依据朱熹"格物致知"的思路，想把世间万物的一切天理都认知清楚后再去实践。王阳明认为这种思路既不可行，也徒耗时间、精力，主张"知行合一"，实际上也就是贯彻"心即理"和"事上练"的思路：天理既然都在心中，那我唯一也必须要做的就是从实践中去领悟、获取，而不是向外再寻找天理。

这种思路的前提是"心外无理"。它假定了世间一切天理都已在人的心中具足，不必再去寻找外在天理。重在行动，重在实践，每一次实践，都是成长的过程。这是王阳明心学的闪光点，也是它区别于其他理论的重要特质。

事实上，"知行合一"的提出大大减少了阳明心学的唯心论色彩，在实践领域具有了唯物认识论的特质。更重要的是它脱离了纯粹的思辨逻辑形式，从而具有了实践性。阳明心学在今天的价值也正在这里。

时间来到正德四年（1509 年）五月，王门弟子徐爱来到贵阳看望恩师，王阳明十分高兴。徐爱入门最早，也最得真髓，是他最心爱的弟子，称"吾之颜回"。

徐爱也没想到王阳明在贵阳读书讲学，过得很是充实适意。他听闻王阳明的"知行合一"学说，始终未能理解，便当面求教："如今很多人都知道事父当孝，事兄为悌，可事实上还是做不到，可见知跟行本来是两回事。"

王阳明回答："这是因为知行被私欲遮蔽，而不是知行有错，知行本应是一致的。所谓知而不行，其实就是不知。圣贤教诲人们知与行，就是要恢复知与行的本来面目，不是简单地告诉你如何去知，如何去行。"

王阳明以《大学》里"如好好色，如恶恶臭"为例，对为何人们见到美色会生起喜爱之心，闻到臭味就会产生厌恶之心解释道：见到美色就是"知"，喜欢美色就是"行"。这看起来是两件事，却是自然而然同时发生的。他对"行"还特别指出："一念发动处便即是行了。"也就是喜爱和厌恶的心理一产生，就已经是"行"了。

知和行就是这样相伴相生，实为一体。王阳明进一步解释说，人在见到美色时，就马上喜欢了，而不是看见之后又另生出个心去喜欢。闻到恶臭，就开始厌恶了，并不是闻到之后而又另生出个心去厌恶。鼻子不通的人即使看到恶臭的东西在面前，闻不到臭，也就不会厌恶，只是因为不曾在心里意识到臭。

"孝和悌"也是同一个道理。只说知道何为孝悌，并不是知道；去付诸行为，实际做到了孝悌之事，才是真知孝悌。又比如知痛，必已自痛了方知痛；知寒，必已自寒了；知饥，必已自饥了。知行如何分得开？此便是知行的本体，不曾有私意隔断。圣人教人，必要是如此，方可谓"知"。

只有深切经历过疼痛、寒冷，才知道什么叫疼痛、寒冷，只有亲自体验，才会有深刻的认识。人们常常觉得自己心里已经知道，但是在现实中做不到，这仍不叫"知道"。王阳明认为，做不到就不是真知道，真知道就必然能做到。因此，王阳明说，知行其实是一个整体。

徐爱明白之后，马上提出第二个问题：老师既说知行合一，但是古代圣贤为什么要把知、行分成两个呢？是希望人们有意识地对知和行分别去做功夫吗？

王阳明一听就回答说："不，这样讲就失掉了古人的根本宗旨。我一再说知是行的主意，行是知的功夫。知是行之始，行是知之成。若领会得明白，只说一个知已有行在，只说一个行已有知在。而古人立言所以分知行为二，是因为世间有一种人，懵懵然任意去做，全不解思维省察，是为冥行妄作，所以就必须对他们说先知而后行。除此之外，另外还有一种人，茫茫然悬空去思索，全不肯着实躬行，所以必说行而后知始真。此是古人不得已之教。"

把知与行当成两件事，以为一定得先有知，然后才能行动，如果只讲述、讨论如何做知的功夫，等到真正知了才去做行的功夫，那就会让人们终生不付诸实践，也终生一无所知。这是由来已久的积弊，知行合一正是对症下药。知与行的本体就是这样。如果掌握了知行合一的要领，就算把它们说成两个也不妨事，因为在本质上它们还是一回事。

徐爱闻听，顿然领悟。王阳明的"知行合一"，绝不只是说说而已的空头道理或案头学说，而是真正把他的心学理论转化为一种行动中的儒学实践。只有把理论与实际的行动结合在一起，才是真正完整的心学形态。所以，如果缺少实际的事功历练，王阳明的心学理论就缺乏说服力和影响力。

把知和行看成是一个不能分离的整体，是动态的转化过程，既然圣人之道都是心中自有的，那么所知必践、所行必知即是顺理成章的。只有知行合一，"心即理"的命题才有落到实处的条件与可能。

王阳明明确指出："知之真切笃实便是行，行之明觉精察便是知。"知行都是处于同一个过程之中，它们其实是一个动态中的整体。知行合一，并不是自发就能实现的，而是需要一个"致"的功夫。把在实践中磨炼和在静思中感悟作为学问的范畴，也是阳明为学治学的一个特点，为中国学术开辟了一个新的境界。

王阳明提出"知行合一"，具有为时风流弊矫正纠偏的积极意义。当时朱熹"知先行后"造成了人们知行脱节，以致形成"空空穷理，只在知上讨个分晓之非"的现象。士林只为功名利禄而去读圣贤书，普遍有空谈程朱理学、不愿切实躬行的风气，这都违背了圣人之愿。

王阳明曾在《书林司训卷》中说："逮其后世，功利之说日浸以盛，不复知有明德亲民之实，士皆巧文博词以饰诈，相规以伪，相轧以利，外冠裳而内禽兽，而犹或自以为从事圣贤之学。如是而欲挽而复之三代，呜呼其难哉！吾为此惧，揭知行合一之说，订致知格物之谬，思有以正人心息邪说，以求明先圣之学。"

王阳明反对空论，提倡躬行；反对私欲，提倡良知。因此，"知行合一"有着非常现实的意义。"知行合一"是中国哲学史上最著名的命题之一。梁启超曾高度评价"知行合一"，认为这是王阳明给学术史留下的最有价值的一个口号，是救治时弊、挽救人心的唯一法门。

正德四年（1509 年）十二月，朝廷任命王阳明为江西吉安府庐陵县知县，即刻上任。

王阳明不得已离开了贵州龙场，前往江西赴任。船行至湖南辰州，以前书院里湖广籍的学生前来迎接老师，还有的跟着老师继续前行，来到烟波浩渺的洞庭湖。

王阳明站立船头，望着眼前流水陷入沉思。在贵州龙场的两年里，他历经了种种磨难，诸如山洞穴居、开荒耕田、种菜砍柴、结庐筑房等等。他坚持读书修身，深思悟道，终于迈出成圣的关键一步，让心学思想在西南蛮荒之地生根发芽。如今虽是离开了，那里的一草一木却在回忆中更加亲切。

第七节　庐陵知县

正德五年（1510年）三月，王阳明就任庐陵知县。

庐陵是个人杰地灵之地，如欧阳修、杨邦乂、文天祥并称"庐陵三杰"。庐陵县城还是四省交通之地，又是吉安府的行政驻地，还是江西省内的一处水陆码头。治理好了庐陵县，就能稳住吉安府。不过，在当地官员们眼中，江西吉安府庐陵县是个民风彪悍、盛行告状之地。庐陵人特别喜欢告状，先在庐陵县内上诉，如果不满意就会层层上告。前任知县就是因此而离任的。

王阳明到任的这一年，庐陵县刚遭大旱，又遭大疫，再遇苛税盘剥，百姓生活艰难。王阳明却在短短不到一年的时间里，让庐陵县百姓安居乐业，面貌一新，展现出他的爱民情怀、担当精神和治理才干。

王阳明所办的第一桩事情就是坚决免除不合理的税负，此举大得民心。

在新知县上任第一天，庐陵的百姓们就给他来了个"下马威"。

王阳明刚刚开府办公，庐陵上千名老百姓就全都涌到了大堂前齐刷刷地跪下，强烈要求减免赋税。

王阳明面对台下一片黑压压的人群，显得格外镇定。他首先和颜悦色地简单介绍了一下自己，与老百姓拉近了距离。然后，就细问大家为何认为赋税很重。于是，几个能言善辩的人打头阵，将情况一五一十地讲来：

原来这庐陵县位于江西中部的赣江流域，处于南京到南赣和广州地区的交通咽喉位置，商旅往来，物产丰富，经济发达，成为朝廷赋税的重要来源地之一，因此，庐陵赋税历来十分沉重，近几年尤为突出。正德二年，临时加派杂项赋税折算成银子约三千五百两，但到了正德五年，这项银子增加到了一万多两，且有些税种设置得十分荒唐，很不合理。

王阳明打断了一下，问道："到底有何荒唐，不合理在哪里，与本官细细道来。"

于是，老百姓们气愤地异口同声告诉他："就是那挨千刀的葛布税！"

王阳明便重点问起了这葛布税是何情况。人们便告诉他，这年朝廷下令，让庐陵县上贡葛布。所谓"葛布"，就是用葛的植物纤维制成的织物。可是这东西庐陵本地根本就没有，不知道朝廷为何要设这样奇怪而荒唐的税，这不是找借口搜刮民脂民膏吗？这样稀奇古怪的税捐一多，百姓的日子还怎么过？他们坚决不缴纳葛布税。

王阳明闻听居然还有这等事，便转头问几位县衙小吏："本地果真不产葛布？"小吏们点头称是，庐陵本地确实并不出产这种布。王阳明看了老百姓呈递上来的状纸，又细细察看了卷宗，暗自点点头：是了，这确实是一项很不合理的税收。这种荒唐税收当然是不应当征收的。官府摊派不合理的税收，民众当然有理由告状。如果对此置之不理，终究会酿成大患。

了解情况后，王阳明心里有了底气，立即当面回复庐陵百姓：请各位父老乡亲放心，自己一定会要求上级取消那些不合理的赋税，包括这个葛布税。百姓们听了半信半疑，但看新知县表态爽快，他们就决定等着看看结果再说，议论着起身离开了。

接下来，王阳明找来那些熟悉情况的县衙小吏，向他们详细询问庐陵赋税的来龙去脉。这些人告诉他，庐陵赋税以往并不算太高，只是自打来了位镇守中官专办朝廷税务后，庐陵的赋税就连涨到两倍多。这个镇守中官姓王，平时就住在吉安府里。

王阳明意识到各种不合理征税的源头就来自这位王姓宦官，于是，他当天就向吉安府和江西布政使司写了一份《庐陵县为乞蠲免以苏民困事》，还亲自去说明原因。

在这篇公文中，他用数字来说明庐陵百姓的赋税变化。三年前庐陵的赋税总额是近四千两白银，三年后增至一万余两白银。别的地方赋税都在减少，庐陵县却成倍增长，这都是官府压榨而来。而且税吏来到庐陵收税时，态度蛮横，强征强收。这些赋税到底是朝廷明文规定的，还是吉安府规定的？何况庐陵县刚刚发生旱灾，瘟疫又起，如果再强行收税，恐怕会激起民变。这样去强征强收不合理的税于理有亏，于法也无据。如果勉强去做势必会失去民心。上级若认为他不适任，他可以辞职。

吉安知府看了这篇文章，默许了王阳明的态度，而那个镇守中官也不敢再做辩驳，表态说如果确如文中所言，那些不合理的税就先免征吧。王阳明得知后，兴奋地向庐陵百姓们宣布："本县决定免去不合理的葛布税，以往积欠的赋税也一律免除。"这项决定顿时让庐陵全县老百姓欢呼雀跃，奔走相告。

百姓纷纷庆贺来了个为民做主的青天大老爷，很多人甚至感动得痛哭流涕。

减免赋税虽是大得民心之举，却并没有消除当地人好讼的习惯。庐陵当地老百姓只要发生一点冲突，就要告到官府，严重影响了官府的正常运作，历任知县为了处理百姓的诉讼疲于奔命，苦不堪言。

王阳明决心纠正这民间喜讼、争讼之风。作为深通兵机的心学大师，王阳明自小就是个主意特多的机灵鬼，这点事自然难不住他。很快他就出手了。针对当地百姓爱打官司，县府发布公告规定：如果百姓有重大事情，一定要打官司，状纸必须简明扼要，所写内容不能超过两行，每行不能超过三十字，超过者一律不予受理。此外，争议双方能够自行解决的问题，就不要来官府告状；协商不了、非告不可，才能来打官司，违反者要受到处罚。

告示发出后，庐陵县的老百姓一片哗然。但是县太爷立的规矩是有理有据、合情合理的，多数老百姓还是能理解的。王阳明态度坚决，绝不受理那些不符合规定的官司，而对于蛮不讲理的缠讼者也坚决处罚，绝不宽恕。

正所谓"没有规矩，不成方圆"。规矩立下了，县衙里的案子一下就少了许多。但这只是治标，并不能改变当地好诉的风气，王阳明又开始思考治本之策。

庐陵县自明初洪武皇帝时代，就有民间争讼缠讼的习气。当时有民间德高望重的乡贤长者做仲裁者，专门裁决民间纠纷，称为"里正"。这些有威望的乡间长者在乡村治理中发挥了重要作用，为官府减轻了大量行政负担。王阳明认为这种办法可行，决定在庐陵推广。他在全县范围内选聘里正三老，由他们负责对民众进行道德教化和劝导，裁决处理各种家长里短的民间纷争，使得大量纠纷矛盾得到解决。这种把权力下放的做法果然有效，使衙门堆积如山的案卷慢慢减少。最重要的是，庐陵民风为之一变，依靠这些人的名望来解决纠纷，远比官府出面调解有效。

当时庐陵还经常有盗贼出没，骚扰百姓。王阳明开始在当地推行保甲制度。这种保甲制度实质上是一种地方性的自治组织。十家为一保，各保设保长一名。保中的年轻人都要参加军事训练，配备弓箭兵器。一旦盗贼来袭，一保之内的十家人丁由保长负责迅速集结，共同对付盗贼；而有敢窝藏盗贼者，实行十户连坐。此举不仅提高了缉盗效率，也使邻里之间讲信修睦，患难相恤。

王阳明曾活捉了一个绰号"王和尚"的强盗。经审讯，王和尚是一个强盗团伙的重要成员，这个强盗团伙犯下了很多大案要案，经过王阳明一番审讯和劝导，王和尚供出了团伙老大多应亨和老二多邦宰。二人被缉拿归案，并很快就招供了。

过了不久，王阳明收到上级司法部门来信。信中说，这件案子是冤案，多应亨和多邦宰实系良民，那些刑事案件均为王和尚所犯，这王和尚也已经招认。上级要求王阳明重新审理此案。王阳明觉得很蹊跷，三人作案时的目击者有很多，也有相关证据证明。何况他们三人自己也都供认不讳，还有什么必要重审呢？通过了解，王阳明得知多氏兄弟的家眷曾来探过监，不仅和兄弟两人相见，与王和尚也有过接触。如今翻供，很可能是多应亨和多邦宰的家人出钱贿赂了相关官员，又想要买通王和尚，要他一人顶罪。

王阳明决心弄个水落石出。他让书吏在审讯到一半时，前来找自己，装作似有要事禀告，那书吏答应依计而行。王阳明上堂后重审此案，三人跪在堂下。果然王和尚一口咬定罪行都是自己所犯，与多氏兄弟无关。这时，书吏走出来向王阳明报告说："府里差役送来公文，可能与这个案子有关。"王阳明起身离开了公堂。

过了一会儿，王和尚见大堂上只有他们三人，就挤眉弄眼，摆弄手势，低声地说道："等会儿上刑时，只要你们骨头硬一点能忍下来，我就有办法替你们把事全扛下来。"那多氏两兄弟则安慰他，家里人在府里买通了门路，他以后也有机会早点出来。

他们话音刚落，王阳明就回到了大堂。一个差役从案桌底下钻出来，把刚才三人的对话和举动向王阳明详加述说。原来，王阳明略施小计，事先让那个差役躲在桌子底下。待王阳明走开后，这三人就串供，结果全被差役记录了下来。王阳明最后对三人冷笑道："怎么，谁还要硬扛下去？"王和尚等三人见事情已败露，只得从实招供。可见，王阳明处理实际问题时，从来都是不拘一格、灵活多变的。

后来，庐陵民间旱灾、瘟疫大作，多处村巷出现一家人全部病死、饿死的惨况。让王阳明痛心的是，灾情还引发很多人伦悲剧：一些人把家里染病的亲人遗弃在野外，既不治疗，也不给饭食，任其自生自灭，不少老弱病患即便是轻症，也因无人照护而生生饿死。

这简直是灭绝人伦，有悖王阳明推崇的圣贤之理。他不仅积极采取防疫措施，督促百姓们洒扫庭院居室、及时火化或深埋病人尸体以彻底消除传染源，同时准备基本药物，号召富户出钱出粮，由政府组织医生到各乡行医，布施百姓。他还亲自发布公告，劝导人们要心存孝悌，善待生病的骨肉亲人，守望相助。为教化民众"敦行孝义，为子弟倡率"，他承诺"能行孝义者，县令当亲拜其庐"。王阳明一向认为，天心即人心，人怒惹天怒，所以遇到旱灾、火灾和传染病，他每次都要斋戒沐浴，减食内省，自我批评。

为了教化百姓，王阳明还恢复了明初的申明亭和旌善亭"两亭"制度。他要求庐陵县所管辖的各乡村都要设立这"两亭"。旌善亭相当于今天的"光荣榜"：凡是恭行孝悌、心存仁义、乐于助人的民众，就在该亭张榜表彰，以树立典范。申明亭则是警示榜：凡是当地百姓有不良行径的，诸如偷盗、斗殴或不守孝悌之道的人，名字都在此亭中公布，警示他人引以为戒。

有一次，庐陵城中发生了火灾，一千多家民宅被大火烧毁。事后，王阳明深入火灾现场进行调查，曾任职工部的他很快发现问题所在。原来庐陵县城沿江大街和后河两旁店铺连绵，青石街和高峰坡一带民居十分密集。因庐陵盛产木材，店铺和民居不少是木板房，巷道狭窄，房屋密集，又没有砖墙相隔，一旦发生火灾，后果十分严重。

于是，他就以县衙的名义发出命令，要那些临街民居退后三尺，以拓宽街道用来做防火带，疏散人口；所有店铺店屋退后二尺，做防火巷；每户出一钱银子，用来为临巷道的房屋建砖墙，隔离火势。同时每隔一定距离就设储水站，方便就近灭火。这些措施肯定会损害一些人的利益。王阳明派人挨家挨户去动员说服，使大家知道这是为民着想，最终得到百姓的支持，防火工程进展顺利。之后庐陵县城的火灾明显减少。

王阳明在庐陵县只待了七个月。这七个月里，他一共发布了十六道告示，解决了许多政事积弊，把庐陵县治理得井然有序。湛若水对此评价："卧治六月而百务具理。"

湛若水这里的"卧治"可能指的是王阳明身体多病之意，也指他不费多少力气就将庐陵治理得井井有条，这不仅体现了他的为政能力，更体现了他作为一个思想家的高度智慧。

在江西庐陵任县令时，王阳明也始终没有忘记传播他的心学思想。

庐陵县境内的白鹭洲书院，是当时江南四大书院之一，王阳明在这里讲学授业，还常常在赣江边散步沉思。此外，位于庐陵城南青原山上的净居寺也是王阳明讲学的地方。

自龙场悟道以后，王阳明传播心学思想的使命感就与日俱增。如果说以往他想让自己成为圣人，而现在他希望经过他教化与指点后的每个学子，都能成为圣人。在江西，王阳明身边凝聚了一大批追随者，史称"江右王门"，王门弟子共33人，江西32人，其中22人为江西吉安人。

黄宗羲说："阳明一生之精神俱在江右。"江右王门学派秉持王学致良知的正统观念，深得阳明心学的思想精髓，往往被视为王学的正宗。主要代表人物有邹守益、欧阳德、聂豹、罗洪先等。其中邹守益为江右王门大弟子。王阳明与邹守益无话不谈，经常与邹守益分享自己的心得与学术主张，邹守益则被视为阳明心学的嫡传。

邹守益十七岁参加江西乡试得中，正德六年（1511年）参加会试，适王阳明为会试同考官，赞赏其考卷拔为第一，殿试名列进士第三（探花），授翰林院编修。邹守益任职仅逾一年，便辞职归乡，专心研究学问，对二程、朱熹的"格物致知"久思不得其解。正德十三年（1518年），王阳明在赣州任职时，邹守益前往谒见，反复辩论"良知"之学，对"知行合一"和知行并进学说，以及用反求内心的修养方法以达到万物一体的境界，心领神会，极表赞同。过去的疑虑一扫而空，邹守益幡然而悟："道在是矣！"于是拜王阳明为师。

除邹守益外，聂豹、罗洪先、欧阳德等均为阳明心学的重要代表人物。

江右王门学派继承了阳明心学的根本理念，认为心是天地万物之主，它可以密藏膏肓之间，也可充满世界。该派主张学问的目的是迁善改过。所谓"学问之道无他也。去其不善，以归于善而已矣"，"迁善改过，即致良知之条目也。果能戒慎恐惧，常精常明，不为物欲所障蔽，则即此是善"，"慎独之功，即从戒惧抽出言之。盖未有独处致慎，而不为戒慎恐惧者"。

也因为这些弟子，江西成为阳明心学构建和传播的重镇。如今的江西省吉安城有一条路就叫阳明路，大道通衢，连贯东西，车水马龙，人涌如潮。显然，当年的庐陵知县已经成为这座城市的历史记忆，而王阳明正是这记忆的缔造者。

第六章

南赣剿匪

第一节　刘瑾伏诛

就在王阳明渐渐走出命运低谷的时候，大明朝堂之上也是风起云涌——不可一世的刘瑾倒台了。

刘瑾的失败源自一个皇室宗亲的谋反叛乱。这个皇室宗亲就是安化王朱寘（zhì）鐇（fán）。弘治五年（1492 年），朱寘鐇袭封安化王，封地位于安化。这个朱寘鐇天生异相，身长九尺，声如洪钟，龙行虎步，不怒而威，性格狂妄放诞，相信神仙之术，时常被一些相士和巫师包围。

巫师王九儿为讨好朱寘鐇，不知从哪里搞来一只鹦鹉，指为神鸟，此后它每见安化王，辄称他为"老天子"。这些相士和巫师每天称安化王有帝王之相，这就让他逐渐产生了谋反的想法：朱厚照重用太监刘瑾，把朝廷弄得乌烟瘴气，简直是有辱祖先！自己也是朱家血脉，何不取而代之？

恰好机会来了。正德三年（1508 年）十月，因为朝廷财政十分紧张，刘瑾就把发往各边境军队的年例银取消，以资个人腰包。防守边境的军队顿时经费紧张，保障不继，士兵衣食没了着落。

各地军队的情况反映上去后，引起朝廷重视，朱厚照便派出御史到各地清查边防部队屯田耕地。其中，大理寺少卿周东是刘瑾的亲信，负责查勘宁夏军垦屯田。而周东在清查屯田时弄虚作假，以五十亩作为一顷来计算，多征收银两，又暗中贿赂刘瑾，打通朝廷关节。同时，他还动不动对那些戍边将士滥施刑罚，导致一些武将和士兵们对他恨之入骨。

安化王朱寘鐇得知消息后，就主动邀请那些将士们到府中来喝酒吃饭，故意谈及此事。大量武官在席间纷纷发起牢骚。安化王就趁机挑唆，火上浇油，以此招徕了一批将士。宁夏的武臣周昂、何锦、丁广等都成为他的心腹。同时，他还派人去联络平虏城的戍守将领，准备发动叛乱。

恰逢此时边境发生警情，宁夏参将仇钺、副总兵杨英率兵出城防御边境之敌，造成内城兵力空虚。正德五年（1510年）四月五日，朱寘鐇在府第设宴邀请当地官员，宴会中，何锦、周昂率兵入内，杀死宁夏总兵姜汉、镇守太监李增等一批执掌兵权的将领和官员，并派兵将朝廷官员杀死在公署。然后，叛军迅速占领宁夏，释放狱囚，焚烧官府，劫掠库藏，抢夺渡河船只，大肆勒索庆王府，掠夺金币万计充作军资。叛军还分封将弁，出兵把守关隘。朱寘鐇命人以讨伐刘瑾为名，起草檄文，历数刘瑾罪状，并传檄四方："今举义兵，清除君侧，传布边镇。"公然与朝廷对抗。

由于檄文讨伐的目标直指刘瑾，各边镇接到檄文后不敢轻易上报，只有右佥都御史黄珂将这份檄文封奏朝廷。正德皇帝朱厚照即派前右都御史杨一清总督宁夏、延绥一带军事，泾阳伯神英为总兵官，太监张永监军，率大军讨伐朱寘鐇。

四月二十六日，杨一清率京军三万人从北京出发，浩浩荡荡向宁夏进发。这时，宁夏的形势已发生骤变。当朱寘鐇发动叛乱后，派人去招降在外御敌的杨英、仇钺两名将领。杨英起初假降，后被朱寘鐇发觉，将杨英击败。仇钺因家小均被朱寘鐇控制，只得入城投降。朱寘鐇收其兵符，尽夺其军。此后，仇钺称病不出，暗地招纳壮士集结，希图平定叛乱。

这时候，安化王事变的消息传至陕西，陕西总兵曹雄急派官军至宁夏平叛。官军在黄河东岸设防，防止叛军向东扩张，又烧掉了大坝、小坝所囤积的柴草，以防为叛军所用。

这时，假降的仇钺设法与杨英等联系，召集军士作为内应，准备里应外合。当叛军将领何锦等前来探望仇钺时，仇钺乘机哄骗他们说："官军马上就要到来，应立即出兵守渡口，勿使官军渡河。"何锦等深以为然，率叛军主力出城防守黄河西岸，剩下周昂守城，防务空虚。

朱寘鐇派人来召唤仇钺，仇钺就托病不到，朱寘鐇于是派周昂去看望他。仇钺事先已在家中设下伏兵，待周昂来时杀死了叛军主将周昂，然后起身披甲横刀，率数百壮士直奔安化王府，一举擒获安化王朱寘鐇，并杀掉孙景文等十余名叛军首领。当叛军得知朱寘鐇被擒，部众顿时溃散。何锦、丁广二人单骑逃奔贺兰山，后来也被官军抓获。河东官军渡河进入宁夏，安化王叛乱事变平息。

叛乱由开始到结束仅仅持续了十八天，随后其余叛乱势力皆被平息。朝廷平叛大军到达宁夏后，杨一清与张永留在宁夏处理善后事宜，神英领兵返回京师。

杨一清早就有心除掉刘瑾。他打听到张永跟刘瑾之间有很深的矛盾，就决心拉拢张永。原来，这张永本是"八虎"之一、刘瑾的亲信，他不满刘瑾一家独大，怨意渐生。刘瑾也发觉张永越来越不服从自己，于是就在朱厚照面前挑唆，要把张永赶去南京，并让他连夜起程，不准再入宫。张永知道后，跑到朱厚照面前诉说刘瑾陷害自己，朱厚照就召集二人对质。争辩中，张永竟忍不住拳打刘瑾。朱厚照乐于当个和事佬，命令太监谷大用摆酒为他们调解。由于皇帝亲自调解，一场风波算是过去了，但两人的矛盾却越来越深。

此时，杨一清同张永两人晓行夜宿，谈论朝事颇为投机。杨一清讲到朝局时显得愤愤不平，叹了口气道："如今藩镇有乱事已除，只是宫禁里的内患怎么办呢？"张永问宫中内患是什么。杨一清在手心里写了一个"瑾"字。张永一看，皱起眉头说："这个人深得皇上宠信，每天待在皇上身边，耳目众多，要铲除他不容易啊！"

杨一清也明白张永的态度，于是说："张公公也是皇上亲信之人。这次讨伐反贼事关朝廷根基，此等大事委托张公公，足见皇上内心是相信您的。这次凯旋京师，皇上一定会召见您。您不妨趁这个机会把朱寘鐇谋反的起因奏明皇上，揭发刘瑾的奸恶罪状和世人对他的积怨，皇上一定会诛杀刘瑾。如果大事成功，您定能名扬后世！"

张永心里犹豫了一下说："万一失败怎么办？"杨一清说："若是他人去做这件事，是否成功还真不好说，但若是公公您去，必成无疑。万一不成，公公须在天子面前痛哭流涕，磕头请死，表明忠心，或可感动天子。若是事情顺利，天子答允，也请公公动手一定要快，以免夜长梦多，遭刘瑾毒手！"

张永想了想，说道："老奴这把岁数还有几年活头，怎会不肯以死报主？"杨一清听了此话大喜。

不久，圣旨下来，杨一清复任三边总制，张永押解逆藩朱寘鐇等人入京。刘瑾后来被诛后，仇钺升为宁夏总兵官，晋封为征西将军，镇守宁夏。朱寘鐇于次年二月被赐死。

张永奉旨还朝时，杨一清为他饯行，又用手指蘸着杯中的余酒，在桌上写了一个"瑾"字。张永点头会意，拱手告别。

八月十一日，东华门外，正德皇帝朱厚照穿了一身铠甲，举行盛大的献俘礼，同时设宴犒劳张永。叛贼授首，百官称贺，盛况空前。

朱厚照命刘瑾和马永成、谷大用等人陪酒。刘瑾深知此次安化王叛乱是冲着自己来的，也怕张永借此机会生事。他似乎预感到什么，未等宴席完毕便拂袖而去。刘瑾刚走，张永便示意马永成、谷大用等人离开。宴席上只剩下张永和皇帝朱厚照时，张永献上安化王讨刘瑾的檄文，奏陈刘瑾不法诸事，罪名有十七条之多，并说刘瑾激变宁夏，已心不自安，将图谋不轨。朱厚照倒吸一口冷气，依然表示不太相信。

张永就跪在朱厚照面前，痛哭流涕说："刘瑾暗中购置兵甲，联络党羽，准备在今年中秋谋逆，现在只有四天时间平叛了！"然后他又向朱厚照禀奏了民间流传的"立皇帝"与"坐皇帝"之说。朱厚照听后，咬牙切齿道："朕厚待于他，他竟如此负朕！"

当夜，朱厚照命令张永带领禁军捉拿刘瑾。张永便派人秘密联络马永成、谷大用连夜逮捕刘瑾。刘瑾正躺在家里睡大觉时，禁军冲进来把他抓进了大牢，随后抄了刘瑾的家，共搜出黄金二十四万锭，另外还有五万七千八百两散金；银元宝五百万锭，另外还有一百五十余万两白银；宝石两斗；奇巧玩物不计其数；还有八爪金龙袍四件，蟒衣四百七十件，兵甲一千多件，弓弩五百件。其中有两柄貂毛扇，扇柄上暗藏机关，用手扣动，竟露出寒光闪闪的匕首。

朱厚照原本只想将刘瑾贬谪了事，听闻这消息大怒道："好胆大的狗奴才，果然谋反了！朕必杀之后快！"很快，六科弹劾刘瑾罪行三十余条之多，刘瑾被下狱定罪，凌迟处死，榜示天下，一时间朝野欢呼，天下百姓称快。

刘瑾倒台后，他的心腹党羽张彩、石文义等六十余人或被诛杀，或被贬谪。遭受刘瑾迫害的官员也逐渐得到了平反，王阳明也由庐陵知县升任南京刑部四川清吏司主事。

阉党逐渐扫清，朝廷正是用人之际。正德六年（1511 年）正月，吏部尚书杨一清看中王阳明的学识和才能，将他调到北京担任吏部验封清吏司主事，主要负责文牍杂务等工作。这年十月，王阳明又升任吏部文选清吏司员外郎。

王阳明一边做官，一边讲学论道。正德七年（1512 年）十二月，王阳明又出任南京太仆寺少卿，但太仆寺是掌管军马的机构，对于王阳明来说，这其实是明升暗降，这很可能与王阳明讲授心学理论，从而引起朝中奉程朱理学为正宗的官员们的不满和猜忌有关。

正德九年（1514 年）四月，王阳明又被升为南京鸿胪寺卿，负责朝会礼仪和外宾事务，但因为在南京任职，所以也是个闲差而已。王阳明不以为意，转而把主要精力和时间用于讲学和研讨学说，与弟子们穷究天理之道。

而就在这时，大明帝国境内却再次不太平了。四川、河北、山东、湖北等地先后爆发了流民起义。特别是江西、福建、广东和湖广交界处，一群山民占山据险，攻城略地，与官府为敌，"文弱书生"王阳明即将大显身手。

第二节　南赣巡抚

正德十一年（1516 年）九月，由兵部尚书王琼推荐，朝廷将王阳明从南京鸿胪寺卿升为都察院左佥都御史，巡抚南赣汀漳。这可是实职实权的正四品朝廷大员。五六年间，王阳明就从正七品升到了正四品，仕途也算是顺风顺水。

不过，这个职位可不是那么好坐的。南赣巡抚的管辖范围很大，包括今天的赣南、闽西和粤东地区。从地理上来说，"南抚百粤，北望中州"，据五岭之咽喉，扼赣闽粤湘之要冲，而因被崇山峻岭包围，也被称为"十万大山"。为应对闽赣湘粤四省交界地区的流民反叛活动，朝廷在弘治八年（1495年）专设南赣巡抚。弘治十八年（1505年）由于形势稳定，朝廷撤销南赣巡抚。朱厚照即位后朝局渐乱，朝廷于正德六年（1511年）重新设立南赣巡抚，统辖四省边界的"八府一州"（江西的赣州、南安两府，广东的韶州、潮州、南雄、惠州四府，福建的汀州、漳州两府及湖广的郴州），主持"防剿"之事，负责抚巡地方、考察属吏、提督军务。巡抚也就成为"八府一州"的最高军政长官。

这"八府一州"原本物阜民丰，如今却成了山贼肆虐之地。这里大帽山、大庾岭、九连山、八面山纵横勾连，地域广阔，山深林密，很多地方还未开垦。由于明朝土地兼并异常严重，大量无地流民涌入南赣，有的垦荒拓土，结寨自保；有的钻进深山落草为寇，杀人越货。他们凭借崇山峻岭、洞穴丛林的掩护，封锁山道，官军一筹莫展。各省官府互相推诿，没有统一的战略行动，多是将流民赶出自己所辖境内了事。于是流民反叛局面一发不可收拾，渐成燎原之势。赣南闽西大大小小的山麓，都成为反叛势力的盘踞之地，正德年间的官员对南赣巡抚这个烫手的职务也是避之不及。

前任南赣巡抚文森先后两次调集三万官兵以及广西狼兵围剿流民，均遭惨败。一时间，号称"金龙霸王"的池仲容、号称"征南王"的谢志珊坐大成势，震动四方。文森只得向朝廷请求辞职回乡。

兵部尚书王琼慧眼识英才，他第一次见到王阳明时就眼前一亮，做出了这样的评价：若用此人，可保天下太平。王琼认为，江西一带的问题，除了匪患，更有宗室诸王的种种不轨行为，如宁王朱宸濠就很可能怀有二心，不得不防，必须早做打算。所以，他推举王阳明来担任南赣巡抚。

王阳明接到调令后，也感到有些为难，于是向朝廷上了一道《辞新任乞以旧职致仕疏》。他说母亲去世早，祖母岑氏九十七岁，自己不忍离她而去，自己才能庸劣，性情迂直，加上身体很弱，疾病横生，闲职都不能胜任，何况是身负剿匪重任的巡抚之职。希望朝廷体恤自己，准许自己退归田里。

然而，朝廷认为剿匪事重，不容他犹豫推辞。一个月后圣谕下达，催促王阳明赴任。他继续上疏请辞。

半个月后，王琼在兵部又下批文，语气颇重："地方有事，王守仁不许辞避迟误。"

十二月初二，朝廷再次驳回了他的辞职请求，不准致仕。这下王阳明不得不赴任了。他心里清楚，朝廷是不会允许自己辞职的。王阳明虽从未带兵打仗，但对军事并不陌生。他十几岁时开始考察边关，也熟读兵书，对排兵布阵颇有研究。如果说贬谪龙场造就了阳明心学的大放异彩，那么，南赣剿匪，则成就了王阳明军事方面的辉煌事功。

王阳明的朋友王司舆是一位隐逸高士，跟王门弟子季本说："阳明此行，必立事功。"后者问："何以知之？"王司舆答："触之不动矣。"触之不动，就是心有远见和定力。

正德十二年（1517 年）正月，朝廷第四次下达征召令时，王阳明启程前往赣州。妻子诸氏和十岁的继子王正宪，以及弟子薛侃等也一起随行。

正月初六，王阳明到达南昌。南昌官员向他介绍了南赣地区的大致情况。在四省边界处的南赣地区，分别盘踞着这样一些势力：

谢志珊与蓝天凤，据江西赣州崇义的横水、左溪、桶冈；池仲容据广东和平浰头三寨；陈曰能据南安大庾岭；高快马据韶关乐昌；龚福全据湖广郴州山林深处；詹师富据福建漳州大帽山。

南赣地区群山连绵，山势险峻，洞穴密布，成为这些割据势力的天然庇护所。官兵来时，他们能轻易地化整为零，隐于山中，官兵一走，他们又重新聚合，所以官兵虽多次围剿，但收效甚微。王阳明不禁陷入了沉思：该从何入手呢？

他决定继续从水道往赣州去探查情况。途中，船经江西省吉安府万安县，要过宋代文天祥《过零丁洋》诗中提到的惶恐滩。该滩为赣江水路中最为险要的一段，此时正值赣江枯水期，王阳明的官船在江中行驶时，忽见前方江面许多商船聚集一处，不能前行。又听前方有人呼号："水匪来了，大家快点儿逃命啊！"

遣人打听后，王阳明方知此地盘踞着一群水匪，经常打劫过往商船。那些商人们每次到这里都提心吊胆。正摇橹划船的船夫们惊慌不已，急忙掉头。王阳明快步出舱，大喝曰："不许掉头，迎着过去！"

王阳明告诉那些商船上的人，他是巡抚此地的朝廷官员，让他们跟随他的船。商人们听了高兴，可发现王阳明的船上总共加起来不过几十人，又有些担心。王阳明一副成竹在胸的样子，笑着让大家不必惊慌，只管把各自的船插上官旗，把商船伪装成军船，然后敲锣打鼓，一字排开向前进发。

王阳明令人在自己的船头竖起南赣巡抚的牙旗，又遣自己手下几十名军校上岸随行，遥相呼应。布置妥当后，众船集结成阵，大肆摇旗呐喊，鼓噪而进。一身官服的王阳明站在船头观察情况，不久便见一排条木截住了江面，岸边一群衣衫褴褛的人大呼小叫，向被阻拦的船只喊话威胁。

这时有商人哆嗦着告诉王阳明，这就是打劫商船的水匪。王阳明神情淡定地走上前向对方喊话："我是朝廷命官，皇上要我来巡抚此地，尔等居然挡我去路，眼里还有王法吗？"说完向身后一指："这都是朝廷官船，尔等也敢打劫？"

那些水匪看见船队旌旗招展、声势浩大，又见这位巡抚大人站在船头神情镇定，官派十足，气势不凡，正要作鸟兽散，却已被岸上的军校堵住了去路。他们纷纷跪在船前说："我们都是本地良民，因为饥荒被逼无奈才沦为匪盗。还望大人开恩救济。"

王阳明已经猜到他们会这样说，便命人向他们宣告："江西灾情本官已经知晓，念尔等为饥寒所迫，又是初犯，暂且不予追究，就此各回其家，等候官府救济安顿。若是再抢掠百姓商船，定不轻饶。"

那些水匪不过是纠集在一起的普通百姓，听到巡抚大人这番好话便磕头而散。王阳明站在甲板上，指挥各商船陆续离开。此番轻易化解水匪的包围，似乎是赣南之行的一个好兆头。官船扯起了满帆向赣州驶去。王阳明望着两岸风景，心里闪过一个念头：也许这次"剿匪"，不能只凭刀剑解决问题。

第三节　发谋定策

事实证明，王阳明对南赣形势的判断还是太乐观了。

正德十二年（1517年）正月十六，王阳明抵达赣州，当天即在巡抚衙门开府办公。平灭匪患自然是压倒一切的当务之急。王阳明发布《巡抚南赣钦奉敕谕通行各属》，通令治下"八府一州"各级官府衙门，限期一个月内，调查了解城堡关隘是否坚实牢固、军队训练是否正规熟练，同时清查各地官府衙门财政，交流各自掌握的山贼情况等，要做到心中有数。这一调查下来，他终于发现形势的严峻。

首先，官军严重缺少军事训练，战斗力非常差，而且官军在和土匪较量中一向胜少败多，惧战避战心理十分严重。由于匪患严重，当地经济生产凋敝，官府财政陷于枯竭，军费开支严重不足。同时，兵源也不足，当地身强力壮的农民多半去当了土匪，留下的多是老弱病残。而且这些官兵目无军纪，经常剽掠劫杀，对百姓的危害程度不亚于盗贼。

其次，这里的土匪在与官军的长期较量中，形成了一套专门对付

119

官军的办法。这些土匪多是半民半匪，和当地民众联系紧密，山上的土匪在山下也多有家眷亲人，经常是官府一有行动，山下就有人给土匪通风报信。这帮土匪还通过威逼利诱等方法，在官府内安置眼线，官府内的所有决策部署和军队动向他们都知道得一清二楚，所以，以往的官军围剿行动多半劳而无功，还常常在一些不利地形处遭到精准伏击。而且官府剿匪的经费严重不足，户部拨来的南赣剿匪专款无异于杯水车薪，而地方府库更是空虚，难以支撑大规模军事行动。

这就是南赣巡抚王阳明所面对的尴尬局面。怎么办？王阳明把自己关在衙署里，静心沉思：既然如此，只有打破常规、突破惯性思维，才能破解眼前的困局。

王阳明采取的办法如下。

磨利刃，训练精兵。采取"四省各兵备官，于各属弩手、打手、机快等项，挑选骁勇绝群、胆力出众之士"的办法，每县少则八九人，多则十几人。江西、福建两兵备，各招五六百人，广东、湖广两兵备，各招四五百人，挑选能将督练，整肃军纪，打造一支精锐之师。除农事季节外，该师必须到赣州城军营日夜操练，提升军队战斗力。

王阳明对这支队伍寄予了很高的期望，称之为精兵。王阳明一生创造了多次军事奇迹，他的很多部下都是没有经过长期专业训练的"乡勇"，但与朝廷正规军相比，他们的战斗力丝毫不落下风。而他们身上所展示出的血性和勇猛，往往是官军无法匹敌的。

织密网，行"十家牌法"。《靖乱录》中记载："立十家牌法。其法编十家为一牌，开列各户籍贯姓名年貌行业。日轮一家，沿门按牌审察，遇面生可疑之人，即时报官究理，或有隐匿，十家连坐。"所谓"十家牌法"，就是每十家为一牌，由指定的人当牌长。每户门前置一小牌，列各户籍贯、姓名、年貌、行业，查实造册报官备用。牌长手上有一份这十家人口的详细资料。日轮一家，牌长每天在固定时间沿门按牌审察动静，对住户人口进行比照。遇有面目生疏之人、形迹可疑之事，马上报告官府，如果有隐匿不报者，十家连坐。以此切断山贼与民众之间的粮草兵马、情报信息往来，使其处于孤立无援的状态。"十家牌法"施行后，一月之内全境肃然，南赣地区的土匪再也不能隐藏到良民百姓中，生存空间被大大压缩，只能藏匿在山林中。

肃内奸，逆用眼线。他通过调查，了解到官府内有一个老吏一直将官府的动向报给土匪。王阳明亲自进行审讯，对他晓以利害，很快那老吏便供认不讳，请求放自己一马。王阳明没有贸然以通敌罪杀了老吏，而是让他继续当奸细，给山贼提供错误的情报。那名老吏磕头发誓，一切听凭王阳明的安排。通过老吏的供词，王阳明顺藤摸瓜，将赣州城内外的山贼眼线一一抓获。最重要的是，王阳明不是将这些人一抓了事，而是让这些人为自己所用，获取山贼动态，并使他们成为传播虚假消息诱敌上当的渠道。这些情报战为军事行动提供了极大的便利。

施教化，订立《南赣乡约》。为了宣扬教化，王阳明还制定《南赣乡约》，以简明的语言和道理劝谕乡民："……自今凡尔同约之民，皆宜孝尔父母，敬尔兄长，教训尔子孙，和顺尔乡里，死丧相助，患难相恤，善相劝勉，恶相告戒，息讼罢争，讲信修睦，务为良善之民，共成仁厚之俗……"《南赣乡约》使得儒家基本道德理念以一种接地气的方式，深入南赣百姓们头脑中，对当地的百姓来说，是一次启蒙式的道德教化。

筹粮草，盐税充军。没有兵饷，如何平乱？向朝廷要不到钱，又不能加重当地民众税赋，王阳明想到了盐税，于是向朝廷上了一篇《疏通盐法疏》，主张在广州盐商于南赣境内的南安、赣州两个经销点基础上新增吉州、临江、袁州三处，商人在南赣两府卖盐按原来的税率十抽一交税，到新增的三府卖盐则按十抽二的高税率交税。所得盐税部分留作军费使用，部分用于充盈府库。朝廷最终同意了王阳明的要求，兵饷问题得到解决。

等到一切基本就绪，王阳明决定拿盘踞在福建漳州大帽山的詹师富开刀。

詹师富是福建漳州芦溪人，在绵亘数百里的大帽山占山为王，在芦溪、大伞、莲花石一带活动，其巢穴在天险象湖山、可塘洞等地。此外，他还和箭灌地区的山贼头领温火烧结拜为兄弟，互为倚仗。

对付詹师富、温火烧，王阳明的策略是福建和广东两省官军分进合击，形成前后夹攻的态势。进攻的官军部队兵分两路，一路福建官军直取詹师富的基地象湖山，另一路广东官军趁着詹师富主力前出之机，从饶平北上侧翼配合，对芦溪、大伞、莲花石等地展开突袭。

正德十二年（1517年）正月十八，福建都指挥佥事胡琏带着五千余人兵分多路，从长富村等地多点发起围攻。不料，官军刚到就听得四面喊杀声起，胡琏等人心知不妙：中了埋伏！原来，官军内部的眼线仍然没有完全肃清。詹师富获知官军进攻意图后，马上把大股山贼埋伏在去象湖山的必经之地长富村。

这样，官军和詹师富的第一战就是长富村之战。面对来势汹汹的山贼，福建官军急忙向四面突围，双方展开了激烈战斗。

詹师富等居住的寨子都是客家土楼。这种土楼是一种坚固的堡垒式建筑。据说整个土楼群根据当年诸葛亮的八卦阵图所建，首尾呼应，布局严密。它们依山而筑，山势险要，易守难攻。

王阳明得知具体情况后，马上召集官军密授奇计：预先准备好油料和柴草，前锋部队选定一个方向作为主攻方向，一举突入土楼。进去后不要拼杀，马上掩护后续部队带着油料柴草等物趁乱放火，放完火就往外跑。那些土楼中家家户户都连在一起，只要火一烧起来就难以控制。他们必然纷纷往外跑，外围官军只需守株待兔。

结果一开战，官军就冲进土楼里去纵火，整个村子顿时烧成一片火海。那些山贼果如王阳明所言，纷纷向外冲出来。围在外面的官军以逸待劳，这一仗轻松获胜。詹师富吃了败仗，急忙退回象湖山据守。象湖山山深林茂，一路追过去的官军一时有些束手无策。

胡琏率军追到莲花石，他遣人送信给王阳明和周边各府衙要求支援，王阳明早已领兵开赴前线。在半路上得到初战取胜的消息，又收到那支从饶平北上的偏师传来的捷报，王阳明十分欣慰。广东委官指挥王春等也奉命带领官兵行军至大伞（福建与广东交界地）附近，对詹师富的地盘形成夹攻之势。但不久前方又传来了坏消息，原来是都指挥覃桓、南靖县丞纪镛带领官兵轻敌冒进，中了敌兵埋伏被杀。

广东官军原本说好与福建官军前后夹攻，此时却畏敌怯战，竟然作壁上观。王阳明只得亲自率兵去救。不料，詹师富的伏军突然冲出，再次把官军杀了个措手不及。一番厮杀后，王阳明率军击退匪兵，己方却元气大损，他本人也被刺戳两枪，栽下马来。幸好随身护从把他扶上一匹快马，冲出了包围圈。这一仗，王阳明险些被詹师富活捉，狼狈不堪地撤回汀州。

初临战阵的青涩仓促、官军的畏敌怯战、詹师富的狡诈凶残，都提醒着这位新任的南赣巡抚：战争不是儿戏，而是计谋、手段、血性和胆魄的较量，是赤裸裸的实力比拼。

不亲历实际的战争、不深切体会战争的残酷、不在尸山血海中几进几出，是不会真正懂得战争的。书斋里出不了真正的兵家。王阳明在战争中实践历练，就从漳南一役开始了。

正月二十四，广东按察司分巡岭东道兵备佥事顾应祥率领指挥杨昂、王春等官员统领官军兵分三路，先后攻破古村、末窖、禾村、大水山、柘林等多处山寨，众多山贼被生擒斩首。部分山贼退入箭灌大寨，凭借山高天险与官兵周旋。

就在双方在象湖山对峙时，一支不知来路的山贼于二月初七突然包围了距离赣州府一百五十余里的信丰县城。王阳明急忙派人侦察这支部队是何来路。结果得知，这些山贼来自广东龙川县的浰头大寨，为首的就是自号"金龙霸王"的池仲容！

王阳明冷静下来思考：这股力量还真不容小觑，居然懂得"围魏救赵"之计。池仲容这一动作显然是为詹师富解象湖山之围而来。如果官军分兵救信丰，则象湖山自然解围。王阳明作为南赣巡抚，一县被占属重大失职，只得派赣州卫的四千官兵前往。不料这支江西官军在信丰城下一再失利，只得暗中以金银收买池仲容，请他退兵。这时詹师富已经突围，池仲容便抢劫了不少财物，笑纳了官军贿赂，撤兵回广东去了。

这一系列失利，使官军士气消沉。王阳明在与领兵将官讨论下一步行动时，意见产生了分歧。福建领兵官员执意进攻，想速战速决。而广东领兵官员因暂时失利而情绪低落，认为山贼大部逃入福建、广东两省交界的深山，剿捕难度太大，应该在秋后再做考虑。

而王阳明总结前期的战斗情况，认为正面交战受种种条件限制，只有以奇袭方式才有可能夺取主动权。王阳明认为此时敌人气势正盛，应该趁他们取胜后疏于防备时进攻。詹师富现在以为官军会撤退，正好可以将计就计。

为此，他暗自筹划，先是采取一系列手段来迷惑对手，隐藏真实意图。他下令各地哨所传出消息，说要班师退兵，还命人组织了声势浩大的班师仪式，把戏做足。另一方面，他又密令各地官员派出密探深入贼巢，打探虚实，全面掌握情报。

果然，詹师富接到情报后信以为真，因为以往官军受挫后，多半就是打道回府了事。看来这个王阳明也不过如此。他便欣然命人杀猪宰羊，斟酒痛饮，庆祝胜利。

王阳明派密探曾崇秀前往打探象湖山的动静，得知詹师富等已经中计，象湖山贼众已有懈怠松弛迹象时，知道进攻时机到了。

此时正值新任广东布政使邵蕡上任，途中要路过江西。因为南赣地区"盗匪"猖獗，为了保证布政使的安全，王阳明决定派出一支精兵亲自护送邵蕡去广东上任。当然这只是借口。

正德十二年（1517年）二月十九日夜间，王阳明以护送广东布政使邵蕡赴任为名，亲自挑选一千五百名精兵为先锋、四千二百名重兵继后，兵分三路疾进，直奔象湖山。半夜时分，胡琏等官员分别带队，在夜色掩护下秘密出征，从广东省境悄然进入福建，直奔漳州。各路官军在距象湖山不远处会合后，王阳明下达了攻击命令，对詹师富部发起了突袭。

官军先夺象湖山山寨关隘口。对方守卫松懈，官军的突击队进展异常顺利，迅速攻破象湖山隘口。双方在山中短兵相接，展开惨烈的肉搏战，战斗从晚上持续到第二天中午，双方都死伤惨重。

战事正胶着间，王阳明又心生奇计，派一支数千人的奇兵由山间小道从背后突然发起攻击。詹师富的人马受到前后夹击，顿时溃散而逃，官军一举拿下了象湖山。不过，官军没有发现詹师富的尸体。从俘虏口中得知，詹师富在乱战中已逃到可塘洞据点去了。

王阳明下令全面清除詹师富的所有据点。詹师富的据点还有四十余处，匪军有数万之众。而王阳明的部队才五千多人，力量悬殊。不过，兵在精不在多，更何况詹师富丧失象湖山后，士气已经受到严重打击。詹师富本人一直藏在可塘洞据点，听到官军的进兵鼓声，被吓得心神俱裂。可塘洞的防线很快溃散，詹师富被官军活捉，不久就被处决。随后王阳明再次调集军马，立刻向箭灌进发，正德十二年（1517年）三月二十一日，箭灌大寨主温火烧被王阳明的平乱部队活捉。

历经两个多月，王阳明终于将盘踞在闽粤交界山区的詹师富、温火烧两股势力肃清。同时，王阳明还要求道府县各级官员做好被胁迫人员的招抚安置工作，让他们就地从事农业生产，安居乐业。

这干脆利落的第一仗，让谢志珊、池仲容等其他的南赣匪众瞠目结舌，对这位看似弱不禁风的一介文官心生畏惧。

正德十二年（1517 年）四月，王阳明班师回赣州。途中写下一首诗《回军上杭》：

山城经月驻旌戈，亦复幽寻到薜萝。
南国已忻回甲马，东田初喜出农蓑。
溪云晓度千峰雨，江涨新生两岸波。
暮倚七星瞻北极，绝怜苍翠晚来多。

大军凯旋之际，四十六岁的王阳明迎风策马前行，须发飞扬，内心充盈着一种激昂热烈而又不乏理性平和的力量。眼前农人耕田，溪云飘荡，江水生波，苍翠群山间，暮色渐浓。

第四节　攻心夺气

詹师富、温火烧这两股势力被平定后，王阳明把下一个目标定为盘踞在横水、左溪的谢志珊和桶冈的蓝天凤。

为了集中官军力量，统一调度指挥，王阳明专门给王琼写信，希望朝廷授予他王命旗牌，提督南赣军务，包括周边四省部分军队，均由他来统一指挥。

内阁对于王阳明的这一请求争议很大，经王琼尽力争取，内阁终于批准了王阳明的请求。正德皇帝朱厚照也准奏，令王阳明提督南赣军务，可便宜行事。

于是王阳明开始改革军队指挥体制。士兵二十五人编为一伍，长官为小甲；二伍为一队，长官为总甲；四队为一哨，长官为哨长；二哨为一营，长官为营官；三营为一阵，长官为偏将；二阵为一军，长官为副将。并设立牌符，上面注明"某军某阵某营某哨某队某伍某人"，遇到战事凭牌符调遣。军中所有将官都由王阳明挑选和任命，不需要上报朝廷。

王阳明还规定：兵士临阵退缩者，领兵官即军前斩首。领兵官不拼命者，总兵官即军前斩首。如有擒斩立功，不论尊卑，一体升赏。军队实行严格的等级管理，令行禁止，赏罚严明。经王阳明的改革，军队的战斗力大为提升。

接下来，王阳明发布了《告谕浰头巢贼》，派人带着牛羊布匹，一同火速发送给高快马、池仲容等。此时，王阳明要对谢志珊和蓝天凤用兵，必须防止广东三浰的池仲容重施故技，给官军造成麻烦，所以他决定先礼后兵，剿抚并用。

这篇《告谕浰头巢贼》堪称是一篇攻心夺气的罕见奇文，作为读书人，王阳明不想不教而诛，轻易大开杀戒。他希望从最基本的羞耻之心、恻隐之心、同理之心说起，以心换心，真诚地通过这篇文章唤起这些人的良知。

在发布《告谕浰头巢贼》的同时，王阳明还派人给那些深山里的匪盗们送去牛、酒、银子和布匹。这些安抚举措相当有效，不少山贼主动前来投降。先是赣州龙南的黄金巢，接着是广东龙川卢珂。他们带领人马来见王阳明，决心弃暗投明。

王阳明于其中挑选五百精壮之士编为官军，由卢珂担任指挥官，将其余老弱病残一律解散。当时有人提醒王阳明，这群人反复无常，应当加以防范。王阳明则坚持用真心对待他们，认为不必多疑。他知道卢珂与其他诸匪有所不同。卢珂原本是一个乡绅，因受匪患骚扰，官军保护不力，无奈之下才被迫落草为寇。他还对卢珂等人说："你们必须在剿灭行动中立功，才能让众将官相信你们的诚意。"卢珂则表示一定会尽力剿灭谢志珊和蓝天凤。

不过，仍有不愿接受招安，甚至公然抗拒的人。对这些顽固之人，王阳明的态度也十分坚决。如大庾岭的陈曰能就对王阳明此举不以为意，甚至将《告谕浰头巢贼》撕个粉碎，还把王阳明臭骂一顿，说是若抓住这个王阳明，就把他关进囚笼里。王阳明知道，对这样顽固不化的山贼，只有采取铁腕手段，才能让他们明白道理。他加紧练兵，随时准备再次出击。

福建南安的山贼们听说王阳明昼夜练兵，顿时感到来者不善，一个个惶恐不安，赶紧把家人和财物都藏起来。陈曰能组织部众对南安府进行了数次进攻，表示自己根本不怕这位南赣巡抚大人。他认为大庾山地势险峻，山间荆棘遍布，易守难攻，自己只需守住几个要道，官军便很难攻进去。

王阳明不动声色，再次琢磨出了新的打法。他让手下精兵每日进行训练，结束后就各归本部。一连持续多月，似乎没有什么异样。陈曰能和手下众人认为，只要官军训练结束，就没事儿了。

然而，在六月二十日这天，官军训练结束后，却一反常态地集合起来。他们趁着夜色掩护，悄然开拔，向大庾岭一路疾行军。刚刚投诚的卢珂也带着五百名兵士跟随在官军后面出发，准备对陈曰能发动突然袭击。

大庾山地势虽险，但此时防守松懈。兵备副使杨璋率先头部队潜入陈曰能的营垒，就着山寨营房放火。结果火借风势，一下子就把半个山头烧成一片火海，映红了夜空。陈曰能在一片慌乱嘈杂中惊醒过来时，官军已经迅速占领了各处要道。

当前方官军和陈曰能部打得不可开交的时候，卢珂突然率部杀出。陈曰能见了大喜，以为是来相助的。哪知卢珂的队伍却帮着官军攻击自己，陈曰能顿时阵脚大乱，弃寨逃走。陈曰能带了几名随从突围，却在逃跑途中被活捉，王阳明当即指示就地处决。

大庾岭被官军轻易攻下、陈曰能被处死令其他地方的山贼闻讯大惊。他们现在明白，王阳明两次取胜绝非侥幸，他真的是一位用兵高手。不过，王阳明在当地很多人眼中其实不像一位统军之帅，更像是一位教书先生。他每天的大部分时间都是在给弟子们讲学。只是从火攻陈曰能的大庾岭营寨开始，这位教书先生的用兵之法已经不再生涩，渐渐圆熟老辣起来。

在以安抚手段稳住了池仲容等人后，正德十二年（1517年）十月初七凌晨，官军吹响了进攻谢志珊、蓝天凤的集结号。

第五节　奇兵破袭

在整个南赣地区，势力最大、名气最响的山贼势力就是谢志珊。谢志珊是畲族人，从小就在父亲指导下读书习字。他天资聪明，悟性很强，少时曾读过很多书，特别喜欢兵法。长大以后，谢志珊身材高大，勇敢有膂力，且性格奔放豪爽，为人慷慨讲义气，邻里左右都对他有好感。

正德三年（1508年）四月，谢志珊、萧贵模等在横水举事，利用畲族民间流传的盘瓠传说中的"宝印画像"进行宣传鼓动，提出"抑富济贫，除暴安良"的口号。这个口号使一些贫困的山民纷纷投入他的麾下，响应者众。

谢志珊不同于一般的土匪，很重视招揽各种人才。他本人慷慨好义，善待四方豪杰，许多地方能人纷纷到他帐下效力，甚至官府中也有不少人成了他的眼线。在南赣山贼中，谢志珊手下的谋士最多，他还凭借深广的社会关系，拉拢了一批实力派人物，陆续在左溪、桶冈安营扎寨，周围的大小八十四寨都互相呼应。谢志珊在这些人的帮助下，对付官府围剿，地盘和势力越来越大，个人野心也越来越大。

正德八年（1513 年），谢志珊在南赣地区声名显赫，自称"征南王"，又称"盘皇子孙"，与明王朝分庭抗礼，并立年号、官制。地方官员无可奈何，遂上奏朝廷。

正德十一年（1516 年）八月，谢志珊会合广东乐昌的高快马，攻下大庾县，进攻南康县，围攻赣州府，杀死赣县主簿吴纸，在地方引起了极大震动。正德十二年（1517 年），谢志珊又联合湖广龚福全率兵攻打遂川、泰和、万安、永新，均获胜，准备夺取附近州县，进一步向四面推进。谢志珊对南安县城发动了两次进攻，虽然在官军的死守下未能如愿，但这位"征南王"却把南赣地区搞得人心惶惶。谢志珊听说另一匪首蓝天凤也是个人物，就多次前往拜访，两人渐渐推心置腹，最终结成了同盟。

新任南赣巡抚王阳明带着官军前来剿匪，谢志珊不以为意，认为王阳明一介书生，没什么了不起的，而且自己的横水山寨经营多年，固若金汤。虽说詹师富和陈曰能都败于王阳明之手，但谢志珊认为詹师富、陈曰能和自己不在一个层次上，自信能对付那些官军。

当时官军将领间产生了先打横水还是先打桶冈之争，王阳明分析后认为：先打桶冈只是攻其羽翼，还要冒横水、左溪之敌从背后夹攻的危险。进攻势力最大的横水、左溪才是正确选择，只要有所进展，桶冈就不足为虑了。王阳明虽已经决定先攻打横水、左溪，但对外放出消息，要先进攻桶冈的蓝天凤。身在横水的谢志珊笃信不疑，放松了警惕。

正德十二年（1517年）十月初九，王阳明率军抵达南康。这时，王阳明收到了一封匿名的举报信，信中告发官员李正岩和医官刘福泰通敌。王阳明压住怒气，召此二人问话。李正岩和刘福泰皆矢口否认此事。王阳明想了想，就对他们说："好吧，你们不承认不要紧。即便真有此事，只要你们肯从此洗心革面，一心为朝廷做事，我也会赦免你们。这样，你们二人就留在军中，戴罪立功吧！"

到了傍晚，李、刘二人再次前来求见王阳明，他们给王阳明提供了一个重要情报：此次官军攻打横水、桶冈时，会途经一个叫十八面隘的地方。此处是由东南部进入横水的必经之路，山势险峻陡峭、易守难攻。有一位名为张保的木工，曾经多次参与修筑山寨、城堡等工程，十分熟悉当地地形，可为官军所用。

王阳明大喜，忙问这张保现在何处，他们道："这张保已被官军抓获。"

王阳明便把那张保提来审问："大胆张保，听说你曾帮助山贼修造山寨，你知不知罪？"

张保忙跪下："小民只是为生计所迫，是那山贼强逼小民为匪，还请大人明察。"

王阳明于是让张保将山寨布局、周边部署情况及大小出入道路都画成地图，承诺如果此图准确有用，待官军一举荡平匪巢，不但不追究张保之罪，还有封赏。

张保连连磕头，感激不杀之恩。接着，他就详尽地绘出十八面隘一带的地形图，包括一些近道、暗道，并献给了王阳明。有了这份地图，官军对山贼盘踞的十八面隘了如指掌。

正德十二年（1517年）十月初十，王阳明调兵遣将，把大军分为十路，其中两路为机动部队，趁着夜色到横水周边潜伏下来；另四路主要任务是佯动诱敌，在离敌寨还有三十里的地方扎下营寨，开挖堑壕，并设立瞭望堡，向横水山贼主动叫阵，分散其注意力。最后四路则是四百名擅长登山的民兵，每人手持一面旗，扛上火炮、铳枪，带着钩镰、绳索，趁夜色抄小路攀上十八面隘周围山崖进行埋伏。同时，王阳明又派军官分别带勇士数十人预先埋伏在十八面隘旁边密林草丛中。谢志珊被诱出横水地界时，最后四路官军就会扑上去发动进攻，而两路事先潜伏的机动部队则从旁边快速攻陷横水各隘口。

十月十二日拂晓时分，王阳明下达攻击命令。四路诱敌部队佯攻横水，谢志珊急忙到前哨阵地查看，发现眼前敌人虽然杀声震天，但只是鼓噪而已，根本不敢前来接战。于是他就开了城门，带领精锐出城迎战，连寨门的守卫部队都跟着冲了出来。

王阳明见状，立即下令另外两路机动部队乘势而起，从侧翼猛打猛冲横水寨门。预先埋伏的四百名官军立即竖起旗帜，燃烧茅草，放起火炮、铳枪，从草丛中一跃而起，夺隘入寨，斩断滚石檑木绳索。谢志珊始料未及，队伍瞬间就被冲垮。官军劫寨得手，马上插上了官军旗帜，并乘势放火焚寨，然后敲锣打鼓。远近山谷炮声雷动，谢志珊猛一回头，知道自己中计，慌乱扭头就冲向寨门。手下众人大惊，烟雾之中，但见山头山腰尽是官军旗帜，以为各处险隘均被攻破，顿时斗志全无，纷纷溃逃。

四路官军精锐部队冲出来，紧追谢志珊，而剩下的六路则喊叫着直奔横水寨。横水寨众人在上面早就听到了官军胜利的喊声，又看到他们猛冲上来，顿时人心涣散，失去了抵抗意志。横水就这样轻易地被攻陷了。

谢志珊不顾一切地一路拼命奔向左溪寨，左溪寨本想只放谢志珊一个人进来，哪知他身后跟着一群残兵败将。谢志珊等人如洪水一样涌进了左溪寨，而官军紧紧跟随在后面，顺势杀进寨子。半个时辰后，左溪寨全部投降。

谢志珊见左溪寨被攻陷，又狼狈地趁乱逃出，直奔蓝天凤此时所在的桶冈，官兵穷追不舍，一路追到了桶冈。

而守在桶冈的蓝天凤早前听说三省官军要夹攻桶冈后，一度愁得寝食难安，听到江西官军攻打横水时，才松了口气。现在谢志珊带着一帮残兵败将前来投奔，结果把官军也招来了，导致桶冈也陷入重围。这让他的心又悬了起来。

谢志珊和蓝天凤商议半天，决定凭险固守桶冈，只等官军粮草耗尽后撤兵。

桶冈地形如同木桶，四面山峰连绵，王阳明在给朝廷上疏中称："桶冈天险，四面青壁万仞，中盘百余里，连峰参天，深林绝谷，不睹日月。"当王阳明带兵来到桶冈时，举目四顾，不由赞叹："真是个鬼斧神工的地方。"

想从外面强攻进去几乎不可能，因为桶冈仅有少数几个入口，必须架设绳梯攀登悬崖才能上去。而守城只需少数人守住崖顶，往下扔滚木巨石便可抵御官军进攻。桶冈不但气候宜人，土壤还肥沃，山贼们在蓝天凤带领下种早谷、种番薯，存粮撑个十年八年都不是问题，所以官军的围剿行动往往因粮草不济而终。

桶冈入口有六处，其中五处分别是锁匙龙、葫芦洞、茶坑、十八磊、新地。这五处全是极为狭窄的险道，就如向导所说，只要在上面放一排滚石檑木，一个人就能守得住。另外还有一处，约半个月时间才能到达。王阳明决定在锁匙龙、葫芦洞、茶坑、十八磊、新地这五处地方挑选一处作为突击口。

十月二十七日晚，王阳明在桶冈前线的营帐中沉思。他分析了蓝天凤的情况后，决定先采用攻心之法。他写了封招降信，声称要在十一月初一早上亲上锁匙龙，招降蓝天凤，并派李正岩送信给蓝天凤。李正岩来到桶冈告谕贼众：三日后早上，愿降者出冈，统一接受招降。

鉴于王阳明此前的宣传，蓝天凤手下有不少愿降者，蓝天凤心里一时有些犹豫不决，一连几天无法决断。

王阳明等了两天，蓝天凤没有任何音信。这时，大军通过休整已恢复战斗力，攻打桶冈已箭在弦上。不管蓝天凤降与不降，都不能再等了。

正德十二年（1517 年）十一月初一，王阳明命令南康县县丞舒富领数百人奔锁匙龙下寨，声称要在这里接受投降，并催促蓝天凤尽快回复。此战王阳明势在必得。除了劝降蓝天凤，他早就命令赣州府知府邢珣领兵直奔茶坑，吉安府知府伍文定领兵直入新地，汀州府知府唐淳领兵奔十八磊，广东潮州府程乡县知县张戬领兵入葫芦洞，四路部队都已按王阳明的部署就位，只等王阳明下达总攻的命令。

初一早上，桶冈地区大雨滂沱。王阳明再度派人催促蓝天凤快点答复。蓝天凤盯着那封招降信，心中颇为迷茫。事实上他手下的众人都希望投降，而谢志珊一众人却表示反对。

王阳明决定不等了。十一月初一中午，官军同时在锁匙龙、葫芦洞、茶坑、十八磊、新地发起进攻。蓝天凤和谢志珊等人正商议间，猛听得外面杀声震天，大批官军已经如潮水般涌入。

当传令兵前来报告五处关口已经失守三处，蓝天凤梦游般失声问道："我桶冈山寨固若金汤，这些官兵怎么进来的？"

其实，王阳明早已派人买通其中一两处关键隘口的守军，暗中调遣军队进入了桶冈。卢珂和他的五百名兵士一马当先，欲立头功。他们和桶冈山贼短兵相接，激烈搏杀，毫不手软。

蓝天凤和几个亲信拼死突围，逃向另一巢穴十八磊。在十八磊刚得到片刻喘息，官军又追了过来。蓝天凤命令守卫部众拼命抵抗。双方僵持一夜，熟悉地形的卢珂率兵赶来后，将十八磊一举攻克。蓝天凤只得又逃到桶冈后山，在这里死守数日。

十一月十六日，王阳明率军与湖广桂阳四千名官兵展开合围，将蓝天凤围困在桶冈后山。蓝天凤长叹一声："谢志珊误我。"说完便跳下了万丈悬崖。

这一仗下来，桶冈三十多个据点被毁，三千多名山贼被杀或被俘，一向顽固的谢志珊这时反倒主动投降了。至此，横水、左溪、桶冈的八十余处匪巢被全部平定，耗时不足一个月。

围剿蓝天凤大功告成后，王阳明却高兴不起来。桶冈一带，满眼望去到处是横七竖八的尸体，王阳明不由得垂泪叹息。有弟子见状，有些不解："先生此番获胜该高兴才是，何故流泪？"他摆摆手说："一将功成未必一定要万骨枯。如果再等几天，蓝天凤可能会出来投降，也就不必死那么多人了。"

十一月三十日，王阳明班师。他在桶冈险要之地茶寮的一块巨石上留下《平茶寮碑》。这块碑现在还立在江西赣州崇义县思顺乡齐云山村。

第六节　平定三浰

现在，南赣的土匪只剩下广东浰头三寨的池仲容。这也是王阳明最为重视、最想较量的一支武装势力。王阳明深入广东龙川民间了解情况，还派人分头寻找深受山贼祸害的百姓并将他们带到军营，向他们询问浰头山贼的详情，下足了"知彼"的功夫。

广东龙川境内有发源于浰头山的浰江，顺着这条河流，沿途分别有上浰、中浰和下浰三处地区，人称"三浰"。池仲容的势力范围基本就是这上、中、下三浰。他经营三浰山头年头长，人数多，根基深，成建制，地盘大。

池仲容在广东浰头山区曲潭村长大，那里几乎是一片原始森林。池家世代靠租种财主的土地和打猎为生。池仲容少时常随父进山射猎，练就一身好本领，力能缚猛虎、敏捷如猿猴，长大后个性豪爽，敢作敢为。

弘治年间，浰头一带连年灾荒，哀鸿遍野，民不聊生，而一些地方豪强催租逼债，心狠手辣，毫不留情。池仲容家因欠租欠债，父亲被催租的地方豪强抓走，让池仲容和两个兄弟拿钱赎人。池仲容和兄弟根本拿不出钱来。过了不久，县衙来了两名官吏，带领一帮差役到浰头征粮征税。他们一到就破门入户、横征暴敛，并强迫一批身强力壮的百姓运送这些钱粮物资，结果闹得当地民怨沸腾，沸反盈天。有民谣开始流传开来："一亩官田七斗收，先将六斗送皇州。"

池仲容受不了这样的盘剥压迫，决意造反。他带领数十名年轻力壮的乡民半途截击、杀死两名官吏，夺回粮物分给贫苦百姓，还割下了那些县吏的耳朵，放他们回去报信。

池仲容站在高处鼓动大家："官府马上就会来报复，现在我们已经没有退路，只有拿起武器和官府抗争才有活路，否则只有等死。"

结果一呼百应，人们积极响应，很快就组成了上千人的起义队伍。他们以红布扎头为标志，以红色蜈蚣图案为旗帜，啸聚山林。池仲容先是率领众人前去解救了父亲，又冲进官府劫走刀枪武器，将上、中、下三浰作为势力范围，并在附近设立了三十八个据点。

最后，池仲容建立起自己的政权，自称"金龙霸王"，还封池仲安、池仲宁、李全、高允贤、高飞甲等为元帅，下设都督、总兵，据守浰头三十八个寨。

池仲容的队伍颇有纪律，平时扛着锄头开荒种地，战时提着刀剑上战场，还请铁匠打造兵器，自给自足。他还主动和周边诸如谢志珊、蓝天凤、高快马等势力加强联络沟通，共同对付官军。池仲容的胆略和抱负引起谢志珊的欣赏和共鸣，多次想和他结交，将他笼络到自己麾下。池仲容断然拒绝了谢志珊的邀约，因为他的志向比谢志珊更大。他最终的目的不是占山为王，而是将来有一天走出深山老林，夺取天下，成为一国之主。

这也是让王阳明倍加警惕的地方，这个池仲容的野心并不止于打劫财物，而是怀有与明王朝分庭抗礼的企图。他得出一个结论：池仲容绝对是朝廷最危险的敌人，是"奸雄之巨擘，三省群盗之根源"。

对付这个池仲容，必须周密谋划，全力以赴，但王阳明也希望减少流血，只要池仲容洗心革面，重新做人，其他的都可商量。王阳明认为破"山中贼"，也可从破"心中贼"开始。

池仲容对官府向来有深刻的怀疑和鄙视。王阳明对付谢志珊时，池仲容看到官军四处散发《告谕浰头巢贼》，便知道王阳明意在不战而屈人之兵。他赶紧提醒各个山头的盟友们，王阳明这封信就是个圈套，想让大家自投罗网，任其宰割。

当卢珂投降后，池仲容还准备看他的笑话。不过，卢珂很快得到重用，并被授予了官职。后来，大庾岭陈曰能公然撕碎《告谕浰头巢贼》，并宣称拒不接受招抚，被王阳明毫不手软地迅速扫清，斩首示众。池仲容这才认识到王阳明不是个只会写招降信的文弱书生。池仲容决定试一试险棋：向王阳明投诚。当他说出这个决定的时候，他的那些属下们吃了一惊：一向桀骜不驯的"金龙霸王"竟要不战而降？

池仲容诡秘地一笑：所谓投诚，不过是刺探虚实、缓兵之计罢了。他叫来弟弟池仲安，让他马上带领二百多名老弱残兵向官军投降。

正德十二年（1517 年）十月，池仲安领着二百多名老弱残兵来到官军驻地。当王阳明得知池仲安等人前来投诚时，很欣慰地笑了："池仲容这个决定是正确的。不过池仲容本人为何不亲自前来？"

池仲安赶紧解释："兄长山寨里还有一些要紧事要办，先让我来打个前站。现在这形势，兄长是唯恐落后于人啊。"

王阳明点头表示理解。他让前来投诚的二百多名老兵到横水去修建营场。

池仲容久久不来投降，王阳明便暗中派人去打探消息，得知浰头山寨正在备战，丝毫没有要投降的迹象。他马上叫来池仲安，让池仲安马上返回三浰，同时还拉了几车酒肉相送。临行前，王阳明质问池仲安，池仲容表面上宣称投降，却开始暗中备战，这是何居心？池仲安马上表示，回去一定说服哥哥池仲容来投降。

池仲安回到三浰，把王阳明的原话带到了。池仲容则去信解释说自己之所以备战，是防备老对头卢珂，并非防备官军。此话也并非虚言。卢珂过去和池仲容关系不睦，彼此互相戒备。卢珂投降官军后，池仲容又是愤怒又是忌惮，担心他借官府名义公报私仇。

王阳明得知池仲容的担心后，回信让他放心。如果卢珂真的想借官军之手整治他的话，官府是不会偏袒的。他还主动邀约池仲容到赣州商谈招安事宜，但池仲容未回信。

正德十二年十二月初九，王阳明从前线撤兵回南康，再次给池仲容去信，邀他到赣州商谈。只要池仲容真心投诚，王阳明不愿大开杀戒，致使生灵涂炭。

这时，又出现了新情况。原来池仲容暗中派人到卢珂所住的地方，到处散布说官军将清算卢珂过去的罪行，还要剿灭跟随他投诚的那五百名兵士。这股风吹到卢珂的耳朵里，让他心里有些发毛。他毕竟刚刚向官军投诚，对官府到底是不是信任自己还没底。据他所知，官府里确实有一些武将多次劝新任巡抚不要相信投诚的这帮人。卢珂来不及多想，就带着人马重新逃回原来盘踞的山寨。很多人要求王阳明发兵清剿卢珂，以绝后患。

卢珂头脑发热，行事鲁莽，王阳明可是成熟老练的政治人物。他没有贸然发兵攻打，而是让人暗中进行调查，对猝然发生的事变进行冷静分析，认为卢珂投诚不是假的，之所以突然出走肯定事出有因。于是，王阳明专门派人到卢珂那里当面查明原因，果然有人在造谣生事。王阳明当即作出保证，官府对投诚的人既往不咎，而且会加以重用；只要真诚悔悟，在剿匪战斗中努力建功，朝廷还会奖励提拔。卢珂听了深受感动，决意跟随巡抚大人上刀山、赴火海，再次归到王阳明帐下。

王阳明知道这是池仲容在后面搞鬼，于是决意将计就计。十二月十五日，卢珂来到赣州府南康县，详细汇报了池仲容的动向。原来，池仲容正在联络各个山头，准备共同对付官军。卢珂还拿出了池仲容送给他的官职委任状。

卢珂认为，池仲容必是诈降，提醒王阳明不可相信他。王阳明笑笑，表示心里早已有数。不过，卢珂的这个举动让他很满意，这表明了其归顺是真诚的，证明招抚还是有用的，"攻心"策略是成功的。

王阳明早就做了两手准备。但从内心来讲，他还是希望池仲容能把诈降变成真降。

十二月二十日，王阳明班师赣州，立即通告全城军民，南安剿匪大获全胜，冽头池仲容已经接受朝廷招安，不久就会正式归顺朝廷。如今天下太平，全城庆祝。同时还宣布休兵，本地士兵回家务农，外地士兵则自由来去。

他再次致信池仲容说：整个南赣地区的匪患已彻底清除。有人说还没有解决你，可我告诉他们，你心里已经归顺官府了，只不过还没有正式公布罢了。如今我已把部队解散，并且备好酒肉在赣州城里等你，你可愿意来谈一谈？

有人说，王阳明这是诱蛇出洞、调虎离山；有人说，王阳明是真诚招抚，希望他们金盆洗手。其实两者都有，就看池仲容能否良心发现，幡然悔悟了。

池仲容对着来信逐字玩味，仿佛在琢磨王阳明到底要耍什么花招。忽然他发现了一个大的"漏洞"，不觉笑道："着什么急啊，这么快就解散部队了？要知道还有个高快马呢！"

是啊，哪怕他愿意投降，不是还有盘踞在广东乐昌的高快马没有投降吗？王阳明这么火急火燎地声称解散了部队做什么？可见是虚晃一枪，做给他看的。

这个"漏洞"王阳明很快就用行动弥补了，他派一支由精兵组成的追捕部队神不知鬼不觉地赶往广东乐昌高快马的驻地，对其隐秘据点发起猛攻。高快马猝不及防，逃至始兴县被生擒。

高快马被捕的消息传来，池仲容就成了热锅上的蚂蚁。如今他是南赣诸匪中最后一个，再不明确表态就要大祸临头了。

池仲容急忙要弟弟池仲安带口信给王阳明："投降是完全可以的，只是卢珂与我势不两立，他总在暗中算计我，我投降后会不会遭他的毒手？"

王阳明略一思索，便当着池仲安的面把卢珂叫来，训斥了一顿。他疾言厉色地让卢珂不要处心积虑地诬陷池仲容，最后还让人将卢珂押进大牢里关起来。王阳明又当着他的面给池仲容写了封信。信中说得颇为诚挚："虽然我把卢珂关押了，但他的部队还在龙川，请你不要撤除警戒，我担心他的部队会攻击你。"

这真是推心置腹、仁至义尽了。池仲容收到信后，却要弟弟池仲安探查王阳明是否在制订进攻三浰的计划。池仲安回信说："王阳明解散了部队，赣州城里只有为数不多的兵士在维持治安。王阳明每天都和一群书生在一起讲经论道。"他最后指出王阳明没有付诸武力的意思，还说兄长不相信的话，可以亲自去看看。

池仲容被说动心了，反复考虑后决定去见王阳明。他对弟兄们说道："大丈夫能屈能伸。亲自走一趟，正好可以看看这巡抚衙门的伎俩。"临行前，池仲容挑选了九十三名武艺高强的精壮手下作为随从。

池仲容离开老巢的消息刚传来，王阳明立即发布《进剿浰贼方略》，要求龙川县所在的惠州府知府陈祥精选五千名士兵做好进剿准备，同时还要准备好向导和地图。一切就绪后，王阳明秘密下达命令：距离三浰最近的部队开始行动。千户孟俊带着部队依计而行，拿着缉捕卢珂党羽的拘捕令前往三浰。池仲容的手下见官军前来，先是惊恐不已，准备抵抗。可当他们看过孟俊出示的那道拘捕令后，才知道是在搜索卢珂在龙川的余党，便开门放行了。于是，大批官军轻易地进入了三浰。

正德十二年闰十二月二十三日，这天正是小年，池仲容一行人进入赣州郊区，派人去通知王阳明。见池仲容在城外驻足不前，王阳明便命人前去质问："既然来了，怎么不进城，难道还要让巡抚大人亲自来迎接？"

为了以防万一，池仲容把多数人马安置在城外的校场驻扎，还和城外兄弟约定："如果我此番前去迟迟未归，一定要前来营救，我们一起与王阳明拼个鱼死网破。"然后池仲容带着几个贴身护卫进了赣州城。

赣州城中正张灯结彩，迎接新年，处处舞龙舞狮、观灯看戏，热闹非凡。在巡抚衙门口，王阳明微笑着向池仲容说："池兄此番前来，真是深明大义。我可以回京交差，南赣百姓也可以安心过年，你功不可没啊。"

池仲容堆起笑脸附和着，暗中打量王阳明，心想眼前这个有些病弱、书生模样的人就是剿灭了詹师富、谢志珊那些悍匪的南赣巡抚？

　　王阳明也在不动声色地观察池仲容，察觉到他眼神游移不定，时不时闪过一丝乖戾狡诈，便问道："池仲容啊，你为何把部下留在城外？难道是怕我招待不好吗？"池仲容无言以对，只是干笑几声："怕人多叨扰了巡抚大人。"

　　王阳明宽和地笑笑："让他们都进来吧，我还是招待得起的。"

　　池仲容只好把城外的一干随从带进了城。王阳明把那些随从当作已归降的部下对待，奖赏了很多钱物。

　　然后王阳明将他们一起安排在城内住下，池仲容也只得客随主便了。不过，池仲容心中忐忑，一夜未眠。

　　第二天，王阳明就派人送来酒肉和官服，又派人专门来讲述官场礼仪，这显然是把他们当作已降的人员来对待了。池仲容的随从们大为惊喜，感动不已。池仲容还是不太相信，派人到赣州城里城外的校场仔细打探部队调动情况，发现赣州城里只有少量的官府护卫和巡逻队。他又重金贿赂关押卢珂的监狱守卒，亲自进去探看。果然，他的冤家对头卢珂正戴着木枷铁镣躺在监牢里。池仲容这才放下心来："这下算是高枕无忧了！"

　　池仲容和兄弟们来到赣州城逍遥一番，还给留守在三浰的兄弟们写信，说巡抚大人很信任自己，不过三五日，卢珂等人就会被砍头。三浰匪众颇为兴奋，都认为平安无事了。

　　其实，王阳明并没有闲着。池仲容从关押卢珂的监狱一走，王阳明马上放了卢珂，要他昼夜兼程回龙川集结部队，随时待命，又让各地方部队悄悄集结，等待命令。

　　赣州城中，巡抚衙门安排各级官员热情招待池仲容，几乎天天都有宴会。王阳明身为南赣巡抚，也多次出席宴会，和池仲容等人一起喝酒吃肉。除了稳住池仲容，王阳明也对教育感化他们抱有希望，希望尽力争取他们真心归顺。他费尽唇舌给这些人讲故事、讲道理，讲礼义廉耻，讲浪子回头金不换，希望唤醒他们内心的良知，能够真心悔悟，从此一心向善，重新做人。

尽管言者谆谆，但听者藐藐，池仲容等一帮人只喜欢喝酒吃肉，在他们看来，王阳明的劝导也许是真诚的，但离他们实在是太遥远了。这帮啸聚山林、自在惯了的人难以理解王阳明的一番苦心。

池仲容虽对王阳明的劝导教诲连连点头称是，却不肯说出接受招安的时间，也不安排归降朝廷的具体事项。

事实上，这些天王阳明一直在观察池仲容。他令人送去官服让池仲容穿上，派人教他官场礼仪，派人跟着他在街上走，观察了解他的一举一动。一番观察后，王阳明深觉此人阳奉阴违，乖戾之气浓厚，他的良知已被恶欲完全遮蔽，很难挽救了。

这时，池仲容表示想告辞，回到三浰。好不容易调虎离山，怎能放虎归山呢？只要池仲容不回去，那帮人就只是一群乌合之众。一旦放虎归山，恐怕前功尽弃，颇多反复了。

王阳明劝说池仲容，马上就是年关，除夕之时，赣州城张灯结彩，共庆太平盛世，很是热闹，不如看过灯会后再走不迟。

随从们也纷纷从旁劝池仲容多留几天。池仲安也劝他，王大人待你这么优厚，事事想得周全，留下来过个年再走也不迟。池仲容思来想去，便点头答应了。

赣州的除夕夜热闹非凡，家家户户都挂着花灯，整个城市灯火通明。除夕那天，池仲容和那些随从喝得烂醉如泥。第二天，池仲容醒来后，意识到王阳明可能是在拖延时间，立即决定正月初三回山。王阳明目光明澈，看着辞意坚决的池仲容，给了他最后一次机会："多住几天不好吗？我们还可以再谈谈。初四再走吧。"

池仲容说："谢大人热情招待，但寨中事务不能再耽搁，初三我们必须走。"

王阳明听了面无表情，只是淡淡地应允。正德十三年（1518年）正月初三，王阳明在祥符宫安排酒宴，为池仲容饯行。席间，众人觥筹交错，杯盘狼藉。

酒已半酣，王阳明看情形差不多了，就令属下给即将启程的池仲容及随从们发放赏钱，声称不能让兄弟们空着手回去过年，让人笑话他这个南赣巡抚吝啬。不过，为防止争抢和忙乱，王阳明让他们每五人一组出去领赏。

于是，九十多个随从便高高兴兴排着队，一组一组地出门去领赏钱。最后，厅内只剩下池仲容一人等着领赏。正当他醉意朦胧，有些心神不定之时，似乎听见一阵凌乱的脚步声。他睁开醉眼看时，只见一队精卒手持白刃快步走上前来。池仲容如梦初醒，叫一声"不好"。他掏出兵器，一跃而起，急忙往门外跑去，只见那先前出去领赏的九十多个随从早成了刀下之鬼，躺在地上一字排开。

池仲容眼眶发红，挥刀怒骂，朝桌对面的王阳明猛扑过去。王阳明掷杯于地，大喝一声："还不拿下，更待何时？"一群兵士冲过来，把池仲容按倒在桌上。池仲容膂力惊人，竟一把将兵士推开，突然间他只觉胸口一凉，一把利刃穿胸而过，一口殷红的血喷溅出来。

池仲容扔掉刀，一手捂住胸口，一手指着王阳明，眼睛瞪得老大，却发不出声。

王阳明命人把池仲容等捆绑起来，拿出卢珂递交的密信和有"金龙霸王"印信的委任状，冷冷地盯着他看了一会儿，叹息道："池仲容，不是我王某非要杀你，而是你良知泯灭，咎由自取。你认命吧。"

很快，池仲容被斩首。当夜，王阳明回到府中，还是叹息不已：自己对人心的冥顽不化还是估计不足。原本想少杀些人，甚至想为朝廷、为天下树一个良知感化、幡然悔悟的典型都难以办到。看来破这"心中贼"远比破那"山中贼"难多了。

王阳明即刻召集众将，迅速集结赣州兵马，同时安排一队先锋换上池仲容等人的衣服，先行向三浰进发。

正德十三年（1518年）正月初七，王阳明兵分三路，直指三浰：第一路从广东惠州府龙川县直扑三浰；第二路由他本人率领，经江西龙南县冷水径直赶往三浰；第三路从赣州府信丰县奔袭三浰。卢珂的龙川部队作为机动部队，随时支援各处。

三浰守军自接到池仲容送回的那封平安信后，就没有了丝毫警惕。卢珂出面向三浰守军传话，说池仲容等一干首领已归顺朝廷。为了表示奖赏，官府给首领们的眷属和山民每人派发半斤猪肉、两斤大米，请大家晚饭后亲自到离大本营约二里路的"黄江围"大围屋内领取。这些人信以为真，陆陆续续来到黄江围，却被要求一个个从前门进、后门出，但最终没有一个人能从后门走出来。第二天，黄江围屋口的两口池塘堆满尸体，显然是卢珂借机报私仇。

三路剿匪部队发起进攻时，三浰山贼惊惶失措，他们商议后决定重点把守龙子岭，以此抵抗官军进攻。王阳明很快发现了山贼的企图，集结三路重兵向龙子岭发动猛攻，决心一战克敌制胜。不料山贼依托有利地形殊死抵抗，官军尽管兵力占优势，一时也难以攻下龙子岭。

当战斗进入白热化阶段，王阳明心生一计，命人立即把池仲容的人头悬挂在长杆上，向敌方喊话："看吧，你们的'金龙霸王'已经伏法，不要再负隅顽抗了。"

这招果然奏效，看见昔日叱咤风云的池仲容已经身首异处，这些亡命之徒顷刻间丧失斗志，仓皇逃走，有不少人在慌乱中互相践踏而死。剩下的山贼被官军紧紧追击，死伤殆尽。王阳明趁热打铁，命令所有部队迅速扫平各个据点。

山贼纷纷退入了九连山据点，九连山高约百仞，横亘数百余里，四面都是悬崖绝壁，易守难攻。且山中藏有大量的粮米饮水，山贼们还在这里设下了滚石檑木，官军寸步难进。

为了减少伤亡，王阳明决定智取。他挑选七百名官兵组成突击队，让他们穿上山贼的服装，混杂在俘虏堆里一起溃逃。入夜后，这批敢死队趁着夜色直接奔到贼寇所占的山崖下，沿着小道前往。向驻守山贼求救，声称是刚从老巢逃出来的。夜黑时面目难辨，九连山的山贼毫不怀疑，打开山寨大门。突击队抓住机会砍伤守卫，夺取隘口，放进官军人马入寨。

王阳明此举截断了山贼东逃的后路，彻底动摇了他们的意志。无心恋战的众匪，向着山外一路狂奔。这时早已赶到设伏地点的官军以逸待劳，对着从九连山逃出来的人一齐放箭。九连山就这样被拿下了。

这时，南康县县丞舒富紧急来报，说有一个自称叫张仲全的人率老弱妇女二百余人，聚于九连山谷口，呼号痛哭，自言是南赣良民，被池仲容等山匪胁迫在此，为他们搬运木石，并不曾上阵厮杀，求巡抚大人网开一面。王阳明派冀元亨、周积前往查验，果然如此。王阳明见这群老弱妇女其情可怜，乃使赣州府知府邢珣往抚其众，籍其名数，将他们遣散回乡，复为良民。

浰头剿匪，是赣南赣西最后一仗。随后纵横湖广的山匪龚福全也被湖广巡抚趁势剿灭。延续几十年的南赣之乱，自此平息。

正德十三年（1518年）三月初八，王阳明从三浰班师赣州。朝野上下都见识了王阳明的军事才干。皇帝朱厚照特批提拔他为都察院右副都御史，正三品。荫其一子为锦衣卫，世袭百户。

王阳明因南赣平乱一战封神。《明史·王守仁传》称："守仁所将皆文吏及偏裨小校，平数十年巨寇，远近惊为神。"

146

第七节　破"心中贼"

王阳明就任南赣巡抚不过一年零三个月，就将四省间百余股反叛势力如秋风扫落叶一般肃清。数十年来，从来没有人能够在这么短时间内彻底剿灭匪患，王阳明因此在南赣民间建立了极高的声望。

剿匪虽大获全胜，但王阳明仍难忘记那些死伤遍地的悲惨景象，心怀忧惧：詹师富、谢志珊、蓝天凤、池仲容，当初为什么会踏上这条不归路？甚至后来招抚、教育、感化也无法奏效？这个问题不解决，匪患还会死灰复燃，接连发生。他陷入深深的忧虑和思考之中。

这天夜里，辗转反侧、难以入睡的王阳明起床拨亮油灯，提笔给学生杨仕德、薛侃写了一封信："破山中贼易，破心中贼难。区区剪除鼠窃，何足为异。若诸贤扫荡心腹之寇，以收廓清平定之功，此诚大丈夫不世之伟绩。"

为彻底了解匪患产生的原因，王阳明深入百姓中，进行了考察研究。后来他给朝廷上疏，南赣匪徒数量近五六年成倍数增长，根本原因是无力承担当地的苛捐杂税，由良为盗。官军围剿虽有成效，但马上又有新匪出现。没有治本之策就不可能长治久安。因此，恳请朝廷取消南赣地区的苛捐杂税，尤其是盐税。但朝廷对此没有任何回应。

在平定匪患的地区，他以置县办法进行重点治理。在消灭詹师富后，王阳明就在象湖山附近设立福建漳州清平县（后改名为平和县）。占领横水、左溪、桶冈后，他又在江西赣州设置崇义县，取"崇德尚义"之义。王阳明还特地将横水作为新县县治所在地。平定三浰匪患后，他认为此地是"四县交界之隙，乃三省闰余之地"，政教不及，因而多有贼巢。为此，他上疏朝廷，增设和平县，让"百姓永享太平之乐"。

如何破"心中贼"，对王阳明而言是一个新课题。王阳明深信：天地虽大，但有一念向善，心存良知，虽凡夫俗子，皆可为圣贤。

王阳明对俘虏十分宽容，将他们纷纷释放回家，鼓励他们凿山修路，恢复生产，发展经济。他颁布文告，兴办学校，施行道德教化，倡导良善民风，从根本上改变当地的社会风气，铲除滋生变乱的土壤。

他还告谕南赣下辖各县百姓，督促建立社学。王阳明认为，端正民风应先从孩童抓起，"惟当以孝、悌、忠、信、礼、义、廉、耻为专务"。

他聘请名师，教授学童诗歌、礼仪，提出儿童教育应诗歌、习礼、读书三步并举，强调因势利导、寓教于乐的重要性。通过咏诗唱歌来激发志趣；通过学习礼仪，使学生仪容端庄严整；通过读书悟道，提升学生的能力。他还整修濂溪书院，刻印儒学经典，提高塾师地位待遇。一时间，南赣地区书院林立，许多学者纷至沓来。

王阳明也亲自到书院聚徒讲学，后来有名的"江右王学"正是肇端于此。正德十三年（1518年）七月，王阳明在赣州刊印了自己的新著《大学》古本和《朱子晚年定论》，《传习录》等著作后来也都刊印于赣州。

《王阳明年谱》中描述道："先生谓民风不善，由于教化未明。今幸盗贼稍平，民困渐息，一应移风易俗之事，虽未能尽举，姑且就其浅近易行者，开导训诲。即行告谕，发南赣所属各县父老子弟，互相戒勉，兴立社学，延师教子，歌诗习礼。出入街衢，官长至，俱叉手拱立。先生或赞赏训诱之。久之，市民亦知冠服，朝夕歌声，达于委巷，雍雍然渐成礼让之俗矣。"

通过兴办社学、创设乡约、移风易俗、普施教化，很多孩童在街上遇见官员皆会合手施礼。当地百姓受此影响，人人礼让谦和，吟诗诵歌之声不绝于耳，原本民风剽悍之乡因此变成淳朴礼让之地。

宁王之乱

第七章

第一节　萌生异心

事实上，尽管王阳明在南赣剿匪取得了完胜，但兵部尚书王琼将他安排在南赣巡抚这个位置上的根本目的，并不完全是对付那些造反的流民。前文已提到，在王琼眼中，真正能够撼动朝廷根基的可能是来自朱姓宗室的力量——宁王朱宸濠。

江西镇守太监毕真曾上书朝廷，要求插手干预南赣地区的军事行动，并指出王阳明在南赣采取任何军事行动如果不事先向他请示汇报，就是对皇帝的藐视。此事被兵部尚书王琼坚决拦下了。他考虑再三，拿出了一个模棱两可的意见：首先要求王阳明与毕真加强沟通，紧密配合，但又话锋一转，地方官一定要严格按圣旨上写明的管辖权行事，不能越权，也不能避事，否则将追究责任。其本意是，巡抚用兵无须向镇守太监事先请示，王阳明按原计划行事就行。其实，毕真早被宁王朱宸濠收买，还多次为朱宸濠出谋划策。

王琼当初对王阳明提出的统一调度四省军队的要求大力支持，赋予王阳明提督军务之职权。等到南赣剿匪圆满结束，王阳明就多次向朝廷上疏，以肺疾病情加重为由，提出致仕，希望回家调养身体、孝敬祖母。正德皇帝朱厚照觉得没道理不同意，正准备批准，却被王琼以种种理由制止了。王琼认为如果王阳明离任，宁王就失去了钳制，很可能造成十分严重的后果。

正德十四年（1519年）六月，王阳明接到兵部命令，前往福建福州去平定进贵士兵哗变事件。到达丰城，靠岸休息时，忽然传来宁王朱宸濠起兵造反的消息。从这一刻起，王阳明迎来了自己军事生涯的第二个辉煌高峰：平定宁王朱宸濠之乱。

朱元璋建立明朝之后，大封子弟，分藩就国。将二十四个儿子和一个从孙（兄弟的孙子）分封于山东、山西、河南、陕西、甘肃、湖广、四川、江西等地，意图"镇固边防，翼卫王室"。这些皇族藩王地位尊贵，不能干预地方行政事务，却有统兵之权，各王府都配有护卫三千至近两万人，当地驻军调动，还须有亲王令旨。当边疆有事时，朝廷往往指派附近的亲王出兵捍卫疆土。有的亲王就借机扩充实力，将兵人数剧增。当时最突出的就是燕王和宁王，人称"燕王（朱棣）善谋，宁王（朱权）善战"，两个人都算是皇子中的翘楚。

朱棣是朱元璋的第四子，1370年被封到燕地为王。朱权是朱元璋的第十七子，1391年受封为宁王，到大宁就藩。洪武三十一年（1398年），因太子朱标早逝，皇太孙朱允炆继位，是为建文帝。建文帝与亲信大臣齐泰、黄子澄等采取一系列措施，准备开始削藩。首先在北京周围及城内部署兵力，以防边为名把燕王朱棣的护卫精兵调出塞外戍守，准备削除燕王。

这显然是捅了马蜂窝。燕王朱棣于建文元年（1399年）起兵三万挥师南下，史称"靖难之役"。朱棣打出的口号是"清君侧，靖国难"。不过朱棣起兵并非出自建文帝的诏令，所以，"靖难"不过是朱棣想要夺取皇位的一个借口而已。

起初燕王军队势如破竹，一路攻城略地，但建文帝诏令出师讨伐燕王，很快将朱棣赶到了西北。十月六日，燕军经小路到达大宁城下。朱棣单骑入城，向宁王朱权求救，哭诉自己无路可走，希望他能向朝廷上书，谢罪免死。朱权虽对建文帝的削藩之举也非常不满，但也不赞成造反。出于同情，朱权收留了他。在大宁期间，朱棣令手下吏士入城结交并贿赂大宁的守军将领，他还密令一部分士兵化装成普通百姓混进大宁城，在宁王府附近埋伏下来。

十月十三日，朱棣提出告辞，朱权只带了几百名卫士送朱棣出城。但朱权来到郊外后，伏兵尽起，随朱权出城的大宁军士兵纷纷叛变，归附朱棣。混入大宁城里的燕王士兵也趁乱占领了大宁城，宁王府里的家眷都被燕王军队控制住了。

朱棣借机劝宁王朱权一起起兵靖难，并承诺事成之后天下一人一半。朱权别无选择，只得和朱棣共进退。这样，朱棣把最为善战的朱权拉进了自己的阵营。朱权与宁王妃、宁王世子等一同随朱棣前往北京，向建文帝派出的朝廷军队发起猛攻。建文四年（1402 年），朱棣的靖难军迂回奇袭攻下帝都应天（今江苏南京），历时四年的靖难之役结束。战乱中建文帝下落不明，或说于宫中自焚而死，或说由地道逃去，隐藏于云贵一带为僧。同年，朱棣即位，是为明成祖。

朱棣得了天下后，就把当初的承诺忘到了九霄云外，绝口不提和兄弟平分天下这回事。朱权这时候不仅不能想着去讨个公道，反而担心朱棣随时可能会找自己的麻烦，哪天把自己无声无息地杀掉都有可能，于是朱权向朱棣提出想去苏州养老。朱棣回答："苏州属于畿内。"当朱权要求改封杭州钱塘时，朱棣则说："父亲将它赐给五弟，终无结果。建文帝无道，在钱塘封其弟为王，也未能享受。建宁、重庆、荆州、南昌都是好地，十七弟你随意选择吧。"朱权便选择了江西南昌。于是，朱棣仍封他为宁王，藩地就在南昌。

明朝弘治十年（1497年），二十一岁的朱宸濠继承了宁王之位。朱宸濠是他父王朱觐钧的庶子。朱觐钧一直不太喜欢这个儿子，临终都不让朱宸濠来见自己最后一面。宁王朱觐钧死后，朱宸濠才回到了王府中继承王位。

据说，朱宸濠自小天资聪颖，博览群书，还能写诗词，喜欢结识文人墨客。五岁时与来王府的饱学鸿儒对谈，竟驳得他们哑口无言。见过他的人都称他气度非凡、礼贤下士，江南的文人墨客都以与他相交为荣。不过，也有人说他性格轻佻，全无威仪，而且好战尚武，好色贪财。比如，他打算扩建宁王府，就故意命人将王府周围一些民宅放火烧毁，然后假意去帮助救火，其目的就是要打压地价。朱宸濠还收罗了江湖上的匪盗吴十三、凌十一、闵廿四等人。他们在鄱阳湖上劫掠来往客商的钱财和货物，再上贡给宁王府，为将来起兵提前储备军需和军饷。

朱宸濠是一个颇有野心的人，对军事兵法下过苦功夫研究。也许朱宸濠认为自己这辈子的使命，就是要替祖宗向朱棣的子孙讨回公道。

当时朝廷对藩王卫队的数量有严格限制，宁王府卫队不得超过七千人。而朱宸濠不断招兵买马，很快就把七千人的卫队扩充到了一万五千人。

明孝宗弘治十七年（1504年），有江西官员向朝廷告发朱宸濠私自扩充卫队，皇帝朱祐樘忍无可忍，下令取消宁王的卫队编制。在孝宗时代，朱宸濠并没有多少非分之想，充其量就想在江西地面上作威作福，当个有点影响力的藩王罢了。直到正德皇帝朱厚照在位时，刘瑾乱政，朝政腐败，让朱宸濠看到了机会。何况朱厚照一直没有子嗣，朝中有人提议在皇室宗亲之中寻找一个贤明后代立为皇储，这更让朱宸濠起了心思。

要成大事，首先就要给自己造舆论。而在中国古代，制造政治舆论的最好方式莫过于宣传"天命"，制造各种所谓"天降祥瑞"。

江西龙虎山是道教圣地，江西境内也充盈着浓厚的道教氛围。林林总总的民间术士层出不穷。朱宸濠本人也十分迷信道教的法术，他请来有名的术士李自然和李日芳为自己摸骨相面。两位术士都称朱宸濠是凤表龙姿，可为天子，早晚君临天下。朱宸濠因此心中暗喜，再也不肯久居人下。

他开始结交朝中权贵要人，还招纳江湖上的山贼草寇，还出手干涉地方司法，那些被他救出来的人感激涕零，死心塌地替他卖命。朱宸濠甚至还派人到广西收买土司，招募南赣汀、漳一带的山民，遣人去广东收购皮张，制作皮甲。他要部下日夜赶制刀枪盔甲和佛郎机火铳，积蓄粮饷，准备干一番"大事业"。

不过，当务之急是要有一支直接听命于自己的武装力量，否则一切都是空谈。为了重建自己的卫队，朱宸濠盯上了朝中炙手可热的宦官刘瑾。他让人给刘瑾送去了二万两黄金，刚刚当权的刘瑾一见到那整箱整箱黄澄澄的金子便双眼放光。他毫不犹豫笑纳了。朱宸濠趁热打铁，提出想恢复他的王府卫队。刘瑾也不含糊，当即同意向朱厚照禀告。果然，尽管兵部反对，朱厚照仍然同意宁王重新恢复了王府卫队。

没想到的是，三年后刘瑾就垮台了。刘瑾伏诛的前一日，一帮御史上奏皇帝参了宁王一本，宁王卫队再次被兵部裁撤。朱宸濠不甘心，又看中了朱厚照跟前的红人、大太监钱宁。

钱宁本在刘瑾门下，其人性格狡黠猾巧，据说有"开左右弓"射箭的本事，百发百中。朱厚照让钱宁射哪片树叶，钱宁就能射掉那片树叶。朱厚照想骑马，钱宁立刻扮成马状，嘴里还能发出嘶鸣声。钱宁深得朱厚照欢心，朱厚照甚至信口称他为义子，也特别关照他。正德八年（1513年）底，钱宁掌管锦衣卫，以后就常在朱厚照近侧服侍，几乎与皇帝形影不离。

朱宸濠花大价钱贿赂钱宁，钱宁二话不说就答应帮他说话。不过，王府卫队从职权范围上归兵部管理，恢复王府卫队必须兵部尚书点头才行。

正德八年（1513 年），陆完当上兵部尚书，朱宸濠马上命人携载大量珠宝来到京城找陆完，陆完被朱宸濠的豪奢手笔收买，立即答应恢复他的王府卫队。

于是，正德九年（1514 年）四月，宁王卫队获准恢复，朱宸濠手里又有兵了。虽然一些朝廷官员提出了反对意见，但朱厚照没有理会。

手中有了兵的朱宸濠意识到自己要成大事，还必须有几个谋士辅佐。有两个人进入了他的视野：刘养正和李士实。江西举人刘养正从小就是远近闻名的神童，聪明有才、饱读诗书，幼年就考中了举人，参加会试却屡试不中，于是他发誓不再应考，而醉心于道家养生术。他常常身穿道服出门，以隐士自居，还拒绝了一些地方官的入幕之邀。刘养正这种独特个性居然颇受追捧，官员们以和他结交为荣。

朱宸濠三番五次派人带着厚礼去请刘养正出山，他却迟迟不肯答应。朱宸濠便效仿刘备三顾茅庐，亲自出马，登门拜访。

刘养正读过兵书，自觉有运筹帷幄之才。见宁王当日，刘养正就称朱宸濠为"拨乱真人"，大讲特讲昔日宋太祖"陈桥兵变"之事，蛊惑宁王造反称帝。这恰恰说中朱宸濠的心事，他立即提出请刘养正出山辅佐自己，以成大事。刘养正终于同意出山，与朱宸濠共谋大计。朱宸濠在南昌设立阳春书院，由刘养正在那里主持讲学，借此广招四方才士，收买人心。

李士实，字若虚，南昌府丰城人氏，成化二年（1466 年）的进士。他曾经是朝中的重臣，官至右佥都御史。此人不光精通翰墨，也是才智之士。当年，李士实与罗伦、李东阳、林俊、杨一清等人关系不错，名气相当，七十二岁时致仕还乡。此时，李士实已经过古稀之年，体弱多病，朱宸濠就命人找来名医给他看病。据说李士实原本老眼昏花，都快失明了。朱宸濠前去看他，说来也怪，李士实竟一下子就看得见了。朱宸濠和他促膝长谈，将心底的愿望和想法和盘托出：他要拯救朱家天下。得知朱宸濠内心的宏图大志后，李士实拍案而起，表示愿意肝脑涂地辅佐宁王。

除了刘养正和李士实，朱宸濠还听说了苏州才子唐寅的大名，专门派人延揽入府。朱宸濠为他安排馆舍居住，待遇优厚。不过后来唐寅渐渐察觉到朱宸濠图谋造反，大惊之余决定装疯脱身，由此逃过一劫。

不久，李士实便为朱宸濠出了个点子：将朱宸濠的儿子过继给朱厚照，如果能让宁王之子成为皇帝子嗣，将来继承大位的就是宁王一脉，如果宁王自己想当皇帝，只要儿子让位即可。

朱宸濠闻言大喜。他有一子名作"二哥"。他便想办法动员在京城的一切关系进行游说，让朱厚照将他的儿子二哥立为皇嗣。朱宸濠还把男伶臧贤介绍给钱宁，托他把臧贤推荐给朱厚照。

臧贤曾为教坊司的右司乐，朱厚照对臧贤的机灵乖巧和恭维奉承很是受用，常常召他来陪自己逗乐解闷，对他异常恩宠，赐一品蟒玉。臧贤也就借机在朱厚照面前为宁王朱宸濠说好话，称他为人仁孝、做事勤勉。朱宸濠又给钱宁送了大量钱财，希望他能向朱厚照推荐自己的儿子。于是，钱宁便向朱厚照禀报，请召宁王朱宸濠之子进太庙司香献祭。朱厚照便用异色龙笺加金相赐。按照朝中旧例，这种异色龙笺是与监国联系所用的书笺。如果没有太子，监国就代皇帝行事。朱宸濠得知后大喜，以为让儿子进宫为皇太子有望，当下吩咐列仗受贺。同时，他又胁迫镇巡官及南昌诸生父老上奏朝廷，褒奖其子孝行。

不过，朱宸濠还是高兴得太早了。在进行廷议时，朝中多数大臣都反对将朱宸濠儿子过继给皇帝。朱厚照也对此并不热心，认为自己正年富力强，有希望有子为继。不过，他还是对宁王忧国忧民之心给予了肯定。

看到这种方式行不通了，朱宸濠于是加快了武力夺取政权的步伐。他以剿匪为名，要求朝廷给予他指挥调动当地监军和卫所部队将校的权力，还想管理江西境内的皇族。在兵部尚书陆完的帮助下，朱厚照居然一一照准，还对宁王为朝廷分忧感到高兴。所以，从某种意义上讲，宁王叛乱也是朱厚照的轻忽纵容惯出来的。

同时，朱宸濠招募了大约百名盗匪作为私人卫队。这时，他已经按捺不住内心的野心，开始自称"朕"，还把卫队叫作"侍卫"，把自己发出的命令叫作"圣旨""敕令"。他甚至还让江西的地方官们穿戴正式朝服随侍，但遭到地方官们的抵制和拒绝。

朱宸濠的皇帝梦已经是路人皆知了。

第二节　起兵造反

朱宸濠最关注的，还是直接管辖江西事务的那些地方官员。

为了拉拢这些官员，他也没少下功夫。凡是来江西任职的官员，朱宸濠都会让人带着厚礼前去拜会，朝中的权贵多数都跟他有所往来。对于那些不愿依附自己的官员，朱宸濠也用尽了手段。

巡视南赣、南京右佥都御史王哲就不愿意与宁王为伍，朱宸濠就在府中设宴，请王哲赴宴。一阵推杯换盏之后，王哲回到家中，当晚暴病身亡。朱宸濠还曾命令手下把江西都指挥使戴宣当场活活打死。

再如右副都御史孙燧，他不但是王阳明的老乡，也是好朋友，算是半个王门弟子。在接任江西巡抚后，孙燧回家向妻子交代了后事。

妻子问他原因,孙燧叹了口气,说:"这次我要死在那里了。"妻子问他:"既然如此,那你不当这个官,不去还不行吗?"孙燧义正词严地说:"国家有难,自应挺身而出,以死报国,怎能推辞!"

最终,他遣散下人,安置好家人,带着两个书童上路。他一到江西就着手对朱宸濠进行调查,朱宸濠的种种不轨之事证明朱宸濠造反只是时间问题。孙燧毫不迟疑,立即加强了进贤、南康、瑞州城防。为防止朱宸濠劫持兵器,他又假托防贼,将辎重兵器转移他处,历经数月,孙燧竟因操劳过度而须发皆白。

后来,孙燧发现江西一些土匪势力和朱宸濠有千丝万缕的关系,有些人甚至就是朱宸濠的属下。他们不仅四处劫掠军民财货物资,私制刀枪,日夜赶制火铳等火器,还派人秘密联络漳州、汀州以及南赣一带的少数民族一起起事。

孙燧先后七次把朱宸濠必反的奏折递给朝廷,还在给朝廷的奏章中取笑朱宸濠:"不愿做藩王,甘去做盗魁,想是做藩王的趣味,不如盗贼为佳。"然而,孙燧的奏折根本出不了江西,最后都到了朱宸濠的手里。朱宸濠派人给孙燧送去四样江西土特产——枣、梨、姜、芥,暗示孙燧"早离疆界",让他快快走人。孙燧却不为所动,当着使者的面,把四样东西吃掉了。他决意和朱宸濠对抗到底。江西按察司副使许逵和孙燧意气相投,两人联手对抗宁王朱宸濠。许逵多次私下建议孙燧先下手为强,不然后患无穷。孙燧因情势不允,一直没有主动出手。

当年王阳明到达江西南昌后,也发现了朱宸濠的种种可疑迹象。他来到孙燧府上了解情况。不料,孙燧神色平静,似乎根本不奇怪,半晌,他才问道:"你才知道宁王有问题吗?"孙燧告诉王阳明,这几年自己在江西均征赋,饬戒备,实仓储,散盐利,削除不利朝廷的赋税;以防盗为名在进贤、南康等地修建新城,并在九江增设防备;

还以讨贼为名，把兵库内的武器都调派到外地，避免朱宸濠起兵时抢劫南昌武库。

王阳明点点头："是要及早准备，否则要出大乱子。"由于朱宸濠本人是皇室近支，只要没有确凿的证据，孙燧就无法动手，只能等待。王阳明没有再说什么，整好衣冠向孙燧郑重行礼，然后大步离去。对着王阳明的背影，孙燧大声说："伯安，珍重！"王阳明没有回头，他知道自己有很多事情要做。

当王阳明担任南赣巡抚时，朱宸濠又打起了王阳明的主意。对于王阳明的平乱功绩，朱宸濠十分清楚，也颇为忌惮。王阳明对江西政局和军情有直接影响，是个不可小觑的角色。朱宸濠派刘养正和李士实前往赣州，去探一探王阳明的虚实动向。

刘养正交游广阔，早年曾听过王阳明讲学，深服其人其学。王阳明也曾经当面夸奖过他。刘养正认为把王阳明争取过来，宁王的胜算更大。

对于刘养正和李士实的造访，王阳明早已"恭候"多时。酒宴上，刘养正先是对王阳明平乱的功绩赞不绝口，又对他讲学之事大加称颂，继而话锋一转道："宁王殿下尊师重道，有商汤、周武的气度。先生以恢复圣学真谛为己任，宁王殿下十分钦佩，是以命我前来，一则为表敬意，二则是想投入先生门下，以求正学。"

王阳明笑道："难道宁王舍得去掉王爵，来赣州做我的学生？"刘养正见他不为所动，只得叹了口气道："宁王去不去爵倒在其次，只是皇上总爱出巡，国事也不处理，这样下去如何得了！"王阳明闻言不觉一愣：怎么，这么快就露底牌了？于是干脆沉默以对。

李士实在旁一直没说话，实际上在观察王阳明的反应。此时他见王阳明沉默，就主动进攻："世上难道就没有汤武（商汤、周武王）吗？"意思是难道就没有人带头造反，推翻当今统治吗？

这可是赤裸裸的谋逆言论，王阳明却不疾不徐地说道："汤武再世也需要有伊吕（伊尹、姜子牙）来辅佐。"这是在套两人的话。

李士实态度很强硬，步步紧逼："有汤武就有伊吕！"显然他这是铁了心要跟着宁王朱宸濠造反了。

王阳明的神情依然平静，但话锋已经柔中带刚："有伊吕还怕没有伯夷叔齐吗？"即使谋反的人中有才能之士，别忘了还有许多忠贞之臣来保卫国家。

一番话说完，刘养正已摸清了王阳明的真实态度，看来拉拢他一起造反是不可能了，就准备起身告辞。王阳明也明白了朱宸濠铁定要造反。他马上做出一个决定：让弟子冀元亨去南昌为宁王讲学。

冀元亨是王阳明非常看重的学生之一，王阳明派他到南昌，也是试探宁王虚实，在可能的情况下进行劝阻。王阳明提醒冀元亨此去凶多吉少，要注意保护自己。冀元亨很乐于在国家危难之际担此大任，认为这才是士人的担当，随刘养正进入南昌。朱宸濠对他倒是礼遇有加，引为上宾。冀元亨在宁王府每日看书静坐，游园观花，日子倒也过得自在。

朱宸濠后来专门请冀元亨讲阳明心学，于是冀元亨就给他讲"格物致知"，讲致良知，讲王阳明所说的"只要良知光明就能获得一切"。他还给朱宸濠讲北宋张载的文章《西铭》，陈述家国一体的君臣之义。朱宸濠感到格外刺耳，只能耐着性子听。冀元亨又开始大讲时势，暗示宁王认清时势，不要胡作非为。

朱宸濠有些失望，这个王门弟子显然是受了王阳明的影响，看来让王阳明归顺自己基本是不可能了。冀元亨回到赣州后，向王阳明详细汇报了南昌的情形。

本来，朱宸濠还有耐心，打算在正德十四年（1519年）八月十五日举事。因为这一天是全国秋试之日，大小官员们都要忙这件事。谁知这时朱厚照身边的几个受宠人物突然起了内讧，一下子把朱宸濠推到了风口浪尖。

边将江彬、许泰，内侍钱宁，宦官张忠、张永是朱厚照身边最受宠的人。其中江彬地位上升最快。有一次，朱厚照在豹房内戏耍老虎。谁知平日温顺的老虎突然野性大发，向朱厚照直扑过去。朱厚照忙呼身旁的钱宁救驾，钱宁畏惧不前，倒是江彬及时将老虎制服。朱厚照对他十分感激。此后，江彬逐渐取代钱宁。

江彬得宠，使最早向朱厚照推荐他的钱宁心中不悦。钱宁屡次向朱厚照进谗言陷害江彬，朱厚照却不理会。江彬也察觉到钱宁容不下自己，就想着法儿排挤钱宁。

比如，在江彬的建议下，朱厚照将辽东、宣府、大同、延绥四镇的军队调入京师，称为"外四家"。朱厚照还让上万人在大内操练演习，旌旗招展，铳炮齐鸣，兵士们摔跤搏斗，射箭击打，喊杀声震天，场面极其壮观。朱厚照本人身穿黄金软甲，跨上高头大马，与江彬并行。朱厚照还与江彬等人一起微服出京，在京郊等地游逛。

渐渐地，江彬取代了钱宁的地位。然而钱宁在宫中、朝中都有一帮势力，江彬、张忠等人为了与钱宁争权，就想揭露朱宸濠谋逆之事。

正德十四年（1519 年）五月，御史萧淮上疏揭发宁王罪行："宁王不遵祖训，包藏祸心，招纳亡命，反形已具。"并且指出，"不早制，将来之患有不可胜言者。"他请求让锦衣卫逮捕朱宸濠党羽，缉拿其派往京师之人，革除其护卫队等。朝中许多大臣甚至皇亲国戚都曾被朱宸濠贿赂过，怕日后事发牵连自己，也纷纷上奏朱宸濠有谋反之迹。

朱厚照闻知还有些惊疑不定。回想宁王朱宸濠近来的种种可疑行迹后，朱厚照立刻派太监赖义、右副都御史颜颐寿及驸马崔元等人携带敕书前往南昌，警告朱宸濠，收其护卫，令其归还所夺官民田；同时下令内阁拟旨，着手安排削藩事宜。宁王在京城的耳目得知后，赶紧密报南昌。

正德十四年（1519年）六月十三，是朱宸濠的四十三岁生日。这天，他正在王府大摆酒宴，准备款待前来贺寿的大小官员。当听到朱厚照要削藩的消息时，他赶紧找刘养正商议对策。

刘养正分析，如果赖义等人到了宁王府，要革去护卫，到时起兵就名不正言不顺。不如趁赖义还在途中，矫称太后有旨要废掉当今皇帝，提前行动。刘养正建议，就在明日的谢酒宴上宣布造反，逼官员表态。不愿意跟随的，正好将他们一网打尽。到了这种地步，已经没有其他路可走。朱宸濠一拍桌子说："好，说干就干！"这天晚上，朱宸濠召集吴十三、凌十一、闵廿四等整饬兵器，严阵以待。刘养正等人连夜布置人马，在厅堂左右设下伏兵。

第二天一大早，众官来拜谢昨日的生日宴请，拜谢完毕后刚刚起身，突然从外面闯进数百名带刀兵士，把他们团团围住了。众人惊诧不已：出了什么大事？

这时，朱宸濠起身冷冷说道："各位，皇太后有密旨！"

众官员面面相觑，一齐跪地。朱宸濠高声宣布："朱厚照非皇室正统，是当年孝宗皇帝为太监李广所误，抱养民间之子。如今太后有密旨，命寡人发兵讨罪，共伸大义，望尔等助我一臂之力，铲除昏君，再立大明。"

众人开始交头接耳，议论纷纷。孙燧心中有数，上前责问道："空口无凭，太后的密旨在哪里？敢让我们大家看看吗？天无二日，臣无二君，我是不会和你一起谋逆的。"

朱宸濠不理他，进入内殿换上戎装，周围的士兵都拔出了刀剑，将众臣团团围住。然后，朱宸濠大声骂道："我哪里对不起你孙燧，你要连奏我七本？！"

孙燧回答："当今朝廷哪里对不起你，你为何要造反？"

朱宸濠大怒，下令左右卫士把孙燧捆绑起来，孙燧拒不就范，宁王随从就持铜锤打断了孙燧的左臂。见宁王下手如此凶狠，众人一时陷入了沉默。

按察司副使许逵大呼："孙巡抚是朝廷命官，你们敢擅杀朝廷命官，是要造反吗？"同时，他顿足对孙燧说："我说先发制人吧，你偏不，如今受制于人，后悔不及啊。"

朱宸濠命左右把许逵也绑了，然后劝降："跟我走吧，否则你活不过今日。"

许逵怒斥："呸，我只有一片赤心，岂会跟你这个反贼为一丘之貉？"

朱宸濠大怒，命人把他们二人押往南昌惠民门外斩首。许逵临死前，还痛骂道："今日贼杀我，明日朝廷必杀贼。"二人临刑不屈，咒骂不止。城中百姓看到这种情景，无不流泪叹息。

朱宸濠一不做二不休，把一向不服从自己的十多人全部关入大牢。布政司参议黄宏和公差主事马思聪绝食而亡。同时，他令刘养正草檄传布远近，革去正德年号。朱宸濠自称监国，年号顺德，大肆封官，授刘养正为右丞相，李士实为左丞相，参政王纶为兵部尚书，总督军务大元帅。

叛军起兵七万，号称十万大军，直指京师，在很短的时间内先后攻下九江、南康，举国震惊。

第三节　缓兵之计

正德十四年（1519年）六月，王阳明得到朝廷兵部命令，出发前往福建福州平定进贵士兵哗变事件。正要出发的时候，他接到了宁王朱宸濠生日宴会的邀请。他只好坐船顺赣江而下，绕个大弯子去南昌给宁王贺寿。因为江上有大风耽搁了几天，王阳明的官船六月十五日才到达丰城黄土脑。

王阳明正准备下船靠岸休息时，丰城知县顾佖跑来迎接，并向王阳明禀报：宁王朱宸濠已反叛，杀害了孙燧和许逵，将巡按及三司、府县大小官员全部抓了起来。各衙门印信全部被收缴，库藏被抢劫一空，监狱里的重刑犯全被释放；宁王已开出高价悬赏王阳明的人头。顾佖劝王阳明不要继续北上。

众人闻讯无不色变。王阳明也吃了一惊，他急步走出船舱，站到船头。紧接着，又有一拨人来报告："朱宸濠已经发兵了。"王阳明看到从南昌逃出来的大批难民后，在船头上叹息："想不到宁王如此急于造反！"

王阳明决定返回吉安，招募义兵平定叛乱。他立即命令船夫掉转船头原路返回。船夫知道宁王造反了，惊惶不定，以逆流无风为由拒不开船，因为回去肯定是死路一条。王阳明抽出卫兵的刀，令船夫立刻开船。船夫这才开了船。从丰城到吉安，船是逆流而行，加之官船体大，行驶缓慢。到了晚上，船再也无法向前行驶了。王阳明让船夫将官船靠近一艘路过的渔船，自己乔装打扮成渔夫，和随从上了渔船，在官船上只留下了一人，穿上官服假扮自己。

渔船借着月色向南疾驰而去，官船则灯火通明地在江上缓缓而行。宁王派出的追兵很快追了上来，截停官船后，发现王阳明踪影全无，只得悻悻而归。

当夜，渔船行至临江府。王阳明登岸去见临江知府戴德孺。临江距南昌不远，叛军可朝发夕至。已得知宁王反情的戴知府正在发愁，一见王阳明便如得救一般，非常高兴，要将城防的指挥权交给王阳明。

王阳明摇头说道："临江府靠江，又离南昌近，地处南北交通要道，基本无险可守。我要回吉安调集兵马，整顿防务。临江就拜托给你了。

万望你做好守城准备。如有意外，可及早通报吉安。"

戴知府苦苦挽留王阳明坐镇临江无果，只好请王阳明指点一下如何防守朱宸濠的叛军。

王阳明说，以自己的观点来看，宁王的上策是从南昌直捣京师，由于朝廷没有任何准备，很可能一举定乾坤。中策则是直取南京，控制大江南北，要是这样必会血流成河，甚至会出现南北对峙两个政权。下策是据守江西南昌，王师云集后，反贼如鱼游釜中，灭亡指日可待。

戴知府又问，应当采用何策应对呢？王阳明缓缓答道："宁王从来没有打过仗，没什么实战经验。如果假造兵部文书，命令各地集结兵力攻击南昌，他肯定会心生疑惑，必然困守城中不敢妄动。那么不出十天，朝廷就能完成军力部署，叛军必然被围歼。"

为了将朱宸濠的军队困在南昌城，王阳明展开了一连串疑兵之计。王阳明召集众官商议说："敌人如果从长江顺流东下，南京就保不住了。我们应该设计阻挠他们进兵，推迟十天左右，南京就有备无患了。"

他让各地官员招兵买马，迅速集结起一支平叛部队，同时又让部队去离南昌附近的丰城敲锣打鼓，声称要进攻南昌，直捣反贼巢穴。

王阳明还命人伪造了各种公文，传谕各州县，说朝廷已下令讨伐叛军，派安边伯许泰率宣府、大同兵马四万，后军都督府左都督刘晖、右都督桂勇率京军四万赴江西平叛，两军正水陆并进，奔赴江西。又派人到南昌邻近各县发布消息，声称巡抚两广军务都察院右都御史杨旦、巡抚湖广军务都察院左都御史陈金各率本省军马四万即日进入江西省境，沿途设伏，南赣兵马两万人已经完成集结，随时准备向南昌进发；望各地方官员听从号令，配合伏击叛军事宜。

公文中约定在当年六月二十日合围南昌城，次日拂晓发动总攻。在另外一些公文中又回复说攻城是下策，应该等朱宸濠出城后打歼灭战。

接着他派出细作潜入南昌，到处粘贴告示，声称朝廷已经知道了宁王起兵的消息，还分发了一批由驿站传递的加急军报，假称是广东、湖广两省巡抚发下来的。军报称，因为大军将至，命江西各府县急征军粮。接着，王阳明就派人到乡下大张旗鼓地去"征调军粮"。就这样，朝廷大军即将到达的消息尽人皆知。

王阳明还假造了回复李士实和刘养正秘密投诚的书信。在信中，王阳明对两人的态度表示欣赏，表示朝廷在平定朱宸濠后会重用他们，让他们劝宁王立即发兵南京。他还伪造了不少朱宸濠手下指挥官们的投降密状，并派人潜入南昌放出消息，说宁王手下的谋士、重要官员甚至追随宁王的强盗凌十一、吴十三等人都有密信给王阳明，准备背叛宁王，向官军投诚。

随后，王阳明又命人抄写了大量的"免死牌"到南昌城里到处散发，告诉叛军士卒只要持"免死牌"来降，即可免罪。几天之内发放这些传单多达数万份。

王阳明身边的部下有些疑惑，问道："先生觉得宁王会相信这些吗？"王阳明反问："未必都信，但你们说他会生疑吗？"部下点头："当然难免会有些疑心。"王阳明笑着答道："只要他起疑心，那我们就算成功了。"继而又叹息道："其实那些跟随宁王的人未必都出自本心，不过是在威逼之下才造反的。只要朝廷讨逆大军一到，宁王必败无疑。"

王阳明假造的这些公文通过各种渠道到了朱宸濠手上。他看了公文惊疑不定，而一班下属也都以为大批官军就快杀到了。他们纷纷派人私下打听，发现丰城内旌旗如林，兵马云集，看上去大概有十万之众。朱宸濠有些相信王阳明正集结重兵准备进攻南昌，四面八方的各地官军正云集江西。

朱宸濠让人秘密调查李士实、刘养正等人的情况。两人虽没有多少可疑之处，但是朱宸濠心里有些不踏实，与李士实、刘养正商量下一步计划时，李、刘都要求宁王尽快率兵攻打南京。

"这与密信中的内容完全一致！他们一定是与朝廷暗中勾结，怂恿我出兵。"心生怀疑的朱宸濠停止了进攻南京的计划，不再像过去那样信任刘养正和李士实。

王阳明设下这么多计谋，就是要延缓朱宸濠的军事行动，等待朝廷反应过来后，迅速集结军队平叛。果然，宁王军队在南昌足足待了半个多月，错过了用兵的最好时机。当王阳明判断朱宸濠可能中计后，便动身去吉安。因为时间一长，朱宸濠会省悟过来，迟早要出兵攻取南京。

吉安位于江西中部，易守难攻，交通便利。王阳明当过庐陵知县，对那里的民情和地形都十分熟悉，决定在吉安先安顿下来。正德十四年（1519 年）六月十八日，王阳明刚刚船行过半，吉安知府伍文定就率兵前来迎接。王阳明抵达吉安后，全城百姓夹道迎接。入城后，王阳明抚慰了众官吏及百姓。第二天，他就连接向朝廷上了两道急疏，直陈宁王反叛事状，言及宁王朱宸濠反状已明，并趁机严肃劝谏正德皇帝：如今大明屡经变难，民心骚动，现在想当皇帝的，岂止一个宁王？皇上务必痛改前非，则太平尚有可图，群臣不胜幸甚。

这些逆耳忠言虽然对正德皇帝没有起到什么实际作用，但是朝廷接到王阳明奏疏，立刻作出了反应。在兵部尚书王琼的努力下，朝廷调动兵马准备迎战，根据江彬等人的建议，将钱宁、陆完、臧贤等朱宸濠的同党论罪下狱，革除朱宸濠的王爵，向南方诸省通报宁王反情，着令地方官员配合王阳明剿灭叛军。

六月二十一日，王阳明得知逾百岁高龄的祖母岑氏病逝，顿时悲不自胜。他向朝廷请求顺道返回老家安葬祖母。朝廷下旨驳回王阳明的申请，命他先完成平叛任务。

自古忠孝不能两全。王阳明只得强压悲痛，立即同吉安知府伍文定调集兵粮，召集义军；命令赣州府调兵策应；命令福建布政司调兵勤王；通知南京各衙门准备防御宁王；知会两广军务总制、右都御史杨旦派兵勤王；命令南安等二十一府及奉新等县招募兵马准备策应。

在短短十数日内，王阳明调集安排各府县的军民兵士，招募乡勇充实各军营，日夜赶制兵器战船，征召各级在江西的京官到军营。

调度妥当后，王阳明发檄文到江西全境，痛斥宁王反叛之罪，号召各地官军迅速集结勤王。当时，很多官员和文人都来投奔王阳明，愿意听他的号令。吉安附近大小官员、军队、青年总共七八万人，从四面八方涌向吉安，只等王阳明一声令下。王阳明则将各地武装整编成一支近三万人的作战部队，进行初步训练。

在十多天里，王阳明一直没有采取任何军事行动。吉安知府伍文定觉得奇怪，就问王阳明怎么还不发兵平乱。王阳明却笑着说，时机未到。是啊，宁王在南昌有近十万军队，而各地勤王军队都还没有就位。王阳明手中能够调动的只有区区三万人，如果没有恰当的时机如何制胜？

朱宸濠中了王阳明的缓兵之计，在南昌待了半个月，直到六月末才得到可靠消息：朝廷根本就没有派官军来，王阳明在丰城的部队才几千人。朱宸濠心知中计，暗自叹息。李士实在一边连连哀叹：大势已去。

朱宸濠却不以为意：他手下有精锐部队十万，可以不费吹灰之力席卷江南，王阳明一介书生，其小伎俩只能得逞一时。

正德十四年（1519 年）七月初，朱宸濠命令宜春王朱拱橚以及内官万锐等留守南昌，自己带着七万水师设坛祭江，誓师出征。他先从牢中拖出端州知府王以方。王以方无数次给朝廷上奏，告知宁王必反，此时正好杀他祭旗。

杀掉王以方以后，所有战船开始擂响战鼓，一齐前进。这时原本晴朗无云的天气突然开始四方云涌，一时间电闪雷鸣。舰队先锋官居然遭遇雷击。一艘战船瞬间起火，很快就烧成了灰烬。众人看得清清楚楚，高空中的厚重云层之中，一道弧光划破天际，准确无误地命中朱宸濠的弟弟——朱宸潏的脑袋。朱宸潏只发出了一声惊恐的尖叫，就已被雷电劈得焦黑。

出师不利的预兆让朱宸濠有些担忧。这天夜里，他入睡后，在梦里照镜子，发现镜中的自己白发如霜。梦醒后，他赶快叫来术士徐卿解梦。徐卿察言观色，安慰他说："您贵为宁王，梦到头上发白，是'王'字上面一个'白'，此为'皇'字。可见此行必轻取皇位啊！"

朱宸濠闻言大喜过望，决意迅速出兵，指挥千余条战船沿长江扑向安庆。

安庆位于安徽省西南部，长江下游北岸，是南京的门户。安庆知府张文锦到任后，曾多次接到孙燧的来信，叮嘱他安庆靠近南昌，要加强防御工事。张文锦深知朱宸濠一旦造反，安庆必首当其冲，所以不敢懈怠，加固了安庆的防御工事。

朱宸濠军的前锋屠钦、凌十一等领兵途经湖口、彭泽、望江，先期抵达安庆城下。六月二十七日，朱宸濠的先遣军队大举进攻安庆，张文锦等在城中率众守御，在安庆守备的都指挥佥事杨锐整军备战，率领水师与叛军先锋战于大江及岸边。

不久，叛军战船陆续抵达，兵力也越来越集中。安庆守军渐渐势孤不敌，杨锐决定收兵入城。他命人在安庆城头四角竖起旗帜，旗上书写着"剿逆贼"三个大字，然后，对城中守备力量进行了重新部署：杨锐守城西，崔文等副之；张文锦守城北，林有禄等副之；何景旸、王诰等守城东南。

七月初六，朱宸濠亲自率兵抵达安庆。舟船千余艘，相连六十余里，号十万大军，屯军于正观、集贤二门前。朱宸濠此时就在长江右岸黄石矶的一艘黄色舰船上，亲自督战。他的目标是南京，所以不想在安庆徒费兵力和时间，就派张文锦的老乡、佥事潘鹏前去劝降。潘鹏是安庆本地人，心知此去危险，便派了一个亲信拿着招降书进城招降。结果杨锐、张文锦、崔文等人见了信使立即撕碎了招降书，拔剑砍了来使的脑袋，并从城墙上扔了下去。

朱宸濠又令潘鹏到城下喊话劝降。崔文走上城头道："你食君禄，受君恩，却甘心为反贼卖命，你不配与我讲话。"潘鹏还想说什么，还未等他开口，来使的断胳膊断腿便向他飞来。崔文在城头高喊："反贼你要当心了，你日后只会比这个更惨。"

潘鹏羞愤难当，当即破口怒骂，只见城上忽然出现数十个被绑的人，定睛看去，居然都是他在安庆城内的亲戚。张文锦对城下的军士喊道："你们都是朝廷兵士，朝廷也待你们不薄，为何要为叛贼效力？大逆不道，罪至灭族。这些人是朝廷叛逆潘鹏的家属，今日就代他受罪了。"说完就喝令左右，把潘鹏的亲戚斩首示众。

潘鹏眼睁睁地看着亲戚一个接一个地被杀掉，当即吐血晕倒。末了，张文锦还给朱宸濠带了口信，诅咒这帮朝廷叛贼早晚必死在安庆城下。

这一幕简直让城外的叛军毛骨悚然，心惊胆战。朱宸濠知道后怒火攻心，拍案而起，决心要攻陷安庆，捉拿杨锐、张文锦。七月初七，叛军将安庆城层层围住，炮矢四集，猛烈进攻。

杨锐、张文锦率众据城进行殊死抵抗。叛军建起数十层高的云楼，窥视城中情状。杨锐等率军向叛军的云楼射箭，又趁夜派兵出城烧毁了云楼。叛兵见一计不成，又在城墙前竖起数十条天梯再次攻城。

对此，安庆守军也有应对之策。他们在城上捆绑苇草，浇以油脂，然后点燃一端。等到敌方云梯接近时，就迅速将点燃的苇草束投入云梯之中。结果那些高高的云梯瞬间被苇草火束点燃，藏身云梯中的叛军士兵多被烧死。

这时，李士实提出，应该迅速绕过安庆，以最快速度攻取南京。

朱宸濠则坚持认为必须先打下安庆，否则一旦攻打南京不利，安庆军队会断了自己的后路。最重要的是，张文锦和杨锐等人在众将士面前公然侮辱他，他必须打下安庆，将这二人碎尸万段。

李士实认为南京是大明陪都，一旦攻取南京，在政治上就占主动了，最差也能形成南北对峙的局面，在安庆消耗时间和实力，会被拖死在这里。但朱宸濠已不再相信任何人，只相信自己的判断，他下令军队强攻安庆。

事实上，张文锦、杨锐等人当众羞辱朱宸濠的目的，就是激怒他，使他失去理智，在安庆拖住叛军，不让其直取南京。朱宸濠果然中计，被安庆军民的态度激怒，非要打下安庆不可。

在叛军的强势攻击下，安庆城里的军民更加众志成城。当时，安庆城中的军卒不满千人，守城的都是些临时招募的民兵。杨锐就命人迅速动员全城百姓参加战斗，还发布命令说，每个登城者防守的时间必须坚持到一个时辰。一个时辰后，没有受伤的歇息一个时辰再来；轻伤的可以休息半天；重伤可以退下战场，还会得到物质奖励，结果安庆城中的百姓都响应号召前来支援。青壮年男丁登城进行防守，老幼妇女或送水送饭，或搬运石头。安庆城上各类石头堆积如小山，并安置了锅灶，煮起沸水。当叛军攻城时，城上或投石击打，或将整锅的沸水浇下去，叛军士兵或被石头砸得头破血流，或被热水浇身，烫得嗷嗷直叫，都不敢接近城墙。张文锦和杨锐等还写下劝降书，告谕士兵不要跟随朱宸濠作恶，命人将书信随箭射入叛军营内，叛军军队中的不少士兵看过书信后悄悄逃走了。

杨锐还组织起一支支敢死队，乘夜偷袭叛军，惊扰敌人。朱宸濠见安庆久攻不下，心中焦虑万分，不禁叹息："连个小小安庆都攻不下来，还指望能打下南京吗？"

第四节　攻袭南昌

叛军在安庆陷入泥潭的时候，王阳明判断战机已经出现，当即决定兴兵讨逆。

正德十四年（1519 年）七月十三日，王阳明与伍文定率兵从吉安出发，约定各自起兵，于十五日会师临江府的樟树镇。

这时，临江知府戴德孺，袁州知府徐琏，赣州知府邢珣，瑞州通判胡尧元、童琦，通判谈储，推官王昉、徐文英，新淦知县李美，泰和知县李楫，万安知县王冕、宁都知县王天与各自领兵，合八万余人，号称三十万。

七月十五日，各路部队在樟树镇会合。王阳明召集众官员商议研究进兵方向。当时有人提出："安庆被围，宜引兵直接逼近安庆，以解安庆之急。"

吉安知府伍文定也劝说王阳明，应该去援救安庆。安庆一旦沦陷，南京危矣。南京城防工事多年来没更新加固，很难扛住叛军的猛烈进攻。如果朱宸濠拿下南京，登基称帝，必将出现南北对峙局面，在政治上就会造成极为恶劣的影响。

王阳明沉思片刻，说道："如今九江、南康都已经被朱宸濠占据，而南昌城中还有数万之众，精兵也有一万多，粮草充裕。我军如果前去解救安庆，朱宸濠军必定与我军殊死战斗。而安庆不到一千守军仅能自守，必不能前来援助我们。这个时候，朱宸濠的南昌之兵可以乘机绝我粮道，而九江、南康的叛军可以倾巢而出，首尾夹击，那么我们就会陷入孤军无援、被围被歼的险境。"

伍文定急问："那我们现在应该怎么办？"

王阳明不慌不忙地说道："朱宸濠这次精锐尽出，南昌守备一定非常空虚，想攻下南昌不难。我们现在唯一的正确做法就是合兵一处，集中力量围攻南昌。如果攻破南昌这个大本营，那么叛军就会军心浮动，朱宸濠势必回兵来救。这样安庆之围自动解除，而朱宸濠进军南京称帝的企图也会落空。四面八方的朝廷援兵也将源源而至，进退失据的朱宸濠势必束手就擒。"

这一计实为"围魏救赵"，攻其必救。众官员同意王阳明的决定，先攻打南昌。

七月十八日，王阳明引兵进驻丰城。这时派去侦察敌情的探子回来报告说："叛军已在南昌城外的新旧坟场伏兵一千多人，以便应援城内，构成掎角之势。"王阳明当即派奉新知县刘守绪、典史徐诚带领四百士兵，趁夜从小道奇袭这支叛军的伏兵，将其击溃。叛军溃败后撤进了南昌城里。城里叛军这才知道各地官军已迅速集结并包围了南昌，顿时惊慌失措。

正德十四年（1519年）七月十九日，王阳明正式起兵。在市汉誓师，历数宁王的反叛行径，鼓舞士气。他高声对将士们说："一鼓而附城，再鼓而登，三鼓而不克诛其伍，四鼓而不克斩将。"众将士见王阳明激昂慷慨，深受感染，踊跃应战。

王阳明向江西全境发布勤王军令，并率领八万多人逼近南昌，随后迅速攻陷了距南昌城不远的南昌县。各路兵于二十日黎明前抵达进攻地域。

南昌城傍赣江而建，共有七门：东为永和，东南为顺化，南为进贤、惠民，西南为广润，西为章江，北为德胜。王阳明针对南昌城七个城门，把攻击部队分为十三路，每路多则四千余人，少则一千余人，约定在二十日拂晓对南昌城发动总攻。

王阳明深知现在自己带领的这支军队没有打过硬仗，缺乏严格训练，一旦进入实战，很可能会出现畏战避战的情况。他命人当着众多攻城将士的面，处决了在攻打南昌县城时不听将令、贻误战机的低级军官，并告诫他们："明天作战，必须严格执行我的命令。如果我发现有士兵不听命令，就斩士兵的长官；长官不听命令，我就斩司令官伍文定。"这一下，众将听得浑身直冒冷汗。

实际上，王阳明所斩的都是抓获的叛军俘虏。除了攻城，王阳明也展开了攻心战，他让人暗中潜入南昌城中，张贴告示说："凡是胁从的，一律都不予过问；即便有人曾经接受过朱宸濠的伪官职，只要能主动投降，都免于追究死罪；能杀叛贼后回来投降的，都给予奖赏。"

他同时告谕城中居民，要闭户自守，不得助乱，不得因害怕而逃匿。南昌城中，强壮男丁都已跟随朱宸濠攻打安庆，现在留在城中的百姓都是些老弱之辈。叛军久攻安庆未果，加上王阳明措辞严厉的告示，使南昌守军惊惧不安，毫无斗志。他们对用兵如神的王阳明早有耳闻，得知王阳明来攻城时，都吓得魂飞魄散。

七月二十日，王阳明的部队擂起战鼓攻城时，南昌城内的叛军顿时乱成一团。其实朱宸濠经营南昌多年，城上常年架设着滚木、灰瓶、火炮、石弩等守城军械。朱宸濠临走时，留下一万精锐和五千民兵。而此时王阳明七拼八凑的杂牌军队总共才三万多人。如果南昌守军据城死守，王阳明的军队很可能陷入苦战。然而，王阳明的攻心战术造成了人心恐慌，此前南昌外围被迅速扫清也使城中军队士气低落，加上各地勤王军正源源不断赶来，更让南昌城守军失去斗志。当他们在城头看到城外黑压压的攻城队伍时，更是肝胆俱裂。

王阳明命令士兵们抬着云梯等攻城之具，一路推至南昌城下。霎时，鼓声大震，各军喊叫着把云梯架了起来，奋勇顺梯爬上城墙。南昌城头上虽然设有守御，但此时守城士兵大都望风而逃或是跪地倒戈。有的地方甚至连城门都没有关。当伍文定所部的攻城部队率先攻打广润门时，守军一哄而散，伍文定几乎未遇任何抵抗就进了广润门。广润门一失，南昌其他各门守军都无心恋战，丢盔弃甲，纷纷逃走。攻城部队几乎是兵不血刃地占领了南昌城。

王阳明的军队入城后迅速擒住了留守的朱拱橒、万锐等十余名附逆官员。宁王府中一些人闻知王阳明的军队已经入城，自知罪孽深重，纷纷纵火自焚。宁王府浓烟滚滚，火光冲天。进城后的官府军队迅速扑灭宁王府大火，一些没有自焚者被朝廷军队抓获。在宁王府中还搜出朱宸濠伪造的镇国玉玺以及各种官印多达九十六枚。王阳明随后发布安民告示，安抚城中居民，遣散胁从，封存府库；打开宁王府粮仓，向城中百姓放粮赈济，南昌城很快安定下来。

而在安庆那边的朱宸濠见安庆久攻不下，便于七月十五日撤围而去。安庆守卫战前后历时十八天，张文锦、杨锐等以不满千人的军卒和民兵，击退了号称十万人的宁王叛军，堪称奇迹。在撤围安庆之后，朱宸濠获知王阳明率兵围攻南昌，十分恐慌，准备还兵南昌。

李士实、刘养正等一干官员纷纷劝说他直取南京。只要登了帝位，南昌、安庆等长江沿线的城市会不战而降。刘养正认为可以绕过安庆，直接去攻打南京，凭借雄厚兵力，定可攻下南京城，然后进可北伐，退可划江而治。这时回攻南昌，面对源源不断的勤王之师就只能束手待擒了。

朱宸濠闻言大怒："我知道你们俩收了王阳明的银子，要把南昌城献给王阳明，难道我待你们如此之诚，还打动不了你们的心吗？"

李士实等人听了目瞪口呆，忙辩解道："这是王阳明使的反间计，殿下怎么能相信呢？"

朱宸濠冷笑道："我倒想他也用这样的诡计对我啊。看你们不救南昌，就知道你们心怀异志。"李士实等这才深知无法挽回，大势已去。

不仅是朱宸濠执意要先回师南昌，朱宸濠部队中的大部分士兵都是南昌人，家人都在南昌，此时也都无心恋战。于是朱宸濠先派凌十一和闵廿四为前锋，率领两万军队急回江西救援，自己在后率大军跟进。

如果说朱宸濠弃围安庆后能直取南京，还尚存最后一丝成功希望的话，那么从回师南昌这一刻起，朱宸濠的造反之举已经注定走向失败了。

南京是朱元璋登基立国之地，弃南京回江西就失去了政治上的主动。而一旦回师南昌后，就几乎不可能再取南京。也就是说只能苦守江西之地，等着朝廷召集勤王部队来剿灭了。而且久攻安庆，叛军已损耗大量兵力和士气，如今回师实为"惰归"之师，与刚刚攻下南昌的官军在军心和士气上不可同日而语，更不用说那些原本不看好宁王造反的官员和士子们了。

七月二十二日，王阳明获知朱宸濠已回兵江西，遂召集文武官员商议对策。有的说："朱宸濠兵多势盛，而我们的援兵还未至。我们还是坚壁自守，等待援兵。"

王阳明则摇摇头说："朱宸濠兵力虽强，但未曾经实际战阵。何况，朱宸濠从南昌出兵未满一个月就又回师，表明他出师不利，前途堪忧，必会造成士气低落。我军若先出精兵锐卒，乘其惰归之际进行伏击，挫其锋芒，敌军将会不战自溃。为今之计，就是水陆并进，迎战朱宸濠叛军于鄱阳湖之上。"

方针已定，王阳明立即部署兵力。七月二十三日，朱宸濠军队的前锋进抵南昌北赣江左岸的樵舍。王阳明获报，立即部署精锐兵力迎击。他命令伍文定以正兵当其前，余恩继后；赣州知府邢珣率兵绕出敌后；袁州知府徐琏、临江知府戴德孺则从左右两翼夹攻，形成四面包围的歼敌阵势。

正德十四年（1519年）七月二十四日，朱宸濠军乘风敲鼓呐喊而前，先锋闵廿四的船队一路进逼距南昌不过三十里的黄家渡。正面迎敌的伍文定、余恩等到了晚上才开始悄悄行动。他们绕过闵廿四的船队，直扑朱宸濠的主营。眼看杀到了朱宸濠的座船，两岸却突然亮起了火把，喊杀之声四起。这是闵廿四为了应对官军偷袭朱宸濠的座船而布下的埋伏。伍文定寡不敌众，节节败退。闵廿四自然不会放过，下令全军万余人压上去奋力追击。结果造成队伍前后距离拉大，追兵离大本营越来越远。叛军迅速猛力追击，沿途只见伍文定部军卒们扔下的盔甲武器。正得意间，忽闻两岸鼓号连天，赣州知府邢珣率军从叛军队伍的侧后翼杀出，以冲锋态势横贯敌阵，叛军立刻阵脚大乱，溃不成军。伍文定、余恩见状迅速回兵反扑。埋伏已久的徐琏和戴德孺二人也指挥船队从两翼杀出，合势夹击，从左右两翼将闵廿四围在圆心，并不断缩小包围圈。叛军顿时被"包了饺子"，军心慌乱，不知所措。叛军被擒斩二千余人，溺水死者数以万计，浮尸几乎堵塞了长江。闵廿四兵败如山倒，拼命突围，带着几百个残兵硬着头皮去见朱宸濠。黄家渡惨败彻底动摇了叛军的军心。当夜，一万多名叛军士兵私自上岸，逃得无影无踪。

此时，朱宸濠也已退至鄱阳湖畔的八字脑。朱宸濠对损失近两万兵力极为恼火。不过，闵廿四虽败，毕竟没有投降。王阳明用兵虚虚实实，难以对付。朱宸濠知道，这个要命的当口，士气只可鼓不可泄，他安慰各路将领胜败乃兵家常事，并将自己随船携带的金银珠宝悉数取出，分赏众人。他还承诺：再战时，一马当先、冲锋在前的赏一千两黄金，受伤的给一百两。这是他屡试不爽的招数，有道是"重赏之下，必有勇夫"，那些受赏的将士手捧真金白银，顿时感激涕零，山呼万岁。朱宸濠又下达了一道命令：九江、南康的守城部队撤防，立刻增援南昌。九江和南康其实是阻止各路援兵的要点所在，但是现在他也顾不上那么多了。

王阳明这边也增添了不少生力军，建昌知府曾玙已率兵到达战场。

王阳明向各路官员们分析敌情，认为必须攻下九江和南康，才能打通救援通道，让各路援兵源源而至，最终形成压倒叛军的兵力优势，一举而歼之。

于是，他派抚州知府陈槐领兵四百，会合饶州知府林城之兵，乘间攻取九江；建昌知府曾玙领兵四百，会合广信知府周朝佐之兵，乘间攻取南康。王阳明故技重施，命人在南康、九江城外散播朱宸濠已在南昌附近被擒的消息，南康、九江守军人心浮动。待城中叛军无心恋战时，这两支官军突然发动进攻。南康、九江克复，朱宸濠的两万精锐部队弃械投降。

朱宸濠得知两地先后丢失，跺脚长叹："大势已去矣！"

第五节　决战鄱阳湖

正德十四年（1519年）七月二十五日，宽阔的鄱阳湖湖面上雾气轻笼，水波荡漾。原本是一片大好的湖光山色，谁也不会想到，这里正有一场大战一触即发。

王阳明让人备好弓箭火器，率大军沿江而下。待雾气逐渐散去，伍文定的先锋终于看到了朱宸濠的大军，远远望去，大江之上密密麻麻，片片白帆竟和水天融为一体，无边无际。

朱宸濠的重赏起作用了，他的军队前赴后继。这帮亡命徒变得面目狰狞，凶悍无比，不要命地往前冲。官军居然抵挡不住，节节败退。加上天公不作美，叛军顺风开炮放箭，伍文定率领的船队刹那间就被火光笼罩。伍文定屹立于炮火之中，岿然不动。前方几只小船畏战掉头，准备逃走，伍文定大吼一声，将座船靠过去，手起刀落，砍死船夫。他举起血淋淋的宝剑，划下一道生死线，高声喝道："此地为界，越界者立斩不赦！"士兵们又抖擞精神，返身杀入战场。

眼看即将溃败的战局被一举扭转过来。王阳明见状，大为欣喜："好，真不愧为吾之典韦！"他将伍文定比作三国时曹操手下的得力猛将典韦。

见反击的时刻已到，王阳明便命人擂起战鼓，战船全部降帆，士兵们一律操桨划船，顺着水势疾驰而下。待距离一近，两军战船搅在一起，风力优势自然消除。然而就在此时，湖中突然传来巨响。大大小小的石块、铁弹从天而降，前军防备不及，损失惨重。

原来，朱宸濠在远处观战，眼见情势危急，便亮出了炮舰。这种炮舰装备有佛郎机、火龙出水等各种火炮、火箭，属于当时最先进的舰艇。炮舰不仅杀伤力强，而且其震耳欲聋的爆炸声极具心理威慑作用。

就在一些士兵畏惧不前时，伍文定的举动再次鼓舞了他们：只见伍文定的座船被火炮炸开了一角，燃着熊熊烈火，伍文定立于船头，奋力撑橹，头发、胡须都被炮火点燃，却毫无惧色，声嘶力竭地鼓励大家共赴国难。

双方在鄱阳湖上竭力厮杀，直至日薄西山，也难分胜负。放眼望去，血流漂杵，浮尸如麻……叛军炮舰弹药渐渐用尽，朱宸濠退无可退，成败在此一举。

王阳明站在座船的箭楼上观战。他闭上了眼睛，耳边的厮杀声渐渐变得遥远。渐渐地，他心中又有了主意。他派身边一个士兵去伍文定的座船传令。伍文定接到命令后立刻改变战术，带着几只战船冲进船阵，和朱宸濠的几艘主舰搅在了一起。他左冲右突，一一试探，虽然没有找到朱宸濠的指挥舰，却找到了朱宸濠的副舰。

王阳明接到回报，也亮出了炮舰，对准朱宸濠的副舰发射一炮，朱宸濠的副舰在巨大轰响中被炸成几段。而在那艘副舰后面的朱宸濠被冲击波震得左右摇晃，视线模糊。山贼闵廿四急将朱宸濠扶起躲避。这时官军的数枚弹丸继续破空而来，闵廿四急忙将朱宸濠往旁边一艘舰上用力一推，自己却被密集的弹丸炸得粉身碎骨，叛军的主舰陷入一片火海之中。

待清醒过来，朱宸濠长叹一声，下令撤离。朱宸濠一撤，叛军失去主帅，或降或散，被斩擒者两千余人。伍文定命各路官兵乘势推进，杀声震天，将叛军士兵挤落水中，活活淹死者就有一万多人。在水中挣扎的叛军被官兵捞上来，砍下首级报功。两次交锋，叛军被淹死两万多人，损伤五万人马。

朱宸濠趁着天色已暗，退守鄱阳湖畔的樵舍。这时有人献计：主力舰队受损不大，如果把战舰连成一体，就可以抵御王阳明的进攻，然后再寻找战机扭转败局。朱宸濠采纳了这一计策，立即下令派人连夜将战船用铁锁连接到一起，同时搬出他所有金银财宝，激励将士杀回南昌。

这阵仗正与当年的赤壁之战如出一辙，王阳明也与诸将定下了火攻之计。

伍文定暗中准备火攻器具，当晚以舟船四十只，载以浇油的蒿草。驾船士兵学本地人口音说话，躲过叛军的检查，趁夜自下游绕至朱宸濠船阵后面约七里地埋伏起来。然后由戴德孺率一部伏于右翼，邢珣率一部伏于左翼，另一路从岸上绕到樵舍后方包抄，余恩等各自埋伏在朱宸濠部队的四周。等待火起之后，诸将合力进攻。

七月二十六日黎明时分，伍文定立于船头指挥放火。只见火船齐发，朱宸濠结成连环的水上舰队一点就燃，一船着火，船船相继燃烧起来，火势乘风蔓延。更要命的是，朱宸濠的兵船都搁浅于淤沙之中，首尾相接，仓促之间竟无法开船，加上舟篷多为竹茅制成，遇火即燃。这时，王阳明指挥官军四起，争相进击。数百艘小船燃着大火，火船后面就是官兵的大战船，船上的官兵拈弓搭箭，专门瞄准了拿挠钩推开火船的叛军士兵狂射。

一时间，鄱阳湖湖面上火光冲天，叛军士兵纷纷四处逃命，溺水死伤者无数，到处可听见哭爹喊娘的惨叫声。朱宸濠木然地望着水天之间肆虐的大火，终于确信大势已去，自己的皇帝梦是彻底完蛋了。

他垂头丧气地来到娄妃的船舱里，娄妃是宁王妃，她博学多才且很有政治见地，在朱宸濠起兵之前，她曾多次泣谏劝阻，可惜朱宸濠已经被野心和欲望迷住心窍。如今兵败，朱宸濠想起了她的劝谏，拉着娄妃的手说："商纣因听妇人之言而亡，我因不听妇人之言而亡。"

娄妃临事却很镇静，带头拿出自己的金银首饰，其他嫔妃也纷纷效仿，一并交给了朱宸濠。朱宸濠将首饰分与众将，准备做最后的抵抗。他正要下令进军，却听周围船上一片喧哗。正要命人询问，一个侍卫手持一块木板跑了进来。刘养正从侍卫手中接过木板，却见其正面赫然写着三个大字：免死牌。再看反面，一行小字映入眼帘："宸濠叛逆，罪不容诛。胁从人等，弃暗投明。手持此牌，既往不咎。"

刘养正大惊失色："这是要动摇我军心哪！"慌忙将木牌递给朱宸濠。朱宸濠恨恨道："好你个王阳明，何劳费心如此！"

这时，外面正打得天昏地暗。叛军船队陷入连天火海之中，湖面上漂着大量的免死牌，士兵们弃刀丢枪，呼朋唤友，争抢木牌。目睹此状，朱宸濠仰天长叹："大势去矣，大势去矣！"

话音刚落，船外喊杀之声四起。朱宸濠万念俱灰，回到内舱，与嫔妃一一泣别。包括娄妃在内的这些绝色佳人都清楚，作为谋逆家眷，被抓还不如自杀。

朱宸濠泪别娄妃："我不听贤妃之言，以致如此。"娄妃泣不成声答："殿下保重，勿以妾为念。"然后投鄱阳湖自尽。其他嫔妃也纷纷投水。余众或降或逃，作鸟兽散。

朱宸濠看到这些弱女子在水里挣扎哀号的痛苦模样，马上换了身平民衣服，跳到一条摆渡船上，悄悄地逃出了混乱的战场。当朱宸濠的摆渡船经过芦苇丛时，一条船突然从中杀出，挡住了朱宸濠的去路。

见船夫不是官军打扮，朱宸濠对他们说："我是宁王，你们送我到岸上，我必有重谢。"

一个船夫问道："你真是宁王爷吗？如何重谢我们？"

朱宸濠指着摆渡船上的几个箱子说："里面是金银珠宝，上岸后全归你们。"

船夫大喜道："来，来，来！"

朱宸濠跳到对方船上，要他们赶紧划船。这时船上所有的人都大笑起来，朱宸濠发现船直奔官军方向而去，顿感大事不妙，准备跳船，立即被船夫们摁倒，五花大绑起来。

那渔夫笑道："本官乃万安县知县王冕是也，奉巡抚大人之命，在此拿你。"

朱宸濠叹息一声："王冕，你我往日无仇，近日无怨，何必苦逼至此。放了本王，日后必定重重有赏。"

王冕哈哈大笑："朱宸濠，别做梦了，随我去见王大人吧。"

就这样，宁王朱宸濠被王阳明预先设下的伏兵擒获。叛军被擒斩三千余人，落水死者三万余人。被弃的衣甲、器杖、财物俯拾即是，积尸无数。残兵四下溃逃，王阳明派兵四处追击，相继擒斩和俘虏了一万一千多人。

朱宸濠潜心造反十年之功，如今毁于一旦。他从起兵到失败，总共不过四十二天。

当士兵们将朱宸濠押解到帐前时，王阳明居然正在给弟子讲学。侍卫兵进来呈上捷报，王阳明看了看报告，神色如常地回到课堂上，朱宸濠尴尬地站在原地，等王阳明讲完，早已是惧恨交加。

"此乃我朱家的家务事，何劳你费心如此！"朱宸濠瞪着王阳明大吼道，半是不解，半是恼怒。王阳明盯着他，并不吭声。王阳明并不同意朱宸濠的见解，这是家事，也是国事。事关江山社稷，关系苍生百姓，岂是一句"家事"那般轻松？

朱宸濠又道："王守仁，你想想，难道我不如那个胡闹任性的朱厚照吗？"

王阳明摇了摇头说道："事到如今，宁王阁下还是糊涂。你为一己之野心，悍然起兵造反已是不忠；妄动刀兵，置百姓于水火，是为不仁；擅杀朝廷命官，结交江湖匪贼，已是不义。试问你的行为如何能令天下人信服？"

朱宸濠闻言语塞，不觉心生绝望。他痛苦地低下头，半晌方才抬头道："悔不听娄妃之言，乃有今日。望先生派人打捞她的遗体，好生安葬。"

王阳明点点头，马上命人于江中搜寻娄妃尸体。

士兵赶到江边时，只见一个渔夫将娄妃的尸体捞了起来，他怀疑娄妃身上藏着宝物，正要将衣服撕开。军士当即上前将渔夫赶走，抢回娄妃的遗体。王阳明命人以厚棺盛殓，葬娄妃于湖口县城外，这就是贤妃墓，之后数百年文人墨客凭吊不息。

然后，王阳明写下了一首七言律诗：

鄱阳战捷

甲马秋惊鼓角风，旌旗晓拂阵云红。

勤王敢在汾淮后，恋阙真随江汉东。

群丑漫劳同吠犬，九重端合是飞龙。

涓埃未遂酬沧海，病懒先须伴赤松。

显然，宁王之乱虽然平定，但他内心预感自己将面临一场新的挑战。

致
良
知

第八章

第一节　御驾亲征

朱厚照得知宁王这回是真的要造反，心里愤怒之余又有些莫名的兴奋：这下他终于可以施展拳脚了。朱厚照从小就喜好军事，做梦都想如明太祖朱元璋、明成祖朱棣一样，驰骋疆场，在马上建功立业。

早在正德十二年（1517 年），朱厚照就曾经和蒙古小王子打了一场应州之战。蒙古小王子达延汗十六岁亲政之后统一了蒙古各部落，率五万军队侵犯大明边关。

当时的达延汗和朱厚照年龄相仿。朱厚照一直对这位敌国少年首领很好奇，想知道这个和自己差不多大的小王子有什么本领。听说达延汗前来犯境，朱厚照居然以"总督军务威武大将军总兵官朱寿"的名义御驾亲征，还特意不让文官随驾，调动了长城一线的各路兵马迎战，在关外和蒙古小王子打了一仗。

原本蒙古军队是占上风的，明军一度被蒙古军分割包围，朱厚照亲自率领一军援救。这位少年皇帝身临一线、参与搏杀，遭遇险情后"乘舆几陷"。据说在战斗中，朱厚照还亲手杀死了一名敌兵。明军顿时士气大振，从气势上压制敌军。

双方大小百余战，其间朱厚照与普通士兵同吃同住，最后蒙古军大败而逃。这场"应州之战"打得有板有眼，颇成章法，在民间传为美谈。

自那以后，朱厚照就十分向往沙场建功，认为这样比天天坐在紫禁城里理政有意思多了。正德十四年（1519年）二月，正德皇帝刚从宣府回到京城，又想下江南玩玩。他下旨准备造舰，想从京城出发到山东，游泰山，下扬州，到南京、苏杭。有机会还要去江西转转，然后进湖广，登武当山，游遍江山名胜。

大臣们得知后纷纷上疏劝谏，朱厚照对这群阻挠他自由行事的人很不满。领头上奏的黄巩、陆震、夏良胜、万潮、陈九川、徐鳌等人被下狱严审，其他参与上奏的舒芬等一百余名官员都被罚跪，一连跪了五天。对于还不消停的，他又下令廷杖，每人五十大棒，结果前后打死十一名臣子。所有参与官员或充军，或降职，被狠狠收拾了一遍。

当宁王朱宸濠发动叛乱的消息传到京城，朱厚照顿感大展拳脚的时机到了，决定御驾亲征。众臣一听说皇上要御驾亲征，纷纷又来劝谏，希望他以明英宗正统年间发生的"土木堡之变"为鉴。明英宗朱祁镇在宦官王振的煽惑与挟持下，御驾亲征瓦剌。结果兵事不利，朱祁镇被瓦剌军俘获，大明江山几乎断送。如今皇帝动不动就嚷着要御驾亲征，把兵事当儿戏，岂不是要重蹈覆辙？

而深受正德皇帝恩宠的江彬、许泰、张忠、张永等人，则极力迎合他，江彬还主动做好各项筹备工作。

正德十四年（1519年）八月二十二日，朱厚照总算排除了一切干扰，御驾亲征叛军。他让内阁廷臣杨廷和与毛纪坐镇京师，梁储和蒋冕随行，许泰为副将军，张永、张忠提督军务。此外，他还特意带了两个随军史官，以记录他即将立下的丰功伟绩。然后朱厚照便以威武大将军朱寿的身份，率京军一万余人在北京城外誓师，浩浩荡荡从北京出发，奔赴平叛前线。

朱厚照大军抵达河北涿州时，收到了王阳明的捷报。这位南赣巡抚已经打败了宁王叛军，并生擒了朱宸濠。在这封捷报里，王阳明苦劝朱厚照回銮京师。他还恫吓说，当初朱宸濠举事时就料到陛下会御驾亲征，布置了很多亡命徒埋伏于道旁，想重演博浪沙椎击秦始皇的故事。

朱厚照巴不得来一些叛军让他诛杀，而边将江彬也给出了建议：这不正说明余党未尽吗？于是，朱厚照大笔一挥：元恶虽擒，逆党未尽，不捕必遗后患。

尽管杨廷和立刻命人骑快马赶往涿州，以战事已结束为由苦劝朱厚照返京。可是，朱厚照正在兴头上，让他转驾回京已经不可能了。朱厚照索性隐匿捷报，整日打猎玩乐，继续"南巡"。

第二节　京军入赣

事实上，早在正德十四年（1519 年）八月二十六日，王阳明就告知朝廷，准备押送朱宸濠等人到北京献俘。

可王阳明还没动身，一个锦衣卫千户来到南昌传旨。圣旨内容很蹊跷："宸濠等不得押解入京，暂寄南昌待命。"

王阳明得知朱厚照已经带着一群宠臣和几万大军，沿着京杭运河一路南下，心中忧虑不已。江西省内这几年连遭旱灾，加上战乱不息，老百姓生活困苦，地方经济民生凋敝，实在是经不起折腾了。他一定要阻止朱厚照南下扰乱百姓的正常生活。再者，朱宸濠成了烫手山芋，也要尽快处理掉。王阳明上了一道《请止亲征疏》，称自己即将押解宁王进京，向朝廷献俘，请皇帝不必下江南。他调集官军船只，把宁王等重要犯人押上船。

正德十四年（1519年）九月十一日，王阳明从南昌出发，直奔广信府，打算把宁王一路押送到北京去。想不到刚走到广信，却被皇帝派来的使者拦住了去路。

原来朱厚照到达山东时，接到了王阳明上的《请止亲征疏》。他立刻命御马监掌印张忠再下一道文书，派锦衣卫拦截王阳明，不准他到杭州去。张忠立刻照办。

就在王阳明准备出发时，收到张忠发来的文书。王阳明表面答应退回南昌。他叫船上的官军都上岸驻扎，埋锅造饭，只说住上一夜，第二天就回南昌。当天晚上，王阳明就命令解缆开船，连夜离开广信，一路直出江西，赶往杭州。

眼看王阳明马上就要进入京杭运河了，想不到这里又有人拦截。这一次阻拦他的是太监张永。张永是"监军"，手中又掌握着军马，他奉命到杭州来堵截王阳明。王阳明连夜赶到杭州找张永，并把擒获的朱宸濠交给朝廷。不料张永有意避而不见。

王阳明干脆直接闯进张永住处，一群看门的太监、军士拼命阻拦。张永听到喧哗声，只得出来会见王阳明。

张永识文断字，知书达礼，过去与杨一清友善，剪除大宦官刘瑾有功，是一个比较明事理的人。眼看着江彬、张忠这些人胡作非为，张永的心里也感到不满。他对王阳明以礼相待，态度温和。王阳明先是称道张永过去扳倒刘瑾之功，然后便将心事和盘托出：江西境内先后经历农民起义和宁王之乱，如今又遇到大旱天灾，已是困苦至极，民不聊生。若朱宸濠的余党听说朱厚照要来，肯定会制造麻烦，到那时岂不是刀兵又起？他力劝张永不要让朱厚照在南方待得太久。

张永深以为然，他叹息自己也没办法阻拦皇帝南巡，只能尽力劝止，聊尽人事而已。张永告诫王阳明，虽然此番平叛立了大功，但是劝谏皇帝停止南巡之事不能操之过急，还让王阳明做好心理准备，已经有人在皇上面前诬陷他私通朱宸濠，现在朱厚照身边的张忠、江彬等人正想逼王阳明交出朱宸濠，让皇上重新"擒拿"，这样就师出有名了。可王阳明三番五次不肯交出朱宸濠，他们准备对他下手了。

王阳明表示，自己早已将生死荣辱置之度外，只希望能拯救苍生和保护好皇帝的安全。他这次来的目的之一就是将朱宸濠交给张永。现在朱宸濠已经押解到这里，希望张永能代自己向皇上解释。

张永点头答应，提出把宁王朱宸濠留在杭州，由他想办法交给皇帝，他会向皇上说明王阳明的忠心，绝不让平叛的功臣遭受委屈。王阳明将押解到杭州的朱宸濠交给张永。

此时，王阳明心力交瘁，旧病复发，只好先在杭州养病。张永并没有直接把宁王献给朱厚照，而是先关押起来。他最懂朱厚照的心思，深知现在还不是献俘的时候。

江彬此番极力怂恿朱厚照南巡亲征，原本是想把朱宸濠控制在自己手里，以免他私受宁王贿赂、暗通叛逆的事泄露。同时，他作为一个带兵打仗的将领，对王阳明如此轻易地就平定叛乱心生忌妒。最令他难堪的是，立下如此奇功的王阳明居然只是一介文人，这不是抢了武官们的饭碗吗？

这口气让江彬、许泰等出身行伍的人实在咽不下去。于是，江彬就想和张忠、许泰等人联手，诬告王阳明暗通宁王，想借机将他整垮，把平叛的功劳抢过来。万万没想到，张永在关键时刻居然为王阳明出头辩诬。

王阳明不仅没垮掉，反而还当上了江西巡抚。王阳明还未回南昌就任，江彬就怂恿朱厚照以清除宁王余孽为名，派遣张忠和许泰等人率领两万京军进入江西。

　　一方面为了找到更多王阳明和朱宸濠勾结的"证据"，另一方面为找到传说中宁王府的巨额财富，张忠、许泰带领两万京军杀进南昌城。他们早听说宁王朱宸濠家财万贯，富甲一方。现在他们跑到南昌来，首先想做的是瓜分宁王的财宝，发一笔横财。一进南昌城，张许二人才发现如今这里早已是穷街陋巷，民生凋敝，而传说中的宁王府只剩下一片废墟。

　　他们不甘心空跑一趟，就在南昌城里宣布戒严，命令锦衣卫到巡抚、布政司、按察司、南昌知府等衙门去搜查，甚至连学道衙门、江西贡院都搜了一遍，仍然找不到宁王财宝的影子。这还不算，他们又把南昌城里的大小官员都拘押起来，挨个逼问，最终仍是一无所获。

　　接下来，他们就对无辜百姓下手了。他们先是罗织罪名，把一批批"朱宸濠余党"抓来严刑拷打，只有出钱才可能活命。一时间，南昌城鸡飞狗跳，怨气冲天。张许二人这样胡来，自然惹恼了南昌的地方官，只是他们敢怒不敢言。但性情耿直的吉安知府伍文定态度十分强硬，不让他们胡来。

　　眼看查不出财物，他们就想罗织王阳明与宁王勾结的"证据"。许泰下令把伍文定抓起来严刑拷打，要他承认王阳明和朱宸濠暗中勾结谋反。可伍文定是从剿匪平叛的腥风血雨中杀出来的硬汉，一路追随王阳明剿匪平叛，对王阳明钦佩无比，根本不可能陷害恩师，任凭张忠这些人怎样威逼，也毫无所获。

　　伍文定义愤填膺，大骂张忠等人："吾不恤九族，为国家平大贼，何罪？汝天子腹心，屈辱忠义，为逆贼报仇，法当斩！"大意是我伍文定不顾九族被杀的风险，为国家平定反贼，有什么罪？你们都是天子的心腹，却侮辱国家的忠臣义士，为反贼报仇，依法该斩了你们。

　　伍文定这些话骂得痛快淋漓，大快人心。他是平叛首功之臣，不同于一般朝廷命官。张忠、许泰最终也不敢把他怎么样，就派人跑到杭州去，审问在押的宁王朱宸濠和他的一帮党羽。左审右审，总算找到了一个线索：王阳明的弟子冀元亨曾经去过南昌宁王府，还和宁王朱宸濠交谈过。其实，当初王阳明派弟子冀元亨去宁府讲学，是尽人皆知的事实。这一点，朱宸濠也没有否认。

张忠、许泰大喜，立刻让锦衣卫秘密抓来冀元亨，进行严刑拷打，试图逼他栽赃恩师。没想到，冀元亨也是铁口钢牙，不管如何用刑，就是不开口。最后，他们竟用烧红的烙铁烫遍他全身，可他还是死不开口，让逼供的人万般无奈。张忠等只得命人将冀元亨秘密押送北京，交给心狠手辣的锦衣卫来审。

这还不算，他们又把冀元亨的妻子李氏和两个女儿也都抓来，一起关进牢中。李氏与两个女儿都不害怕。李氏说："吾夫平生尊师乐善，岂有他哉？"在狱中她与女儿照常织布纺麻。后来冀元亨的冤情得以昭雪，狱守放李氏出狱。李氏却说："不见我的丈夫，我哪里也不去。"有司官员听说李氏贤明，不纺织时就念《尚书》、唱《诗经》，意态安详，引为奇事，便要求见见她。李氏毅然谢绝。有司官员便亲自到监狱来看她。她还是穿着囚服、纺织不辍。

正德十四年（1519 年）十二月二十六日，朱厚照终于到达南京。南京兵部尚书乔宇向他禀报了南直隶安庆战绩。朱厚照听了很高兴，当即升张文锦为南京太仆寺少卿，升杨锐为参将。

第三节　南昌斗法

张忠、许泰在南昌胡作非为的时候，王阳明正在杭州西湖净慈寺养病。他得知张忠、许泰的行为，心中十分愤怒，顾不得病痛，立刻从杭州出发，直奔南京，要当面劝谏朱厚照。然而当他走到京口时，却被致仕还乡的前吏部尚书杨一清拦住了。

杨一清退休后居住在镇江，和王家有世交之谊。他听说王阳明要阻止朱厚照去江西，就赶忙对他说：不要去做这种吃力不讨好的事，会惹祸上身的。他好说歹说，硬把王阳明拦了下来。

这时，王阳明接到了任命他为江西巡抚的诏令，于是他日夜兼程赶往江西南昌。正德十四年（1519年）十一月底，王阳明到达南昌城。百姓们听说后，顿时感到有救了，纷纷箪食壶浆，前来相迎。

这时，江西不少官员都失踪了，就连吉安知府伍文定也不知去向。王阳明回南昌后第二天，就穿上朝服来到都察院巡抚衙门。张忠、许泰正准备在那里召开会议，南昌城里的文武官员都站在一边。大堂上按座次摆着三把椅子。张忠准备坐首席，许泰准备坐次席，还有一把椅子留给王阳明。

见到王阳明来了，张忠冷冷地示意他坐到一边去。王阳明却当仁不让地直奔首席，端正地坐下，张、许二人面面相觑。王阳明略一侧脸，伸手示意他们坐在一边。许泰不高兴了，训斥道："你凭什么坐主位？"

王阳明转过头直盯着他，说："我乃是皇上钦命的从二品江西巡抚、本省最高军政长官，这主位当然是我的。你二人虽是京官，品级都比本官低，本官是不是该坐主位？"

张、许二人一时语塞，只得坐下，之后便伸手向南昌要粮饷。王阳明说："兵灾之后哪有钱粮？城里百姓尚且挨饿，哪有钱粮供养外地军马？"张忠等人心中不快，起身拂袖而去。

王阳明也不耽搁，命人通知南昌百姓迅速离开南昌，等风平浪静后再回来。但很多人都走不了，家里上有老下有小，怎么能说走就走？结果，张忠等人每天不停地抓"叛乱余党"，把他们打得血肉横飞、鬼哭狼嚎。最后，张许二人认为只有王阳明知道宁王府财宝的去向，于是质问王阳明："朱宸濠富甲一方，那么多财物都到哪去了？"

朱宸濠确实有很多钱，但是他攒钱是为了造反，招兵买马、笼络人心都花费不小。王阳明缴获了一些资财，可这些缴获的资财还不够给底下的军官和士兵发饷。要知道他起兵平叛根本就没花朝廷一文钱！

因此，王阳明说："朱宸濠的钱财大部分都运到京城，贿赂当朝权贵。他还记了本账，我已经让人抄写了一份。不如两位和我一起上书，请求皇上彻查此事。"

许泰和张忠暗中其实也得过宁王不少好处，怕事情败露，只得悻悻而归。但他们怎么也不愿意白跑一趟，甚至命令驻扎城外的几万大军进城，在南昌城里随处驻扎。这一下南昌城里更是鸡飞狗跳、乱作一团。这些京军强行进入民宅居住，还抢走百姓的钱财。南昌百姓十分愤怒，纷纷告到官府。

张忠、许泰见状还不满足，让一批士兵到巡抚衙门前破口大骂。从早到晚，士兵们指名道姓，谩骂不绝。更有甚者，一些士兵干脆直接在巡抚衙门门口挑事，故意挡道，出言不逊，趁机寻衅。王阳明对这种下流招数嗤之以鼻，根本不予理睬。他和弟子们专心研讨心学，不惊不怒，以礼相待，让一帮行伍出身的武夫倒也没招了。

开进南昌的京军，就是专门守御京师的部队。事实上，由于京师各级军官克扣兵马粮草，贪污军饷经费，这些士兵的生活十分困苦。有些士兵的兵器盔甲都是自备的，无粮无马、无甲无刀者比比皆是。

王阳明对此情况也十分了解，让人在南昌城内发布告示。告谕城内军民，自己体会百姓的难处，但希望他们念自己不得安宁之苦，也要念诸官军久离乡土、抛弃家室之苦，希望百姓不要心怀怨恨，事后，朝廷必有优恤。这份告示言辞真切，诚恳动人，希望军民各自谅解，和谐相处，共度时艰。

作为江西巡抚，王阳明身着朝服出巡，遇到京军将士必会停下来慰问，态度亲切，还主动为他们提供最好的后勤保障。他亲自出面慰问京军将士，经常派人抬着酒肉犒赏京军。许泰听说后前往阻止，勒令京军士兵不准接受王阳明的馈赠。这让京军中不少士兵对许泰很是不满。

王阳明还让南昌百姓们在街巷等候，只要看到京军士兵，就上前送茶送饭。正是春节期间，南昌民众这样的举动自然打动了不少京军士兵。没地方住的京军士兵，王阳明下令把那些没人的空房子借给他们住；京军士兵们没吃没喝，王阳明就动员南昌老百姓给他们提供热水和饭菜；京军士兵们不熟悉城里情况，喝了不干净的井水常常闹肚子，王阳明就命人把那些脏水井封住，将能够饮用的水井做上记号，提示他们喝干净的井水。

那些京军士兵多是北方人，在南昌时间待长了水土不服，常常患病。王阳明就派人到邻近各地去找郎中，礼聘到城里来免费给京军将士们诊脉看病，发放药物。每逢京军中有士兵亡故，王阳明就让官府妥善安葬。

王阳明还找来南昌城的大户人家，说服他们提供多余的房子，暂让京军将士避寒过冬。毕竟人心都是肉长的，京军营中绝大多数士兵的良知开始复苏，忏悔自己在南昌城里做过的坏事，并开始善待南昌百姓，军纪也变好了。

京军将士对王阳明的人格气度十分钦服，每每遇到王阳明，态度都十分恭敬。

正德十五年（1520年）春节前夕，百姓们开始祭祀活动。南昌城里一时间素幡飘摇，纸钱乱飞。经过战乱，南昌城里不少人家都有亲人离世。人们当街祭奠，烧化纸钱，哭声不绝。看着城中惨景，京军士卒无不动容。

王阳明让官府发布告示，告诉南昌百姓在祭祀亲人时，不要忘了还有一批远离家乡的人，那就是来到南昌的朝廷军队。京军士兵们看到告示后，顿生思乡之情，纷纷流下泪水，找张忠和许泰哭诉："我们离开故土很久了，不能尽孝，在这里待着无事可做，还不如让我们回家吧。"

张忠、许泰感到越发被动。既然在收买人心上输给了王阳明，那么就换其他的方法。他们想出一个计策：把王阳明请到教场上比武，如果王阳明能赢了京军，他们二话不说退出南昌。

一天，王阳明接到了许泰的邀请函，说是准备在城外的校场举行一次阅兵仪式，请王阳明参加。王阳明不明所以，只得复书照允。第二天一早，王阳明带着江西地方官员前往校场，过了半天才见许泰和张忠领着京军策马而来。一番迎候致礼后，他们便一起步行至看台，宾主依次坐下。

许泰高声道："许某出身行伍，只晓骑射。今日斗胆要跟大人比试比试，也让大伙开开眼，还望万勿推辞。"

言毕，许泰径自下台，命人竖起箭靶。只见他弯弓搭箭，屏气凝神，但听得几声弦响，三支羽箭嗖嗖嗖激射而出，在箭靶上排成一个竖列，彼此相距不过一寸。京军士兵们欢声雷动，纷纷叫好。许泰洋洋自得地回到看台，神情倨傲地看着王阳明："听说王大人通晓兵法，战无不胜，攻无不克，何不试试身手？让我等行伍中人也开开眼界。"

这显然是公然叫板了。王阳明自幼就对刀剑骑射感兴趣，区区射箭自然难不倒他。不过，他久在官场，又身染肺疾，加之常年熬夜读书，身体素质和视力都有所下降，此时突然上阵比试箭法，还真的很难说胜券在握。

不过，王阳明也不可能示弱。他泰然自若地起身，接过旁人递来的弓箭，说道："安边伯弓马娴熟，本官于这弓马骑射只略知一二。今日承蒙美意，只好献丑了！"

在场的王阳明部属和弟子们都有些担心。王阳明却不慌不忙地走下看台。他命人牵马过来，随即跃身上马。挽着马缰奔驰一圈后，他弯弓搭箭，对着靶标挽弓如满月。大家此时都屏住了呼吸，眼睛眨都不眨地看着。只听得一声弦响，那羽箭飞射出去，不偏不倚正中靶心，箭尾兀自轻轻晃动，嗡嗡作响。

不待众人反应过来，王阳明左右开弓，从另一角度连续射出两支箭。只见得前箭方中，后箭已至，分毫不差，直透木靶，纹丝不动。众人惊呆了，待回过神来，校场上顿时响起一阵此起彼伏的喝彩声。

许泰见此情状颇为尴尬，对王阳明说道："大人骑射功夫不凡，某等领教。"

王阳明向士兵们微微一笑，向许泰等人拱手："王某到底是老了。"

次日，许泰和张忠倒也爽快，两人一起到巡抚衙门辞行，王阳明为他二人设宴饯行。张忠、许泰带领京军进驻江西五月有余，江西官民遭张、许二人罗织罪名，被没收财产者，受其荼毒者，不知凡几。好在他二人总算要离开南昌，南昌官民感到如去芒刺，顿时松了口气。

第四节　献俘争功

张忠等人赶到南京见到朱厚照后，立刻诬蔑、攻击王阳明，甚至诬指王阳明与朱宸濠暗中有勾结，拥兵自重，妄图谋反。张忠等人说宁王朱宸濠私下和人交谈时，曾经称赞王阳明，两人疑似有些说不清道不明的关系；王阳明曾经派得意门生冀元亨去宁王府。

这让朱厚照有些将信将疑：要知道这王阳明可是平叛的大功臣，说平叛功臣谋反实在是说不过去。朱厚照有些犯难。这时，张忠上奏道："王阳明既然已经到了杭州，为何不来南京拜见皇上？皇上何不下旨召他，看他敢不敢来。"

朱厚照于是下旨召王阳明来南京觐见。这其实是张忠等人设下的圈套。因为他们以往矫诏命令王阳明来朝，结果王阳明都没有来。这次故意让朱厚照自己亲自下诏，若王阳明还是不来，就正好落下了"抗旨不遵"的罪名，他们甚至还可以趁机诬告王阳明谋反。

这令张永着急了。前几回王阳明不奉诏正是由于张永及时秘密通报，这次他唯恐王阳明耽误行程、遭到误解，中了张忠等人的奸计，连忙令人将情况秘密通知王阳明：此次召见系皇帝测试其忠诚度，务必速来。

王阳明闻讯立即动身，日夜兼程赶往南京，到了南京水西门外的上新河，却被张忠派来的锦衣卫半路拦截，不准他进南京去见皇帝。自己如此舍身为国、如此忠心耿耿，却被诬蔑与叛军勾结，这让王阳明内心十分难受。心灰意冷之际，他甚至叹息："以一身蒙谤，死即死耳，只是老父怎么办？"几年后，他还对学生叹息："此时若有一孔可以背上老父逃跑，我就永无怨悔地一去不复返了。"

于是，王阳明干脆脱下朝服，穿上道袍纶巾，跑到附近的九华山参禅悟道去了。张永听到王阳明一再被阻的事情后非常恼火，星夜兼程赶到南京为王阳明辩解："王守仁已到芜湖，为江彬等所拒阻。他可是忠臣啊，如今听说众人争功，有谋害之意，就想弃官入山去修道。此人若去，天下就没有忠臣肯为朝廷出力了！"

朱厚照闻言觉得有道理，派锦衣卫前往九华山，看王阳明到底在干什么。结果锦衣卫回来报告说，只看到穿一身道服的王阳明在茅屋中打坐参禅，没有什么反叛迹象。朱厚照得知后说："王守仁是学道之人，闻召即至，怎么说他要反？还是让他回江西当巡抚吧。"于是，他令王阳明即刻回到南昌，继续担任江西巡抚。

不久，江西又逢天灾，刚刚饱受战乱之苦的老百姓简直没了生路。而朝廷不仅没有减免赋税，反而变本加厉，还要追征去年因平叛而拖欠的粮税。

王阳明赶紧上奏朝廷，请求减免江西粮税："当是之时，有目者不忍观，有耳者不忍闻，又从而朘其膏血，有人心者尚忍乎？"他甚至痛斥，"宸濠叛逆，独知优免租税，以要人心，我辈朝廷赤子，皆尝竭骨髓，出死力以勤国难，今困穷已极，独不蒙少加优恤，又从而追征之，将何以自全！"朝廷在此之际盘剥百姓，这不是逼着人家造反吗？

朱厚照根本不在乎江西灾情，却对平叛首功很重视。他让太监张永传话，要王阳明重上一道报捷奏告书，要把朱厚照和江彬、张忠、许泰等人写进平定朱宸濠的功劳簿里。

王阳明曾向朝廷连上两道报捷书，如今天下都知道是王阳明捉了朱宸濠，一贯主张致良知的王阳明能跟着这个荒唐皇帝公然造假吗？此时，张永算是他在政坛上的朋友兼知己了。张永思来想去，好意劝解道："如果按皇上的要求重写告捷书，他可以马上回北京！皇上在南方多待一天就多一天危险，早日回京百姓也早日解脱。你何必拘泥于小节呢？"

王阳明并不在乎这些功劳，他只要百姓安居，天子平安。他马上奋笔疾书，重写了一道《江西捷音疏》，声称这次平叛全是大将军朱寿的功劳。正是朱大将军的雄才大略，以及他身边一干功臣襄助，才能迅速平定叛乱。朱寿大将军、江彬、张忠、许泰、张永等成为平叛第一功臣，而王阳明对自己则一字不提。

这样一来，朱厚照爽快地批准了奏报，又令张永把一直被关押在杭州的朱宸濠迅速押解到南京。

王阳明对朱厚照在南京的安危十分忧心。朱宸濠有余党在逃并非虚言，如果朱厚照一直在南方游荡，便是给这些余党机会，可能酿成国家动荡之祸。江彬、许泰等人带着几万大军驻扎皇帝左右，江彬还被任命为提督东厂兼领锦衣卫，权柄极重。民间已在议论江彬会谋反，一旦此人真的起了反心，后果不堪设想。

王阳明决意亲临赣州，检阅卫所官军，以精锐兵马震慑朱宸濠余党，同时也制衡江彬、许泰等人，拱卫南京，保证朱厚照的生命安全。明武宗正德十五年（1520 年）六月，王阳明集结军队在赣州郊区进行了一场声势浩大的军事演习。江彬等人果然十分敏感，立刻派锦衣卫到南赣窥视动静。

此时王阳明已卷入是非旋涡，这样做很容易招来猜疑和非议。弟子门人纷纷劝他不要演习，授人以谋反的口实。但王阳明已经顾不得那么多了，他坦然说道："皇上现在就在江南，一身系国之安危。我就是要警告那些宁王余党，包括朝廷内别有用心者，不要打皇上的主意。正所谓'欲加之罪，何患无辞'，即使我不演练，那些人想找麻烦就一定能找得出来。我又何必自缚手足，畏缩不前，无所作为。"

不出所料，江彬很快向朱厚照进谗言，说王阳明别有用心，朱厚照此时却一笑置之。他现在最关心的事不是这些，而是如何将朱寿大将军的平叛武功载入史册。朱厚照最关心的就是要办个声势浩大、风风光光的献俘仪式，好让史官笔下生花、自己名传后世。

正德十五年（1520 年）八月，被俘的宁王朱宸濠被正式移交给朝廷。朱厚照亲自导演了一幕"力擒宁王"的大戏。

在南京兵部尚书乔宇的主持下，南京城郊的演兵场举行了一次盛大的"受俘仪式"。乔宇令旗一挥，顿时鼓角齐鸣，军阵的西南角闪开一条道，只见一将拍马持枪，冲入阵中。众人好奇地瞧去，正是那造反落败的宁王朱宸濠。乔尚书手中的令旗又是一挥，军阵东北角也闪开一条道，一将杀入，众人看去不觉失声：正是当今皇帝朱厚照。不过他此时身穿大将军的盔甲，名字已唤作朱寿。

朱寿大将军几个回合下来，把宁王打得毫无招架之力，只见他一把抓住了朱宸濠的腰带，大喝一声将其摔落马。朱宸濠主动滚倒在地，还连连翻滚，场上欢声雷动，朱寿大将军得意地看看周围，指着地上的朱宸濠大声喊："绑了！"等候多时的武士赶紧冲上前去，将朱宸濠五花大绑后押走了。

正德十五年（1520年）八月十二日，朱厚照从南京起驾回京，他在南京一共滞留了二百多天。王阳明得到消息后，大松了一口气，也为江南百姓大松了一口气。

第五节　江西讲学

正德十五年（1520年）间，王阳明在江西收拾残局，安定民心，实际上掌控了江西的一切军政事务。处理政事之余，王阳明在南昌讲学，上至达官贵人，下至平民百姓，纷纷慕名而来，盛况空前。

此时，王阳明的心态和思想再次发生了重大变化，他的心学思想也跃进到一个新阶段，对"致良知"有了更深层次的理解。他在给邹守益的信里说："近来信得致良知三字，真圣门正法眼藏。往年尚疑未尽，今自多事以来，只此良知无不具足。譬之操舟得舵，平澜浅濑，无不如意。虽遇颠风逆浪，舵柄在手，可免没溺之患矣。"

致良知提出后，王阳明曾对弟子钱德洪说："良知二字，自龙场以后便已不出此意，只是点此字（致良知）不出，与学者言，费却多少辞说。今幸见出此意，一语之下洞见全体，真是痛快，不觉手舞足蹈。"

从这时起，王阳明专以致良知为教，他说："吾平生讲学，只是致良知三字。"他认为无论是龙场的知行合一、滁阳的静坐，或南都的省察克治、存理去欲，都有弊病，唯有致良知之说最为圆融。致良知的提出，标志着阳明思想的最终成熟。

这天，王阳明与弟子讲学至深夜。他反复讲致良知的要义，可一些学生始终弄不懂何为良知。这时，突然听得房上瓦响，梁上扑簌簌地落下灰尘。紧接着门外一阵骚乱，门口卫兵大喊抓贼。一会儿房门开了，一个灰头土脸的小偷被卫兵押了进来，等候王阳明发落。

王阳明便挥手让卫兵们散去，然后指着小偷对众人说："待我把他的良知找出来，你们就明白了。"说完，王阳明向小偷喝道："把衣服脱了。"众人大惑不解，小偷更是惊惧交加，只得战战兢兢，依言而行。王阳明不停地叫他脱，一直脱到只剩最后一条底裤。这回，任凭王阳明如何疾言厉色，小偷死活不肯再脱，并高声道："打我也好，杀我也罢，就是不能再脱了。"王阳明便问他为何不再脱了，小偷支支吾吾说不出来。

王阳明指着他向众人道："脱外衣犹可，一丝不挂则不可。这种羞耻之心，就是人的良知所在。"

王阳明说："良知者，孟子所谓'是非之心，人皆有之'者也。是非之心，不待虑而知，不待学而能，是故谓之良知。"

"良知"概念原出于《孟子》，孟子说："人之所不学而能者，其良能也。所不虑而知者，其良知也。孩提之童无不知爱其亲也，及其长也，无不知敬其兄也。"而王阳明所谓良知，是内心本来的状态，即是非之心，不虑而知，不学而能，所谓良知也。无私欲之蔽，无个人得失之考量，此时之良知即是天理。良知之在人心，无间于圣愚，天下古今所同也。所谓良知，即是人生来就有是是非非、喜善厌恶的心理。

在阳明心学的概念范畴中，良知既是"性与天理"，又是道德认知与判断。它是一面明镜，是一种尺度，也是一种标准，能让我们对是非善恶做出判断，它也能在关键时刻让我们做出选择。

致良知的"致"有极点、终极之义，又作动词"达到、达成"之义。"致良知"可以理解为使良知达其极致，或者致良知即"行良知"，依良知而行事。

人除了有良知，还有私欲。王阳明把良知比作主人，私欲比作奴婢，主人沉疴在床，奴婢便作威作福；主人服药痊愈，奴婢则渐听指挥。正所谓"良知昏迷，众欲乱行；良知精明，众欲消化"。他又将良知比作掌纹，虽朝夕得见，但要将其纹理精微之处看个明白，还需用功。

他认为：人皆有良知，圣人之学，就是致此良知。自然而致的是圣人，勉强而致的是贤人，不肯致的是愚人。虽是愚人，只要他肯致良知，就和圣人无异。

"致良知"作为王阳明心学的核心，是对知行合一学说的进一步深化。实质就是把良知与行动合二为一，用良知指引行动，以行动践行良知。而知与行最后合出来的"一"，就是致良知的完成形态，也是人生追求的终极目标。

在"心即理"和"知行合一"的基础上，王阳明将良知视作天地之心、宇宙之心。良知赋予了天地万物存在的意义，具有绝对性和根源性。至此，王阳明心学体系臻于大成，他从此就不说其他道理，专讲致良知。有人曾经问："除却良知，还有什么值得说的？"王阳明如是答："除却良知，还有什么值得说呢？"

阳明心学，主张"心外无理，心外无物"，以良知提高人的主观心性意识，追求内心觉悟的自觉性，反对逐物而遗心，因而极大地发挥了人的主观能动性。

王阳明还提出致良知的基本修养方法："人须在事上磨炼，做功夫乃有益，若只好静，遇事便乱，终无长进。"他倡导人要将自己固有的良知推广扩充至身边的事物，要多在事上磨炼。事上磨炼就要参与实践，在纷繁复杂的具体事务中增长才干，涵养气质，修心练胆，最后变化性情，使喜怒哀乐恰到好处，从而做到沉着冷静，精准应对，进入"不动心"的境界。

致良知学说不只是纯粹的学理，更与一个人的人生经历和精神修养有关，与一个人如何对待命运中的磨难挫折有关。

在朱厚照南巡时，奸佞小人用种种卑鄙手段栽赃陷害他，逼得他不得不遁入道观；当他重新担任江西巡抚时，面对的又是一系列天灾人祸。在这样种种困苦磨难的重压之下，王阳明并没有崩溃，其精神境界反而像弹簧一样，在越重的压力下反弹得越高，心中的良知理念明晰成形。

王阳明活了57岁，龙场悟道时他34岁，提出心即理，提出致良知是在他49岁时。这致良知，可以说是他"当利害、经变故、遭屈辱"的人生经验总结。

王阳明曾说："毁誉荣辱之来，非独不以动其心，且资之以为切磋砥砺之地，故君子无入而不自得，正以其无入而非学也。若夫闻誉则喜，闻毁而戚，则将惶惶于外，惟日之不足矣，其何以为君子！往年驾在留都，左右交谗某于武庙。当时祸且不测，僚属咸危惧，谓群疑若此，宜图所以自解者。某曰君子不求天下之信己也，自信而已，吾方求以自信之不暇，而暇求人之信己乎？"

人在遭受巨大的波折、失败、困苦、屈辱的时候，精神和心理状态能够不为个人得失所影响，这不仅是一个人心态是否成熟、意志是否坚强的问题，而是一个人的整体世界观、人生观问题。王阳明一生经历宦海沉浮、生死劫难，在大喜大悲的"百死千难"中悟出内心深藏的良知，是学术和功业的相互激发，而终极动力则来自气节，来自对国家、对社会的担当。

正是在致良知的思维指导下，王阳明数次弃小我，就大我，在复杂多变的社会现实中奋力向前。他平南赣匪患、平定宁王之乱，有盖世奇功而见嫉，非但没有受到应有的奖赏，反而遭到谗言诋毁和中伤构陷，随时有杀身灭门之祸。王阳明却能处变不惊，从容以对。经过这样巨大的人世变故，他更加坚信"良知真足以忘患难，出生死，所谓考三王，建天地，质鬼神，俟后圣，无弗同者"。

在担任江西巡抚期间，王阳明做了一件意味深长的事情。他给陆九渊家乡抚州府金溪县衙发出公文《褒崇陆氏子孙》，对于陆九渊嫡系子孙一律免除差役，并选择其中人品资质出众者到当地官办书院免费就读。显然，这是王阳明在向心学先辈陆九渊致敬。

正德十六年（1521年）正月，王阳明在《象山文集序》中说：

> 圣人之学，心学也。尧、舜、禹之相授受曰："人心惟危，道心惟微，惟精惟一，允执厥中。"此心学之源也。中也者，道心之谓也；道心精一之谓仁，所谓中也。
>
> 孔孟之学，惟务求仁，盖精一之传也。而当时之弊，固已有外求之者，故子贡致疑于多学而识，而以博施济众为仁。夫子告之以一贯，而教以能近取譬，盖使之求诸其心也。迨于孟氏之时，墨氏之言仁至于摩顶放踵，而告子之徒又有"仁内义外"之说，心学大坏。孟子辟义外之说，而曰："仁，人心也。学问之道无他，求其放心而已矣。"又曰："仁义礼智，非由外铄我也，我固有之，弗思耳矣。"盖王道息而伯术行。
>
> 功利之徒外假天理之近似以济其私，而以欺于人，曰：天理固如是，不知既无其心矣，而尚何有所谓天理者乎？自是而后，析心与理而为二，而精一之学亡。世儒之支离，外索于形名器数之末，以求明其所谓物理者。而不知吾心即物理，初无假于外也。佛、老之空虚，遗弃其人伦事物之常，以求明其所谓吾心者，而

不知物理即吾心，不可得而遗也。

……

　　在这篇序言中，王阳明第一次明确地提出了"心学"这个概念，它的基本架构就是"心即理""知行合一"和"致良知"。从此，阳明心学正式成为显学。同时，王阳明在陆朱之争的问题上也首次明确表示自己的态度。他认为陆九渊的心学才是承继了圣人之学的真传，值得后人借鉴。

天泉证道

第九章

第一节　正德之死

　　正德十五年（1520年）秋天，朱厚照一行从南京启程，班师回朝。九月的一天，经过淮安清江浦时，朱厚照见崇山层叠，鱼翔浅底，心中顿起渔夫之兴，便自驾小船捕鱼玩乐。结果提网时，因渔获甚多，朱厚照尽力拖拉，船体一下子失去平衡，导致他跌落水中。朱厚照不识水性，入水后手忙脚乱，胡乱扑腾。侍从们吓得脸色惨白，纷纷跳入水中，把他救上了岸。

　　也许是水呛入肺，加之惶恐惊悸，从此时起，朱厚照的身体每况愈下，整天无精打采。他经常会莫名其妙地浑身发冷，不停地咳嗽，浑身只觉得有气无力。从症状来看，可能他是入水受惊之后，加上九月间的秋凉引发了肺炎。在明朝，这种病可是要人命的绝症。正德十五年十二月间，朱厚照一行到达通州，江彬建议朱厚照在通州处置宁王余孽，然后去位于大同的行宫休息。朱厚照欣然同意，就在通州审讯朱宸濠及其同党。

　　朱厚照在通州下了一道圣旨：令五府、六部、都察院、通政司、大理寺、鸿胪寺、锦衣卫、六科、十三道，每衙门只留佐贰官一员在京，其余并内阁、皇亲、公、侯、驸马、伯俱赴行在。即朝廷每个部门只留一个副手在北京处理政务，其他几乎所有的官员还有皇亲国戚都要赶到通州议事。

消息一出，舆论大哗。内阁集体上疏表达异议，但朱厚照执意要众臣来通州，一起商议如何处置朱宸濠，于是所有官员和皇亲国戚纷纷赶往通州。当他们见到脸色蜡黄、气喘吁吁的朱厚照主持大局时，很是奇怪：皇帝怎么会病成这样？

最终，朱厚照下旨，附逆的李士实、刘养正等人被斩首，钱宁被处以凌迟。唯独朱宸濠因是大明皇室的嫡裔，身首不能斩断，所以采用更为残忍的"燔刑"，也就是活活烧死。同时，朱厚照降诏，永远废除宁王封国。

正德十五年十二月初十，病入膏肓的朱厚照回到紫禁城。他强自振作，身着戎装，骑着高头大马，沿着通往皇宫的甬道"检阅"了几千名捆绑着的俘虏。不过，由于病体沉重，仪式匆匆结束。

三天后，礼部提出让皇帝出席郊祀大典。朱厚照强打精神到天坛献祭。按照惯例，皇帝要进行四次跪拜。行初献礼时，朱厚照颤颤巍巍地刚要迈步，忽然口吐鲜血，眼前一黑，瘫倒在地，再也爬不起来了。

郊祀大典不得不提前终止。等到众人将其抬回紫禁城时，朱厚照已奄奄一息。皇帝当众晕倒让满朝文武忧心忡忡。很多大臣开始上奏，请求朱厚照考虑立储。朱厚照看着这些奏疏，内心十分纠结：自己才三十岁，还正值壮年，也许能挺过这一关吧，对于储君问题他仍然闭口不言，暗自祈祷自己能渡过这个难关。

转眼已是残年，爆竹一声除旧岁，正德十六年（1521年）正月初一，朱厚照先是抱着病体给祖宗行礼，又接受文武群臣和四夷朝使的庆贺。

朱厚照这几年从没把这种隆重的朝会放在心上，这是他第一次如此用心地参加朝会。看着满朝臣子都面露喜色，朱厚照的心情也变得好了起来，但他的身体并没有好转。参加完这些朝会，他又躺在病床上，一病不起。御医精心医治，也终难回天。正德十六年（1521 年）三月十四日，朱厚照结束了他荒唐、游戏的一生，史评这位年轻皇帝："嗜酒而荒其志，好勇而轻其身。"

他的后宫嫔妃如云，美女无数，却没有留下可以继承皇位的子嗣，这让太后和群臣忧心忡忡。

在群臣都为皇位继承人操心时，江彬等人却越来越骄恣，竟然矫传皇帝的旨意，改西官厅为威武团营，自称兵马提督兼掌京内大军，所领弁卒也是狐假虎威，横行霸道，显然是想拥兵自重，图谋不轨。

朱厚照咽气时，把身后事托付给了皇太后和内阁大学士。这说明他在最后时刻心里还是清楚的，江山社稷不能交给江彬这类人。

朱厚照驾崩当天，杨廷和找到张太后商议，决定秘不发丧，先商量好由谁继承大统。朱厚照没有亲兄弟，最妥善的办法是从朱厚照的叔伯堂兄弟里寻找合适的继位者。随后，杨廷和说出了他心目中的人选：封地远在湖广安陆的兴王朱厚熜，时年十三岁。

朱厚照的父亲是明孝宗朱祐樘。朱祐樘有两个哥哥，但都已故去且无子嗣，唯一的弟弟是兴王朱祐杬，虽然也故去了，却有两个儿子。朱祐杬的长子叫朱厚熙，已故；次子叫朱厚熜。朱厚熜是血统上距朱厚照最近的那个人。

杨廷和认为朱厚熜天生明敏、温文尔雅，好读书、有贤名，有明君气度。张太后同意了，不过她提出的条件是朱厚熜必须继嗣后才能即位，也就是必须认张太后为母亲，认明孝宗朱祐樘为父亲。

杨廷和当然同意这个条件。于是，他立即向群臣宣布这件大事，群臣顿时哗然。兵部尚书王琼表示强烈反对，理由是皇上朱厚照还有很多叔伯，让一个十三岁的孩子来做皇帝太不可思议了。杨廷和拿出朱元璋制定的《皇明祖训》说，这里有"兄终弟及"的规定，他自己不过是按规定办事。

王琼再次表示异议，"兄终弟及"的"弟"必须是嫡长子，而朱厚熜是朱祐杬的次子，这不符合礼制。他认为益庄王朱厚烨（封地江西抚州）今年二十三岁，生性恬淡，生活简朴，而且是嫡长子，更适合继承皇位。杨廷和听了，冷笑着提醒他，宁王朱宸濠可也是来自江西的藩王。王琼闻听心中一惊，情知失言，却也无可奈何。

朝臣们心中都十分清楚：朱厚熜只有十三岁，而朱厚烨已经二十三岁，杨廷和选前者无非是因为前者更容易掌控。但此时他作为内阁首辅，位领群臣，这样的大事只要他和张太后一表态，基本上是难以逆转了。

正德十六年（1521年）三月十七日，杨廷和正式发布朱厚照遗诏，张太后下懿旨召江彬入见。江彬大摇大摆地来听遗诏。他来之前就已经和下属们商量好，只要在约定的时间内没有见到他出宫，就派出军队采取行动。杨廷和当然明白江彬是有备而来，所以绝不会在这时对他动手，便伪造朱厚照遗诏，命令江彬指挥的边防军撤出北京，回到大同。

三月十九日，边防军全部撤出北京，江彬成了孤家寡人，最终被送进了锦衣卫大牢，凌迟处死。他的余党也被一网打尽。张忠、许泰两人被减死充边。

解决江彬后，杨廷和随即着手清除朱厚照在朝廷和宫中留下的一切弊政，正德年间的弊政几乎被革除殆尽。恢复五军营、三千营、神机营等原先的设置。裁减锦衣卫、皇宫多余人员达十四万八千七百人，节省粮食达一百五十三万二千石。他还下令关闭朱厚照一手打造的豹房等场所，遣散宫中的术士、僧侣等。同时，杨廷和罢免冗官、令边兵归卫、限制土地兼并、减免百姓税负。

经过一番拨乱反正，杨廷和已经权倾朝野，中外咸倚为重。他还将六部尚书都进行了调换，经常跟他唱反调的兵部尚书王琼被以私通乱党的罪名去职，充军边疆，王阳明也在朝中失去了依靠。

第二节　嘉靖继位

杨廷和派定国公徐光祚、寿宁侯张鹤龄、驸马都尉崔元、大学士梁储、礼部尚书毛澄、太监韦彬等前往湖北安陆，迎接朱厚熜到京师继承帝位。四月初一，朱厚熜拜别其父陵墓，次日辞别母妃启程。

朱厚熜抵京师后，止于郊外。杨廷和指示有关人员：要以迎接皇太子的仪式迎接朱厚熜。

根据杨廷和的意见，礼部员外郎杨应魁安排朱厚熜由东安门入城。朱厚熜听后当即表示拒绝，东安门是皇太子出入的门，他现在的身份是奉诏继位的新君，应当走正门。

杨廷和曾帮明武宗起草遗诏。遗诏的内容是以明武宗语气来写的："朕疾弥留，储嗣未建，朕皇考亲弟兴献王长子年已长成，贤明仁孝，伦序当立，已遵奉祖训兄终弟及之文，告于宗庙，请于慈寿皇太后，即日遣官迎取来京，嗣皇帝位。"

张太后颁发懿旨："皇帝寝疾弥留，已迎取兴献王长子来京，嗣皇帝位，一切事务俱待嗣君至日处分。"

这两份诏书中"嗣皇帝位"四字最为关键。朱厚熜对其右长史袁宗皋说："遗诏以我嗣皇帝位，非皇子也。"

尽管如此，杨廷和仍要求朱厚熜按照礼部的方案（由东安门入，居文华殿），择日登基。但是，朱厚熜这个少年以不可违逆的口吻传话给杨廷和：我不是先帝孝宗朱祐樘的儿子，所以根本就不是太子。如今，我以皇室族裔身份来继承帝位，所以要用迎接皇帝的仪式进城，否则就打道回府。

杨廷和有些诧异，没有料到这个十三岁的孩子这么倔强较真，但仍以谨遵朝廷礼制为由，没有答应这个要求，坚持要求朱厚熜从东安门入城。

朱厚熜闻言，索性就在城外停车驻足，到处闲逛了起来，此时急的是朝中那帮大臣，还有张太后。张太后得知此事后，认为反正朱厚熜迟早要登基做皇帝，何必因小失大，便宽和大度地表示：不妨就依他走正门吧。

于是，太后下达懿旨，令群臣出郊恭迎，劝朱厚熜进京。于是，朱厚熜以继位皇帝的身份从大明门直入文华殿。进京后，朱厚熜先遣百官告祭宗庙社稷，接着拜谒大行皇帝（明武宗朱厚照）梓宫，又拜见了张太后，然后便出御奉天殿，登上了皇帝的宝座。

谁都想不到，这个刚登上帝位的少年后来会被称为"英断之主"，成为一个极其有心计的权谋家。刚刚坐定龙椅，他很快又发起了第二回合的较量：登基后的年号问题。朱厚熜继位后，内阁拟定了三个年号：绍治、明良、嘉靖。朝臣多希望用"绍治"为年号，意思是"继承弘治"，也就是要继承孝宗朱祐樘开创的"弘治中兴"。朱厚熜却不以为然，拿起笔来，端端正正地写下了"嘉靖"两个大字，交给礼部尚书："我就要这两个字，别的一概不用。"

"嘉靖"年号出自《尚书》："其惟不言，言乃雍。不敢荒宁，嘉靖殷邦。"意指要以美好的教化让国家安定祥和、强大。

正德十六年（1521年）四月二十一日，朱厚熜正式登基，次年改元"嘉靖"，这个年号此后一用就是四十多年。同时，嘉靖皇帝尊正德皇帝朱厚照为明武宗。

朱厚熜登基继位后第五天，就提出要给自己的生父母适当的称号和相应的礼制。这也是他注定要与张太后和杨廷和等人发生冲突的敏感点：他不是先皇朱祐樘的儿子，他有自己的亲生父母。他既然做了皇帝，那按常理，他的亲生父母必然是太上皇和皇太后。

这显然与张太后和杨廷和事先的约定有了冲突。礼部尚书毛澄接到皇帝的诏令后，感到有些为难，便向杨廷和求教。

杨廷和早已思考成熟，便告诉他：当今圣上的亲生父母不能是太上皇和皇太后，因为他的帝位是从孝宗朱祐樘、武宗朱厚照那里得来的。宋英宗赵曙的前任是宋仁宗赵祯。赵祯一生无子，就把兄弟的儿子赵曙认作义子。赵祯死后，赵曙继位。这样他就称亲生父亲为"伯父"，称赵祯为"父皇"。这就是"继统须继嗣"的道理。朱厚熜应当以孝宗为"皇考"，兴献王为"皇叔考"。

于是，来自礼部的一道奏折便呈现在朱厚熜面前："宜尊孝宗曰'皇考'，称兴献王为'皇叔考兴国大王'，母妃为'皇叔母兴国太妃'，自称'侄皇帝'名，别立益王次子崇仁王为兴王，奉献王祀。有异议者即奸邪，当斩。"

这奏折语气颇为强硬，然而，一心做孝子的朱厚熜却表示不满："我和宋赵曙的情况不一样，他是早已入继赵祯膝下的，赵祯活着时，赵曙就已经称赵祯为父，而且还当过太子。可我从未入继孝宗皇帝膝下，也从未被立为太子，所以我不必依循他们的做法。"

杨廷和认为事关大明皇室体统，一再强调继统须继嗣，否则礼制规矩一乱，江山社稷就有倾覆的危险。

朱厚熜内心对此极度抗拒："父母也是可以随便更换的吗？"他向文官集团求情，希望他们能让步，甚至派宦官私下找到毛澄，苦苦哀求，重金行贿，毛澄左右为难，回绝道："老臣悖耄，不能隳典礼。

独有一去，不与议已耳。"

朱厚熜又让太监把内阁首辅杨廷和请进宫来，在偏殿请他喝茶聊天，对他作为朝廷柱石的功绩进行了充分肯定和赞赏。然后，朱厚熜表示，自己的亲生父母确实需要名分，希望他能够成全此事。不料，这位内阁首辅大臣无论如何也不妥协，谈话不欢而散。

然后，杨廷和与其他大臣一共六十多人，多次上疏力谏，望嘉靖皇帝认孝宗为父亲，兼顾天理人情，如此才符合体统。兴献王只剩下朱厚熜这一个儿子，奉亲至孝的朱厚熜认为，自己为了当皇帝而不认生父会遭天下人耻笑，良心上也实在过不去。

正德十六年（1521 年）八月，朱厚熜的亲生母亲、兴献王妃蒋氏要到京城来看儿子。朱厚熜立即命令礼部去湖广迎接亲娘。这时，杨廷和要求礼部以王妃礼仪迎接，不能以皇太后的礼仪。兴献王妃蒋氏得知后十分气愤：自己十月怀胎的亲生儿子却要认别人为父母，这岂不是欺人太甚？她吩咐下人，将车驾停在城外，不进京城。朱厚熜得知，心里非常难过。自己身为皇帝，却连亲爹亲娘都不能认，简直窝囊透顶。想到母亲还在城外驻留等候，他的鼻子一阵酸涩，眼泪流了出来，当即便动了退位的念头。

朱厚熜脱下龙袍，含泪拜见张太后，告诉她：母亲不进城，我这皇帝也不想做了，情愿收拾行李，避位归藩，奉母终养。张太后问明缘由，极力安慰。任凭张太后如何劝慰，嘉靖皇帝态度异常坚决。于是张太后便出面让阁臣们做出妥协，让母子见了面再说。

杨廷和得知后也有些着慌，一旦朱厚熜真的退位，自己就会被人骂作像董卓、曹操那样的乱臣贼子。权衡之下，他松口了：朱厚熜的母亲可用皇太后礼仪，但在称呼上不得变更。

然而，朱厚熜的母亲蒋氏觉得这还不够分量，非要在称号里加上一个"皇"字。杨廷和认为不能再退让了。如果非要加这个"皇"字，他就辞官退隐。但他若离开，朝中必然再次大乱。于是，朱厚熜赶紧给母亲传话，让她暂时作罢，见好就收。于是蒋氏顺利进京，母子总算是团聚了。

但是事情并没有结束，而是刚刚开始。

第三节 "大礼议"

这时，一个关键性的人物出现了：张璁。这位心慕阳明心学的官员在这次事件中，嗅到了一丝不同寻常的味道，发现这是个出人头地的绝佳时机。他找到黄绾和方献夫这两位王门弟子虚心请教，反复研讨，写下了一鸣惊人的《大礼疏》。

奏疏详细分析了杨廷和"继嗣论"中的漏洞，认为汉定陶王、宋濮王都是在很小的时候就被汉成帝、宋仁宗预立为嗣，养在宫中，跟眼下武宗无嗣而迎立朱厚熜不同，又着重强调儒家经典中"子不臣母"的重要原则，并认为若继嗣，则兴献王一支将面临绝后、无人延续香火的沉痛现实。最后，他的结论是皇帝称兴献王为父，于情于理都无可指责。

这道奏疏简直来得太及时了。孤立无援的朱厚熜在看完《大礼疏》后，喜极而泣："此论一出，我父子之情得以保全了！"他迅速把这封奏疏转给杨廷和，杨廷和看了两眼，颇不以为然。他提笔批注：不过是多读了几本书的一介书生妄谈国事，晓得什么大体？

朱厚熜却写了一封手谕，尊父亲为"兴献皇帝"，母亲为"兴献皇后"，要求内阁为自己草诏。按朝廷制度规矩，没有内阁草诏，皇帝任何手敕都不具备合法性。当杨廷和看到这封手谕，当即便封存不发。然而他没有想到，由张璁《大礼疏》引发的论争却一发不可收拾。

朝野卷入了一场针锋相对的激烈争论之中。

由此，明代历史上震动朝野、天下人议论纷纷的"大礼议"事件就拉开了序幕。

需要指出的是，张璁奏疏中的核心理念都来自王阳明的心学理论。文中言之凿凿、反复强调的"礼本人情"，成为打击冷冰冰的程朱道学的犀利武器。

在程朱道学中，所谓"礼"是圣人依据天理构筑的外在规范；在阳明心学里，心即天理，礼缘人情。因为人同此心、心同此理，所以礼才得以行万世而皆准。即使是在儒家创始人孔子那里，讲到"仁"的理念时，也正是基于人皆有孝悌之情。

活泼、有温度的人情、人心，天然包含了一切圣贤规制的天道人伦之理。不近人情、不得人心的"礼"注定不能长久。按此道理，朱厚熜对生养自己的亲生父母有发自内心的感恩行孝之情，当然不能因为做了皇帝就弃之不顾。因为这是完全合天理、顺人情的。

张璁这道奏疏不仅得到了朱厚熜的激赏，也得到了不少官员、学者的认同和共鸣。当时赋闲在家的杨一清给老友乔宇写信说："张生此论，圣人不易，恐终当从之。"南京吏部尚书石珤也暗中告诉张璁："慎之，大礼说终当行也。"王阳明得知后也认为言之有理。

面对舆论压力，特别是朱厚熜以退位要挟，杨廷和逐渐陷入被动，便抛出一项折中方案：准许朱厚熜追认其父为"兴献帝"。不过，这个"帝"必须注明是"本生父"。杨廷和总算是退了一步。为了保住内阁颜面，还特意说明这是张太后的意思。

然而，这一步也退得不尴不尬。对朱厚熜来说，"继统须继嗣"的现实依然没有改变，只是不用再称生父为"皇叔考"了。对张璁来说，他想要的一切都还没得到。

于是，张璁继续上疏。他直白地申说，议礼定制本是天子的权力，皇上应当揭父子之大伦，明告中外。堂堂正正的圣人之道，坦坦荡荡的天理人情，何必遮遮掩掩？

这是公然造舆论，以君权来压相权。杨廷和忍不住动怒了，当即命令吏部将张璁赶到南京去任职。把张璁派到南京任刑部主事，已经算是高升，朱厚熜一时也不好说什么。

然而，朱厚熜提出要在父母称号中加上"皇"字，结果遭到礼部尚书汪俊等一帮朝臣坚决反对。朱厚熜也很果断，对汪俊等以结党乱政为名，下令夺俸以示惩戒。汪俊等人见帝意难违，不得不再退一步，同意称兴献帝为"兴献皇帝"。

张璁到了南京，更是如鱼得水。王阳明有不少弟子都在南京，张璁与他们天天谈论朝廷大礼之事。杨廷和深知这些郁郁不得志的书生会生事，便暗中给张璁去了封信，直白告诉他：其实，以你的才能不应在南京任职，只望你稍安片刻，自有大用。只是不要再用"大礼议"来为难内阁了。张璁得到了当朝首辅这样的暗示，心中自然说不出地畅快，但他也知道再与内阁重臣为敌恐怕难以收场，便暂时停止了上奏。

但有了张璁的例子，后继的投机者就会源源不断地跟进。这个时候，另一个南京刑部主事桂萼操着刀笔跟上来了。桂萼因为性格刚烈，多次忤逆上官，仕途颇不顺利，被发配到南京刑部做了一个六品主事。他得知张璁的事迹后，感到改变命运就在此时，便主动结交张璁，共同商讨策略，一起将"大礼议"进行到底。

嘉靖二年（1523年）十一月，桂萼率先上书发难：皇上应速发明诏，追尊兴献王为皇考，并立庙于大内。称孝宗为皇伯考，武宗为皇兄，尊蒋氏为圣母皇太后。这就是要彻底将传统礼制推倒重来。桂萼简直是赌上了身家性命，公然与内阁叫板，大有分庭抗礼、势不两立之势。

朱厚熜拿着桂萼这份陈辞激切的奏折，心头为之一热。他边读边点头，并下旨召张璁、桂萼等入京议事，然后召集廷臣，一起讨论桂萼这份非同寻常的奏疏。

然而，让朱厚熜、张璁和桂萼没有想到的是，杨廷和选择了退场。他神情淡然地对皇帝行礼后，叹息道："老臣年迈，请陛下允许致仕。"朝堂顿时陷入一阵难堪的沉默之中。精明强干的内阁首辅居然不战自降了，朱厚熜不知道他葫芦里卖的是什么药。但朱厚熜对杨廷和数次为难自己早已不满，干脆顺水推舟，点头同意了杨廷和致仕归里的请求。朝中一些言官纷纷上书，请求留下杨廷和。朱厚熜一律不理，扔在一边。

这时，都察院右都御史吴廷举提议，让两京官员统一上疏，各陈所见，以备采择，于是辩论双方再次上疏展开论争。朱厚熜却只对张、桂等人的奏疏表示肯定赞赏，对反方的奏章一概不看。他敕令礼部，按桂萼所奏彻底推倒重来的方案来办。礼部尚书汪俊一再以各种理由抵制也无法改变，无奈之下只有辞官而去。

朱厚熜让礼部侍郎吴一鹏代署部事，一切按他的旨意来办。同时，他诏令席书入京任礼部尚书。户部侍郎胡瓒上言，说大礼已定，席书督赈江淮，实系民命，不必征取来京。石珤也趁机奏请停召张璁、桂萼。朱厚熜知道这帮老臣看不惯支持自己的这些人，看来一时也不能太着急。好在来日方长，也不急于一时，他便予以准奏。

张璁和桂萼奉诏启程，已经走到了半路上，在途中接到令二人回任的诏书。这就像一盆冰水浇到两个热血沸腾、满脑子飞黄腾达梦想的人身上。他们当然不甘心就这么灰溜溜地再回南京。两人嘀咕了一阵儿，决定再上一道奏疏。在这道奏疏中两人直奔主题：请皇帝在尊号中去"本生"两字，名正言顺地追尊自己的父亲。

原本已经准备见好就收的朱厚熜看到了这本奏疏，感到确有必要把这两个字去掉，彻底翻转过来。另外，这两个得力干将为自己认宗已经得罪了朝中大多数官员，朱厚熜心里也多少感到歉意，于是令二人即刻进京。有了他们相助，朱厚熜一不做二不休，要把朝廷主导权彻底掌握在自己手里。

张璁和桂萼两人日夜兼程来到北京。这个时候，满朝官员早已得知他们再次上的奏疏的内容，简直怒火中烧。这二人为了自己的功名前程，把话说绝，把事做绝，太过分了。

两人知道惹了众怒，干脆在客栈里躲着，又一次联名上疏，极论追尊"两考"之非，指出"两考"是一种欺骗，实际上是剥夺皇帝尊奉父母的神圣权利，不由得朱厚熜不动心。

嘉靖三年（1524年）七月十二日，不管内阁意见如何，嘉靖皇帝朱厚熜彻底摊牌：诏谕礼部，除去册文中"兴献皇帝""兴国皇太后"中的"兴献""兴国"等字，还将册文中的"本生父"三个字去掉，他就是要做"继统不继嗣"的皇帝！深受杨廷和影响的百官当然不服，反对的奏章如雪片般涌进内廷。朱厚熜命司礼监一概留中不报，充耳不闻。

杨廷和的儿子杨慎高呼："国家养士百年，仗节死义，正在今日。"当下召集了六部卿二百多人，到左顺门跪伏哭谏，若皇帝不收回成命，他们就一直跪下去。兵部尚书金献民觉得"火力"还不够，派礼部侍郎朱希周向内阁传话，内阁大学士毛纪、石珤等便也赶到左顺门跪伏。

一群股肱之臣跪在左顺门，非要朱厚熜收回成命。朱厚熜到底年轻，一时不知道局面该如何收拾。他召来张璁，问他如何劝退群臣。张璁神情淡定地说道："只消几个孔武有力的锦衣卫就足以对付他们了。"这话多少有些痞气。朱厚熜咬了咬牙：到了这个地步，也只有先把这帮文官的气焰压下去再说。

他命令锦衣卫出动。锦衣卫们迅速将丰熙等八人逮捕下狱，并大声呵斥其他官员立即散去。发起人杨慎和王元正见状也豁出去了，冲到左顺门前开始奋力猛砸门环。其他官员则大声哭喊，一时间场面极为混乱。

这成何体统？！朱厚熜愈发恼怒，命锦衣卫将吏部员外郎马理等一百三十多人抓捕下狱，其余的人把姓名记录下来，强行驱散。朱厚熜大笔一挥，诏令四品以上官员夺俸，五品以下官员廷杖，结果翰林院编修王相等十七人被活活打死。杨慎、王元正因带头闹事，被发配边荒，遇赦不宥。内阁大学士毛纪、石珤则致仕而去。

大臣们的抗争也终于偃旗息鼓，以惨烈结局收场。

嘉靖三年（1524 年）九月，朱厚熜下诏改称孝宗为"皇伯考"，昭圣皇太后为"皇伯母"，追尊兴献王朱祐杬为"皇考恭穆献皇帝"，尊母蒋氏为"圣母章圣皇太后"。桂萼、张璁因为上书有功，被调到京城，一跃成为位极人臣、炙手可热的内阁大学士。席书就任礼部尚书，方献夫当上侍讲学士。唯独黄绾因事忤逆朱厚熜，最终只任南京工部侍郎。

经过"大礼议"事件后，朱厚熜由当初受到相权和后宫双重压制的傀儡小皇帝，逐渐成为主导朝政、大权在握的实权天子。摆脱了文官集团的掣肘，接着他迅速进行新的人事布局，又大刀阔斧削弱宦官集团的权势，下诏严禁宦官干政，削弱了司礼监的实权，让司礼监重新成为摆设，而将实权收归内阁。他还将朝廷向各地派遣的镇守太监予以裁撤，将权力完全集中到自己一人手中。此后，没有什么力量能制约嘉靖皇帝了，这为革新政治、开拓新局奠定了基础。但他也逐渐变得专断独行、刚愎自用。

嘉靖七年（1528 年）六月，朱厚熜命人编纂《大礼集议》和颁布《明伦大典》，对杨廷和等人强迫自己认弘治皇帝为父亲的言行作了严厉批判，把自己的相关谕旨及支持自己的大臣的奏疏汇集成册，颁布天下，让全天下人知道自己对孝道的坚持，知道那些反对自己的大臣的言行是多么荒谬！

为时三年的"大礼议"之争，以嘉靖皇帝朱厚熜获胜告终。"大礼议"的本质是君权与相权的冲突，但从某种意义讲，也是程朱理学与阳明心学的一次正面交锋。那么，在"大礼议"事件中，王阳明的态度如何呢？

第四节　阳明受封

当王阳明在余姚讲学时，有弟子问他对"大礼议"的态度，王阳明没有回答。有一天夜晚，他坐在池塘边，忽然想到"大礼议"，于是写了两首诗。

碧霞池夜坐

一雨秋凉入夜新，池边孤月倍精神。

潜鱼水底传心诀，栖鸟枝头说道真。

莫谓天机非嗜欲，须知万物是吾身。

无端礼乐纷纷议，谁与青天扫宿尘。

夜坐

独坐秋庭月色新，乾坤何处更闲人。

高歌度与清风去，幽意自随流水春。

千圣本无心外诀，六经须拂镜中尘。

却怜扰扰周公梦，未及惺惺陋巷贫。

显然，"莫谓天机非嗜欲，须知万物是吾身。无端礼乐纷纷议，谁与青天扫宿尘"，"千圣本无心外诀，六经须拂镜中尘"这几句已经表明了态度。王阳明认为天理当出于人情，世间万物与人心是一体的。"大礼议"中出现的各种陈腐偏见，应当像扫除尘土一样被一扫而光。简言之，王阳明认为朱厚熜对亲生父母的孝心应当得到尊重，他完全可以尊自己的亲生父亲为皇考。

还有一件事能直接证明王阳明的态度。他的弟子陆澄问王阳明，"大礼议"到底谁是谁非。王阳明说："父子天伦不可夺，皇上孝情不可遏，众多大臣的话未必是对的，张、桂诸位大贤的话未必是不对的。"这已是明显表态，他和张璁、桂萼的观点是一致的。

尽管王阳明心学在"大礼议"中发挥重要作用，王阳明却从来没有直接上书表达自己的观点。他表现得似乎有些超然物外。这一点或许让一度孤立无援的朱厚熜有些不太满意。对于王阳明，朱厚熜还在做藩王时就听说了他的大名。王阳明是朱厚熜心中抗衡杨廷和的最佳人选。

嘉靖元年（1522年），朱厚熜登基后，对王阳明平逆剿匪的功绩赞不绝口，还当众说："这等人才为何不用，立即召他入京。"之后急忙下诏，如今朝廷正是用人之时，让王阳明"驰驿来京"，不得迟疑。

可是，朱厚熜并未如愿。王阳明走到钱塘，当时地位正如日中天的杨廷和就让人去通知他：国丧期间不宜进行封赏事。王阳明十分淡定，立即回南昌履行江西巡抚之职。杨廷和还擅作主张，免去王阳明南赣巡抚的职务，由他指定的人选担任，让吏部将王阳明调任南京兵部尚书。

事实上，杨廷和与王阳明心生隔阂已经不是一天两天了。在他眼里，王阳明是前任兵部尚书王琼所推荐的人，如今王琼被排挤，王阳明自然也不能再用。而当年王阳明平定宁王叛乱后，在上疏中把功劳归于兵部尚书王琼，对内阁只字未提，这也让杨廷和对他的心结更深。

何况王阳明推崇心学理论，也让笃信程朱道学的杨廷和感到不快。

当然，杨廷和深知朱厚熜急调王阳明的用意，无非是要找个得力的援手，牵制现在以他为首的内阁。就凭这一点，杨廷和就不可能为自己平添一个对手。但是王阳明的名气和功绩确实摆在那里，朝廷总要给个说法。

老谋深算的杨廷和为堵住天下人之口，便封赏了随王阳明平叛的一些有功将领。伍文定升都察院右副都御使，乔宇也被调到北京任职。最后，论功特进封王阳明为光禄大夫、柱国、新建伯，世袭，岁禄一千石，兼领南京兵部尚书一职，并赐建"新建伯府第"于绍兴。此外则一律不赏。王阳明却向朝廷上书，将追随自己在前线建功的将士们褒奖了一番，要求把封赏给这些有功之臣，辞去朝廷的封爵升官，称要回老家余姚侍奉老父。

此时王华已经七十七岁高龄，得知王阳明回家，顿时喜笑颜开，问长问短。他早听说儿子率兵平了宁王之乱，极为高兴。这么多年来，他亲眼看着儿子从一个叛逆少年长成文武兼备、功勋卓著的栋梁之才，内心深处充满了欣慰和喜悦。

朝廷封新建伯的诰命送达这天，正是王华的生日。亲朋齐聚，个个喜气洋洋。王阳明服蟒腰玉，献杯庆贺。

等宣旨的官员一走，王华却皱着眉头，心怀忧惧地对王阳明说："当宁王起兵谋反时，我以为你必死无疑，没想到现在你加官封爵，我们父子仍能团圆。不过，世上的事，往往是祸福相倚。加官封爵，虽然是一件幸事，但也令人畏惧啊！"

王阳明听后，当即对父亲行跪拜之礼，说："父亲教诲得是，孩儿已经向朝廷上书推辞此事，还请父亲放心！"

嘉靖元年（1522年）二月，王阳明接到朝廷宣诏，派他到南京赴任兵部尚书一职，而在此时，他七十七岁的老父亲王华去世了。王华是个典型的儒士，一生为人谦逊宽厚，善恶分明。父亲的去世给了王阳明重重一击。在王阳明内心深处，父亲是他最崇敬、爱戴的人。哪怕是在外带兵征战，他也无时无刻不挂念着父亲。

就在王华离世前的最后一刻，朝廷使者到达余姚宣读圣旨。原来朝廷收到了王阳明的奏疏后，又将王阳明的父亲王华、祖父王伦、曾祖王杰三代都封为新建伯。食禄一千石，荫封三代。

王华在病榻上强撑着要下床，说："我们王家对朝廷不能有失礼之处，快扶我起来。"使者走后，王华还一再问王阳明："有失礼否？"王阳明回答："父亲，您做得很好，没有任何失礼之处。"王华这才安心地点点头，含笑闭目而逝。

孝心至深的王阳明沉浸在巨大的悲痛之中，在父亲灵前号啕大哭。泪眼中，往昔少年时的诸般情状一一浮现在眼前，当年父亲严厉的训斥现在都透出一种无法言说的温情。

由于过于悲痛，王阳明还大病了一场，病中还喃喃地呼唤着父亲。父亲的养育教诲之恩，他此生难忘。接下来，王阳明离任，守孝三年。当时，朝廷"大礼议"起，全国上下闹得沸沸扬扬，不可开交。王阳明采取了超然的态度，一心读书悟道、讲学，培养了一大批学有所成的弟子。其中浙中的钱德洪、王畿、陆澄、黄宗明，江右的邹守益、欧阳德、陈九川、何廷仁，北方的南大吉，南中的黄省曾，楚中的蒋信，泰州的王艮等，后来都成为阳明学派支系的开创人物。

不仅如此，王阳明还写了许多篇著作流传于世，《传习录》由原三卷增至五卷，嘉靖六年刊行，多篇理论著作如《稽山书院尊经阁记》《亲民堂记》等也广传于世。

不知不觉间，王阳明为父亲守丧三年已经期满。按照惯例，朝廷应当召他回京，官复原职，朝廷却对他不予理睬。弟子黄绾多次向朱厚熜推荐王阳明。席书则向朱厚熜直言对王阳明的推崇："生在臣前见一人，曰杨一清；生在臣后见一人，曰王守仁。"方献夫亦言："定乱济时，非守仁不可。"时为内阁大学士的张璁、桂萼也站在王门弟子这一边，要求朱厚熜起用王阳明。

但是，这时朱厚熜对王阳明的态度变得暧昧起来。是啊，那样激烈的"大礼议"，人微言轻的张璁、桂萼都不惜为朱厚熜以命相搏，王阳明竟然默不作声。更令朱厚熜忌惮的是，王阳明独创心学，并到处讲学，广收门徒，声势和影响力不可小觑。这也让自认为是饱学之士的朱厚熜感到不快。王阳明就这样闲居了六年时间。

第五节　天泉证道

到了嘉靖六年（1527 年），两广的思恩州、田州两地的两名少数民族首领卢苏、王受起事，提督两广军务兼巡抚姚镆束手无策。身处京师的明世宗朱厚熜一筹莫展，向广西已派兵三次，大将也派了五六名，却一再丧师失地、损兵折将。

有道是"国乱思良将"，愁眉不展的朱厚熜突然眼睛一亮，想起了王阳明。王阳明神机妙算，用兵如神，就像一把锋利的宝剑已经雪藏了五六年，现在正是拔剑的时候啊！于是，朱厚熜下旨，让王阳明恢复原官职，总督两广兼巡抚。圣旨的措辞非常强硬：该剿该抚，该杀该放，任凭王阳明处置，只是不得推辞，务必平定思田之乱。

就这样，王阳明不得不结束了恬淡的生活，重新走上戡乱平叛的征途。此时的王阳明已五十七岁，过度的操劳使他两鬓斑白，身体每况愈下，甚至偶有咳血。不过，以天下为己任的胸怀和担当早就融入王阳明的灵魂里。接到再次让他披挂上阵的圣旨后，他毅然决定奉诏，再一次强撑衰弱之躯，挂帅开往广西。

就在王阳明前往广西平乱前，他在府邸的天泉桥上完成了阳明心学形成史上有名的"天泉证道"。嘉靖六年（1527 年）九月，弟子钱德洪和王畿探讨王阳明的"四句教"：

> 无善无恶心之体，有善有恶意之动。
> 知善知恶是良知，为善去恶是格物。

大意是：心本无善无恶，人的意念一旦产生，就有了善恶之分。良知就是蕴藏于内心的道德标准，只有良知才能以"善"为善，以"恶"为恶。良知分辨出善恶好坏后，你只要顺从自己的本心行善事、去恶行，这就是"格物"。

这四句口诀好比内功心法，通俗易懂，简明扼要，是王阳明对心学理论高度的概括，也是他人生经验的结晶，凝聚了阳明心学的真谛。但是，学生钱德洪与王畿在理解这四句话时却发生了分歧。

这天夜晚，在新建伯府邸中的天泉桥上，钱德洪问王畿："你对这四句话如何理解和评价？"

王畿说："这四句话大概还不够成熟，只是权宜的说法。试想，若说心是无善无恶的，那么，意也是无善无恶的意，知也是无善无恶的知，物也是无善无恶的物。若认为意有善恶，在心体上终究还有善恶存在。可见并不彻底。"

钱德洪说："这'四句教'应当是先生的定论。心体是天命之性，原本是无善无恶的。但是，人有受到习气沾染的心体，在意念上就有善恶。格物、致知、诚心、正意、修身，正是要恢复那性体的功夫。若意本无善恶，那么，功夫也就不消再说了。"

两人意见分歧，就向即将出征的王阳明请教。

王阳明说："如今我将要远征广西，正想给你们来说破这一点。

其实你们两位的见解恰好可以互为补充，不需偏执一方。我开导人的方法原本有两种——有上等慧根、资质高的人，让他直接从本源上体悟。人心原本是明莹无滞的，上等慧根的人，只要稍悟本体就可变得透彻。资质较差之人，不免受到习气沾染，因此教导他需从意念上让他认识到何为善恶，待功夫纯熟后，污秽彻底荡涤，本体就明净了。"

"王畿'四无说'的见解，是我用来开导资质特高的人。一悟本体，即是功夫，是为上等慧根的人立教，但世间上等慧根的人不易得，若轻易用此教法，恐收获甚微。德洪'四有说'的见解，是我用来教导中等慧根以下资质的人所使用的方法。因这类人有习心在，故要求他们在意念上用为善去恶的功夫。两位若互为补充借用，那么，资质居中的人也可被导入正途。"

王阳明最后叮嘱两位门生："以后与朋友讲学，切不可失了我的宗旨，'无善无恶心之体，有善有恶意之动。知善知恶是良知，为善去恶是格物'。"

这次谈话被称为"天泉证道"。王畿领会到的第一句"无善无恶心之体"，类似于禅学顿悟中的明心见性。这种本体论意义上的"无善无恶"被王畿贯穿始终，从而导致他对阳明心学的理解最终与禅无异。

而以"笃实"著称的钱德洪抓住后三句的渐修路径，由第一句形而上的本体论导向后三句形而下的器物论，由虚向实，注重实际功夫。

不久，王阳明一行沿着东阳江行进，到达浙江严州府。钱德洪、王畿跟随相送到严滩。这是他们师徒相送的最后一程，在这里诞生了与"天泉证道"四句教齐名的"严滩问答"。

王畿向王阳明请教佛家常说的实相与幻相问题。佛家《金刚经》把大千世界一切现象都看作幻相，看作梦幻泡影。认为实相只是一个真"空"。老子《道德经》中所谓"大象无形"，也是对这个实相为空的描述。到底何为实相何为幻相？

王阳明回答了四句话："有心俱是实，无心俱是幻；无心俱是实，有心俱是幻。"

"严滩问答"可以说是"天泉证道"四句教的延伸和总结。王阳明对有心与无心论述与"天泉证道"中的"有""无"一脉相承，也就是说本体与功夫兼具。这是王阳明晚年对自己学说的总结，被一些学者誉为王阳明的"究极之说"。

遗憾的是，王阳明生前未能对"天泉证道"四句教和"严滩问答"作进一步展开，致使其中有与无、实相与幻相的逻辑矛盾始终未能真正厘清。所以，阳明心学中的佛禅成分始终是存在的，这也导致了其后一些流派中出现了一味追求空无的流弊。

当然，王阳明不会料到自己创立的心学未来会发展到什么地步，眼下前往广西平乱最为要紧。临行前，弟子们沿江相送，络绎不绝。一路上慕名而来的人隔岸远望，只求一见，其中当地秀才徐樾等人慕名求见。王阳明因急着赶路，答应回程时再见，结果徐樾一路追随王阳明的座船几十里地，如信徒朝圣一样虔敬，只希望能和王阳明见面。

王阳明见天快黑了，徐樾还没有半点歇脚的意思，心下不忍，让船夫停船。徐樾见状，满心狂喜，就着岸边跪下来要求入王门求学。王阳明被感动了，让他上船同行。

徐樾认为在静坐中理解了阳明心学，得到了真谛。王阳明就让他举例说明心中的意境。徐樾连举数种，王阳明都说不对。徐樾举了十几个，已无例可举，相当沮丧。

王阳明指点道："你太执着于事物。"徐樾一脸茫然。王阳明指着船里的蜡烛说："比如这个蜡烛，光无所不在，但不可以只以为烛上的光才是光。"

徐樾还是不明白。王阳明在空中画了个圈说："这也是光。"接着又指向船外的湖面说："这也是光。"

徐樾渐渐开悟，兴奋地说："老师，我懂了。"

王阳明笑着点化他："不要执着，一定要记住光不仅仅在烛上。这个光无处不在，塞天地，弥六合。"

船到南昌南浦驿时，邹守益、魏良弼等一百多名弟子迎候在码头上。老百姓知道威震天下的王阳明又要南下平乱，激动地夹道欢迎。百姓早已把王阳明当圣人一样爱戴供奉，迎候的南昌父老乡亲塞满了大街小巷，道路挤得难以通行。父老们只好互相传递，把阳明先生的肩舆通过众人的肩上和头顶传递到了江西省都司衙门。南昌百姓拥上街头顶礼膜拜还不尽兴，王阳明只好端坐于都司衙门议事大厅，接受人们的问候。参拜的人群川流不息，从东门进西门出，从上午到下午一直络绎不绝。最后，王阳明不得不请他们都回去，这样才能加快行军，早日平灭广西之乱。

一路奔波忙碌和讲学，王阳明的身体已经吃不消了。接下来的几天里，沉重的疲惫感一直困扰着王阳明。王阳明前往思恩州和田州时，仍有许多学生沿途求见。由于军情紧急，他无法一一满足他们的要求，只得答应大家等回程时再见。

然而，这匆匆一别之后，他却再也没能回来。

此心光明

第十章

第一节　受命出征

嘉靖六年（1527年）十一月二十日，王阳明到达梧州，开始实地调查叛乱之事。

思恩州和田州是多民族杂居的荒蛮之地，与安南国接壤。这里到处都是深山绝谷，瑶族人结寨而居，少则几百，多则上千，向来采取民族自治政策，州长官都是当地的土司。田州土司岑猛曾多次参与官军的军事行动，事后却没有得到任何奖赏。岑猛本就心怀不平，地方官员又向他索贿，这自然激起了他的反意。岑猛为了扩展在桂西的势力，充当起桂西土司盟主，率田州土司兵四处征讨各州府。而广西官军战斗力很差，与岑猛军交战，几乎是一触即溃。

巡抚姚镆、总兵朱麒调集三省重兵，耗费巨额钱粮，分三路攻入田州，岑猛兵败后逃往归顺州岳父岑璋家。最后岑璋被迫诱杀了岑猛，岑猛之乱就此被平定。后来，朝廷在桂西强行推行改土归流政策，引起田州土司不满，岑猛余党王受、卢苏再次起事。而卢苏、王受也并非恶贯满盈之徒，姚镆大军压境，欲一举将其置之死地。二人只好负隅顽抗，凭借地利人和之便，让官军进退失据，难竟全功。

十二月初一，王阳明向朱厚熜呈上了《谢恩疏》，感谢朝廷委以重任，并表明了自己应对田州平乱的态度。王阳明认为，田州的地理位置十分重要，可作为明王朝的西南屏障。如果尽杀其人，改土归流，等于自撤藩篱。王阳明更倾向于安抚为主。王阳明认为派兵镇压终究不是从根本上解决问题的办法，最重要的是制度设计的问题。造成当今局面的不是当地百姓，而是官府。所以，他的平乱方针就是"以抚代剿，土流并用"。王阳明在奏疏中说："感谢皇上能信任我，让我担负如此重任，虽然身体状况不佳，但我会竭尽全力让田州乃至广西恢复秩序，保境安民。"

不过，分管军事的大学士桂萼却节外生枝，好大喜功。他命令王阳明在镇压广西思田之乱后，再去攻打安南。王阳明得知，皱眉摇头不已：桂萼简直是唯恐天下不乱之徒。他在给方献夫的信中说："思、田之事已坏，欲以无事处之，要已不能。只求减省一分，则地方亦可减省一分之劳扰耳。此议深知大拂喜事者之心，然欲杀数千无罪之人，以求成一将之功，仁者之所不忍也。"

在黄绾和方献夫坚决反对下，桂萼方才作罢，却对王阳明很是不满。

嘉靖七年（1528年）正月，王阳明调集湖广和福建、广东部队抵达梧州。此时，王阳明胸中酝酿已久，应对之策就是招抚。他深知这次领头造反的王受和卢苏完全是被官府所逼，他们后来攻城略地，也不过是想增加和官府谈判的筹码。过了元宵节，王阳明决定先向造反的武装人员示强：组织数万人进驻南宁，并举行大规模演习。果然，这场军事演习让王受和卢苏受到惊吓，急忙加紧战备。

然后，王阳明和部属们开会商议平定之策。王阳明认为攻心为上，攻城为下，主张招抚。王受和卢苏实力不弱，田州和思恩州的防御已被加固，地理形势对官军不利，短时间内恐怕难以攻下来。只用强攻，徒耗金钱和士兵的生命。更重要的是，哪怕最后强攻下来，如果人心未服，还是会再次反叛。

这引起了广西地方官们的强烈反对，因为此前姚镆曾招抚过王、卢二人，可是并没有效果。王阳明笑笑，那是因为招抚的方法不对。姚镆和他们谈判时，根本没有动用军队，当然无法奏效。现在官军从四面云集而来，这场军事演习就是对王、卢二人施加压力。官军如今应先礼后兵，晓以利害。

与会众人听了不再反对，但有些半信半疑，特别是一些想借机建功的军官更是不以为然，暗中抵制王阳明的招抚计划。在王阳明的使者还未到达王、卢的据点时，王、卢二人便收到了消息：王阳明的招抚不可信，他是想借此向你等索贿，而且数额巨大，如果不能满足他，后果可想而知。王、卢二人对此深信不疑，赶走了王阳明的使者。

这让王阳明一下子陷入了被动。他决定直接给王、卢二人写信，从人性的良知为切入点，直攻敌人灵魂深处。

首先，他在信中对王、卢当初的遭遇表示深深的同情，并指出是官府有错在先；其次，他真诚地保证，只要两人接受招抚，将来绝不会再发生"官逼民反"的事，保证会给他们生命和自由，把广西建成一方理想乐土；最后，王阳明严肃地说，你们接受招抚可以免掉兵戎相见的悲剧，你们的决定会让很多人的生命得以保全。

这封信并没有取得意想中的效果，因为王受和卢苏有顾虑，他们对官府的话一向持怀疑态度，更何况，当初王阳明在南赣巡抚任上对付池仲容不就是用的这一套吗？池仲容最后不是被杀掉了吗？但是，如果真的和王阳明硬碰硬，还真的很难说落得个什么下场，毕竟王阳明用兵厉害天下皆知。两人决定派人去见见王阳明，探探口风也好。

来人转达了王、卢二人的意思：我们早就想放下武器，可有许多朝廷官员总是欺诈我们，好多人放下武器后依然遭到了屠杀，或者是提出的很多条件被漠然置之。

王阳明对来人态度十分热情诚恳，告诉他朝廷招抚的意愿是真诚的，要王、卢二人放心。送走使者后，他就命令湖广部队撤出，只留一支没有规模的部队驻扎在南宁。王受得知后，认为王阳明这次招抚是真心实意的；卢苏则谨慎地表示看看再说。

王阳明知道他们在观望犹豫，就派人给他们送去了免死牌，声称只要他们接受招抚，朝廷对他们的罪过既往不咎，并且会在生活上给予优待。王、卢二人于是写信给王阳明提出要求：接管南宁所有防务，诸如守城门、官衙站岗、城内巡逻，等等。

这个要求确实有些过分，当时有人就坚决反对照办，这会让己方陷入危险境地。王阳明心中有数，坦然表示：人人都有良知，既要招安，当然要拿出诚意。他让手下官员们完全照办，不要打任何折扣。

嘉靖八年二月中旬，王受和卢苏把南宁城的部队都换成自己人后，慢慢地进了南宁城。城中街道整饬一新，繁华依旧，车水马龙。南宁官衙门口挂着大红灯笼，颇有几分喜庆气氛。他们看到衙门口的卫兵就是自己派来的人，才彻底放下心来。即使谈判失败，也能全身而退。

王受和卢苏按照约定，让随从们把他们反绑，并在两臂之间插上一支荆条，这就是"负荆请罪"的意思。王阳明坐在堂上，仪态威严。王受和卢苏跪在地上，请求对他们的过失进行责罚。王阳明和气地说道："本来你们主动接受招抚，不应该责罚你们。可是，你们造反是事实，如果不罚，我愧对朝廷。"王受和卢苏闻言，吃了一惊。

王阳明接着说道："你们可穿上盔甲，受二百军棍。"说完就让二人穿上盔甲接受处罚。二百军棍执行完毕，王阳明走下来，命人把他们的盔甲脱掉，拉着二人的手说："两位深明大义，对我如此信任，我要替百姓、替军士们感谢你们。"

就这样，王阳明兵不血刃就把广西最大的武装势力招安。接下来，王阳明着手善后治理：

第一步，让当地有责任心和能力的官员担任军政要职，让类似王受和卢苏这样的少数民族首领担任次级职务。这样一来，军政大权在官府手里，而少数民族也能参政。

第二步，在广西推行以往在南赣行之有效的"十家牌法"。

第三步，办校兴学，归化人心。用孔孟之道对少数民族进行"尽心训导"，使之礼让日新，风俗日美。只有让老百姓知道礼义廉耻，他们才能遵纪守法。

在南宁操劳四个月后，嘉靖八年（1529年）六月，王阳明一病不起。他向朝廷提出致仕的请求。

这个时候，大学士桂萼却执意要王阳明接着解决安南问题，王阳明得知后，对弟子们叹息："看来广西要成为我的葬身之地啊。桂萼让我进攻安南，这是异想天开。安南的确在内乱，可广西全境有几处是安宁的？如果我不照做，恐怕这次广西平反又是一场空。如果我照做，结局可能会无法收拾。"

正如王阳明所说，广西平乱还没有真正结束，断藤峡和八寨还有强人盘踞，长期祸乱一方，只是朝廷根本不知道，也不在此次平乱规划之中，王阳明是在同当地父老闲聊时才偶然得知。他原本可以班师回朝，却临时决定彻底为民除害。

这时，一些部属，包括门生弟子都来劝王阳明，要以身体为重，现在卢苏、王受已经平定，何不收兵班师？

王阳明摇摇头，说道："我来广西，一者为圣上所命，二者为我内心的良知所命，此时离去，岂不前功尽弃？"

第二节　奇袭断藤峡

断藤峡原名大藤峡，位于广西桂平境内浔江两岸。两岸之间有一条粗藤，身手敏捷的人可以攀附着这条大藤往返两岸。浔江两岸高山夹峙，山势巍峨，犬牙交错，尤以大藤两岸附近的地势最为险峻恶劣。断藤峡上连八寨，下通仙台、花相诸洞，盘亘三百余里。断藤峡地区聚居着瑶、壮等少数民族和部分汉人，尤以瑶族为多。而瑶族主要以蓝、胡、侯、盘四姓为主。明朝廷在这一地区实行改土归流政策，用武力夺取瑶、僮族居民土地，又垄断和专卖食盐，对当地居民进行苛重剥削，终于激起当地瑶、僮族民众的激烈反抗。他们把大藤峡当作基地，并建立数个寨子巩固基地。由于此地易守难攻，瑶民借着复杂的地形与官军反复周旋。

那些生活在深山中的瑶民都有着矫健的身手和凶悍的个性，走山路对他们来讲如履平地，每一支箭都被他们用当地特产的毒药浸泡过，触之者不死即伤。每当官军过来平叛，他们便谎称接受朝廷的招安；一旦官军离开，他们又恢复强人本性，烧杀抢掠，为害一方，使这里成了匪乱丛生、民生凋敝之地。

当地父老看到王阳明快速平定了田州、思恩州叛乱，于是成群结队前来请求王阳明乘胜解决断藤峡的匪患。王阳明感觉这事颇为复杂。他来广西前，居然不知道广西境内还有这样一股力量雄厚的绿林武装，而朝廷也对此长期一无所知。

出于对百姓的责任，王阳明和部属们一起商议如何应对。王受和卢苏的意见是招抚，汪必东认为应该剿抚并用。而这次王阳明却持强硬态度，认为他们"窃发无时，凶恶成性，不可改化"。断藤峡的绿林武装曾经多次被政府招安过，可他们屡降屡叛，已不可信任，所以还是要采用铁血手段对付这些顽固的绿林武装，否则官军一旦撤走，他们肯定还是会卷土重来，一切心血都付诸东流。

"破敌之计靠出奇制胜！"王阳明捋了捋胡须，决定采用"以蛮制蛮"的策略，即利用湖广和贵州的永顺、保靖的苗兵，以及刚刚归顺的卢苏、王受的僮族士兵来进攻瑶民叛军，官军起到领导和监督作用，在这里打一场可控的、低烈度的局部战争。

将地势、敌情刺探清楚后，王阳明便制订了作战计划。不久，官军在南宁举行了声势浩大的誓师仪式，王阳明故意向外界透露：他要在五日内对断藤峡和八寨采取军事行动。绿林武装一度非常紧张，五日过后，什么事都没有发生。他们去打探王阳明的情况时得知，王阳明正准备回浙江休养。

几天后，绿林武装又得到消息说，王阳明正在南宁办学，他来广西的确就是对付王受和卢苏一伙的，根本就没有把断藤峡和八寨当作目标。于是绿林武装又放下心来，认为王阳明不久就会班师回朝。消息虚虚实实、扑朔迷离，断藤峡和八寨的叛军完全摸不着头脑，根本想不到他们的末日就要到了。

断藤峡之战起于嘉靖七年（1528 年）四月初二，各路兵马到龙村埠登岸，计划于次日同时进攻，克期破敌。四月初三，王阳明向早已部署完毕的两路指挥官发出了总攻令，这两路部队悄无声息地摸到了断藤峡和八寨的边缘。此时断藤峡一方也得知了消息，首领胡缘二等人将家属尽数转移到大山中。官军各路兵马前来攻打时，断藤峡的瑶兵们毫无惧色，还利用自己熟悉地形的优势，主动发起进攻，朝廷一方的各土司带兵奋不顾身地杀敌冲锋。

尽管断藤峡瑶民背水一战，但也敌不过同样彪悍、训练有素的土司土兵，很快溃败，退守大山，据险结营扎寨。官军则攀木援崖向上仰攻，连连攻破石壁、大陂等地，直逼断藤峡，然后开始放火烧山，山上到处浓烟滚滚，山上匪徒被烟熏得晕头转向，斗志全无。到四月十日，官军全面攻陷断藤峡。

战斗进行到一半时，王阳明派士兵齐声高喊八寨绿林武装已全部肃清，要断藤峡的众人放下武器。果然，一听八寨已经被全歼，断藤峡绿林武装的抵抗意志瞬间瓦解。他们一直向山顶溃逃，哭爹喊娘之声不绝于耳。王阳明同意他们投降，承诺只要放下武器就会得到优待。

由于战前王阳明再三叮嘱不可妄杀，所以在断藤峡之战进行的八天当中，官军斩首只数百级，就宣布结束战斗，班师出峡，回到浔州。四月二十二日，王阳明再出师上林，攻打八寨。

八寨战役打响后，王受和卢苏率领的敢死队猛攻八寨的前哨石门。石门不仅是八寨的前哨阵地，还是八寨门户。拿下石门，八寨的防御力量就会大大减弱。王受和卢苏二人刚刚归顺，此时急于立功，所以倾尽全力进攻。果然这二人不负众望，只用了半天时间就敲开了石门。指挥官林富率领官军夺门而入，迅速推进到八寨的第一个寨子前。王受和卢苏依然担任主攻，林富按王阳明事先的指示，一面命王受和卢苏继续进攻，吸引敌人的兵力；一面分兵从侧面进攻，与使用毒箭的千余名瑶民对阵。结果对方一战即溃，第一寨很快被攻陷。

其他寨子虽然进行了有效抵抗，但不少寨子很快就缴械投降。不过，八寨最后的据点仍在顽强抵抗，王受和卢苏在这个关键时刻顶住压力，步步推进，最终将八寨全部攻下。

接下来，王阳明命令所有官军全力扫清各处据点的残余人员，将他们逼到了横水江。当时天下大雨，几千人争渡时翻船，落水者不计其数。

一个多月后，王阳明宣布断藤峡和八寨绿林武装已被全部消灭。断藤峡和八寨之战虽然准备仓促，时间也短，但战果是很大的，王阳明以极小的代价震慑了这一带的亡命之徒，使民族杂居地区的形势趋于稳定。

王阳明上疏举荐林富为都御史，巡抚其地，请朝廷论功褒赏诸位将领。几个月后，当王阳明的报捷书传到北京时，朱厚熜感到有些怀疑：王阳明看起来几乎是没费什么力气，就把别人根本完成不了的事解决了。这时，朝中有人出于忌妒连进谗言，竟让朱厚熜认为王阳明的捷报"有失信义，近于夸诈，恩威倒置，恐伤大体"。

这时，有不少人挺身而出为王阳明辩护。礼部尚书方献夫、詹事府詹事霍韬上疏给朱厚熜：王守仁不费斗米、不折一卒就平定了思田乱局，还拔除了八寨、断藤峡这样的积年据点，为朝廷节省了巨大的人力、物力，怎能对功臣有此怀疑！

王门弟子黄绾的上疏更是言辞激烈："守仁讨平叛藩，忌者诬以初同贼谋，又诬其辇载金帛。当时大臣杨廷和、乔宇饰成其事，至今未白。夫忠如守仁，有功如守仁，一屈于江西，再屈于广西，恐怕劳臣灰心，将士解体，以后再有边患民变，谁还肯为国家出力，为陛下办事？"

嘉靖皇帝不置可否，淡淡地表示知道了，就再无下文。

随后，王阳明上书朝廷，就善后问题提出了三条建议：

第一，把广西南丹卫所迁到八寨，以重兵震慑当地有异心的瑶民。

第二，把思恩府城迁到地势开阔、便于开展商业贸易的地方，让当地百姓从闭塞环境中走出来。

第三，各地县令深入乡村进行管理，以让政令抵达乡村，以控制和监督乡村。

然而，他的建议都未被朝廷重视和采纳。正所谓"飞鸟尽，良弓藏"。地方武装既除，王阳明也就无关紧要了，甚至他取得的功绩都不必再提了。还有那位大学士桂萼，因恼怒王阳明没有继续解决安南问题，借机中伤王阳明进攻八寨属擅自行动，越权行事，要追究他的擅权之责。

远在广西的王阳明也隐约感觉到了巨大的压力，但他没有时间考虑太多，日益虚弱的身体已不允许他在这里多待一天。当时，王阳明还因过度劳累，一度晕厥过去，被人抬回南宁后，身体更是每况愈下。

这时，他给一个学生写信说，我现在就想回去和你们在一起讲学论道，和亲人在一起休养身体。重病中的王阳明一心只想回家去，和亲人、弟子们团聚。

第三节　此心光明

嘉靖七年（1528年）九月，王阳明将平乱善后诸事安排妥当，决意离开广西。

实际上王阳明晚年时，无论是讲学还是带兵，都忍受着巨大的苦痛，而长期征战与讲学操劳已经极度透支王阳明的生命。这个时候，他的病情已经非常严重。来到两广湿热之地，水土不服，加之军务劳顿，他的咳痢之疾（肺痨）日益加剧。他给嘉靖皇帝朱厚熜写了《乞恩暂容回籍就医养病疏》，诉说了每天面对的病痛之苦，希望皇帝能允许他回籍养病。

王阳明在广西等来等去，没有等到皇帝允许他告归的诏书。到了九月份，才得到朱厚熜的嘉奖诏书：因广西平乱有功，赏赐五十两白银。而对于其他，朱厚熜和内阁只字未提。对将士们的封赏和一系列关于边疆问题的建议都没有下文，这区区五十两白银更像是一种调侃和嘲弄。

然而，王阳明挣扎着从床上爬起来，遥望北方叩谢隆恩。接着，他又连夜写了谢恩疏，八百里加急送往京城，表示此生鞠躬尽瘁，以报皇恩。

每况愈下的病情让王阳明有了一丝不祥的预感。他一直在床上静卧，希望朝廷尽快批准他回乡养病的请求，朝廷仍然没有回音。

他似乎隐隐意识到自己大限将至，不能在这里待下去了，再不走就来不及了。在生命垂危之际，王阳明不得不做出决定：不等皇帝诏书，马上回家！树高千尺，叶落归根，死也要死在家乡。于是，他带着几个随从坐船顺着邕江东上，踏上了回乡的路。

嘉靖七年（1528）九月初的一天午后，王阳明乘坐的船途经广西横州，在一个河滩停了下来。王阳明问前面是何处，船夫指着乌蛮滩上一座寺庙说是伏波山，山上有个纪念汉朝将军马援的伏波庙。船夫的话唤醒了王阳明尘封已久的记忆，他不禁想起激情飞扬的少年时代。那个时候的他血液沸腾不已，渴望着血战沙场，为国家建功立业。那是他作为一个军事家之梦开始的时候啊。

尽管还咳喘不止，王阳明强撑着病体缓步下船，勉力登上了那座小山。推开庙门，马援威武的塑像映入眼帘。庙中陈设，一如十五岁时梦中所见。

跨越了千年时光，王阳明与马援的行军足迹在横州宿命般地交织在了一起。而交织在一起的，何止是足迹，还有命运，是相似的悲剧性命运。

王阳明在庙中徘徊良久，此时此地，此情此景，令他颇为感念。他叹息人生之艰难，写下了《谒伏波庙二首》。

谒伏波庙

四十年前梦里诗，此行天定岂人为！

徂征敢倚风云阵，所过须同时雨师。

尚喜远人知向望，却惭无术救疮痍。

从来胜算归廊庙，耻说兵戈定四夷。

青春的回忆总是令人心情激动，只是他现在的心境不再那么澄澈明亮，而是百感交集，悲喜莫名，甚至有几分苍凉。那位荡平南方蛮寇的名将马援一直被诬告所困扰，一生不得志，最后郁郁而终。同样的遭际引发了王阳明的强烈共鸣：这位千年前的英雄似乎就是他的前世，一样军功赫赫，一样被人诬告，一样遭到君主猜忌和打压。

少年时，王阳明仰慕的是马援马革裹尸的豪情，南征北战的卓越功勋；现在他叹息的是马援无法扭转局势的命运，是他蒙冤而死的悲剧。自王阳明走向平叛治乱的战场后，已建立不世之功，然而，他竟没有半分欣喜之感。是啊，他一方面要对付战场上的敌人，一方面还要应付朝廷中的攻讦和诽谤，可谓心力交瘁。如果不是有心学作为精神支撑，他早就不在人世了。

接下来的归程愈发漫长，王阳明在朦胧中感受到了死亡的气息。然而，无论水路还是陆路，船夫和车夫都不敢走得太快，怕他的病体受不了剧烈的颠簸。就这样，阳明以日行不过五十里的速度来到了广东境内。

路过增城时，王阳明拖着病体前去祭拜了六世祖王纲庙。这位先祖因平乱而死，际遇也是不堪。王阳明感慨于心，撰写了《祭六世祖广东参议性常府君文》，祭文中说："父死于忠，子殚其孝，各安其心，白刃不见，又知有一祀之荣乎？"王阳明在人生最后的时光里，仍不忘谆谆告诫弟子们要好好"致良知"。广东布政使王大用是王阳明的学生，听说老师入境，赶紧带一队士兵前来护驾。众人一路向北，必须翻越气候恶劣的梅岭。阴云低垂，远山失色，天与山的交接处，如缕的轻霭被大风吹散，使人顿感寒意彻骨。

王阳明从昏睡中醒来，从竹躺椅上支起身子，问两个抬他的军士此地是何处。王大用见状，策马过来，告诉他前边是梅岭。阳明刚想说些什么，一阵北风将他呛得咳嗽不已，又晕了过去。

不知过了多久，天空中开始飘雪。深山之中奇寒无比，风雪漫天。王大用找来两条厚厚的棉被，给恩师盖上。

王阳明抓住他的手，道："你知道三国时孔明出祁山前托付姜维的故事吧？"王大用愣了愣道："老师不必多想，您的身体定能不日康复。"

王阳明摇了摇头："我自知此行凶多吉少，如果我死于途中，你一定要将我的灵柩运回余姚安葬。"

王大用哽咽起来，拼命地点了点头表示自己记住了。王大用听懂了老师是在交代后事，便调来了一支军队跟随保护；又准备了一口上好棺材，跟在队伍最后面。

到了梅关城楼，一行人生火歇息。士兵们围着火堆，一边跺脚，一边哈气。王阳明强撑着下了竹椅，望着城堞上"梅关"二字，不由一阵眩晕。

多亏王大用眼疾手快，一把将他拽住，他才不至于摔倒。王大用提议在梅关住一晚再走，王阳明却是一刻也不想耽搁，催他赶紧动身。于是，漫天大雪中，一行人又出发了。十一月二十五日，他们一行下了陡峻的驿道，终于到了江西南安府。

在南安，有两个王门弟子，七品的南安推官周积、从四品的赣州兵备道张思聪闻讯早在大雪中迎候多时。此时的王阳明脸色青紫，身体颤抖，见了两人几乎说不出话来。两人一见老师的模样，鼻子一酸，流下泪水。王阳明缓缓地摇头，说："莫要为行将就木之人流泪，你等近来学业如何？"

二人已不知该说什么，只是劝道："老师保重身体要紧，不可过于操心劳累。"

王阳明脸现笑意，一阵剧烈的咳嗽突然袭来。周积和张思聪急忙上前，一个轻拍他的背，一个则安抚他的胸口。王阳明好不容易才停了下来，用尽全身力气说道："病势危急，之所以还没有离开你们，只是还剩一口元气在。"

周积见状不禁哭出声来，王阳明握住他的手劝慰他说："不必难过，要时刻注意学问的增长。"说完这句话，王阳明就闭上了眼睛。

尽管周积找来了南安最好的医生，但王阳明的身体还是没有任何起色。昏昏沉沉中，他听见王大用在跟张思聪商量后事，嘱咐买最好的木材，用锡纸裱棺……

两天后，王阳明执意要启程，众人不再拂逆他，为他准备好了木船。

周积含泪将他扶上船，一直守在他身边。船启动了，王阳明抑制不住伤感，对周积道："很遗憾，不能再同你们切磋学问了。"

周积忙道："老师哪里话，南安的学子们都盼着您明年春天来讲学呢！"

可惜，王阳明再也等不到开春了。他望着外面的天空，天上灰蒙蒙的。雪粒无声地落入河中，船桨击水发出有节奏的哗哗声，愈发沉寂。王阳明在一片宁静中沉默着，思绪也许飘得很远。

黄昏时分，夜幕降临，江面荡漾着粼粼波光。王阳明微微睁开眼，喘息着问："现在到了哪里？"

旁人答："青龙埔。这个码头离梅关只有五十多里，属大庾县。"

翌晨，船停在青龙埔。风雪已经停了，江水清澈，整个天地间一片洁白。清冽的空气让王阳明头脑一时清醒起来，他想再多看一眼这个世界。

周积见他面色红润，还有些欣慰，不料王阳明却平静地告诉他："我要去了。"

周积一愣，待反应过来，鼻子一酸，眼泪不禁夺眶而出。他顾不得去拭，凑近了，泣不成声道："老师，您还有什么话要说吗？"

刹那间，王阳明忽然有些激动，心底仿佛有千言万语涌上心头，却不知从何说起。这时，船里非常安静，面对跪在病榻前痛哭流涕的弟子们，王阳明不停地喘息着，等气息稍微平复后，微微一笑，平静地说道："此心光明，亦复何言？"

过了片刻，王阳明便闭上眼睛，永远地停止了思考和言说。嘉靖八年十一月二十九日（1529 年 1 月 9 日）辰时，王阳明病逝于归途，终年五十七岁。

王阳明自少年时，勤读诗书，立下大志，后在龙场吃尽人间苦，又在龙场得悟。复出后历经磨炼，建功当世，深受万民爱戴。

然而圣人出世，往往是来替众生受苦的，可谓备尝艰辛，受尽磨难，但其内心世界却充满着光明。

司马迁说过："人固有一死，或重于泰山，或轻于鸿毛。"王阳明这一生立功、立言、立德，不负黎民百姓，不愧苍天良知。可谓是了无遗憾，心境澄明。到了生命最后时刻，一生事功声名、是非功过都烟消云散，唯有此心安详，故能从容面对死亡："此心光明，亦复何言？"

第四节　阳明身后

然而，一代大哲死后亦难安生。

桂萼在得知王阳明死讯后，竟要清算他生前擅离职守之罪。嘉靖皇帝朱厚熜也认为王阳明不等批复便擅自离任是蔑视朝廷，命群臣议罪，竟下令革去王阳明的职务，并称王阳明的心学为伪学，禁止流传，最后，甚至削夺了王阳明的新建伯爵位。

正所谓"公道自在人心"。王阳明之死，上到宰相徐阶，下到普通农夫、盐丁，无不悲痛。从南安到南昌，王阳明的棺椁所经之处，士民遮道，哭声震天。路过赣州，官府迎祭，百姓拦路哭吊。到了南昌，自发前来祭奠的人更是连绵不断、踏破门槛。

正要进京参加殿试的钱德洪和王畿立刻取消了行程，讣告同门，趋迎先师，众人一路护送灵柩而归。回到绍兴，一直到落葬，前来吊唁者每日上千。有致仕的内阁阁臣、六部官员，有浙江的督抚，还有王阳明的生前好友。

弟子李珙等人含泪在绍兴市兰亭镇花街村洪溪鲜虾山的南麓为先师修墓。这块墓地是王阳明亲自挑选的，坐北朝南，四面环山，虾须水过，洪溪水兜，前方两排青山如仆佣相侍，宛转至远天之外。

王阳明灵柩下葬于洪溪时，王门弟子千余人披麻戴孝、扶柩而哭，不能赶到绍兴的弟子也在家中焚香遥祭。数以万计的人从四面八方赶到洪溪，哭声震撼山谷，可谓凄惨痛绝。

三年后，方献夫公然违抗桂萼的禁令，联合京城四十多名科道官员、翰林学士，日夜讲会，共倡师学。六年后，邹守益与欧阳德分别主持南北国子监，继续大力宣扬心学。二十年后，徐阶以内阁大学士的身份，与王门弟子上千人会讲于北京灵济宫。

隆庆元年（1567年），廷臣多颂其功。王阳明被追赠为新建侯，谥号"文成"。隆庆二年（1568年），明穆宗诏予世袭伯爵，在颁布的铁券文书中对王阳明做了盖棺定论："两肩正气，一代伟人，具拨乱反正之才，展救世安民之略。"

两百年后，《明史》定稿。万斯同、王鸿绪、张廷玉一致写下了那句由衷的赞叹："终明之世，文臣用兵制胜，未有如守仁者也。"

在王阳明去世后，他所始创的阳明心学也发展为诸多流派。按《明儒学案》的说法，有江右、浙中、楚中、闽粤、南中、北方、泰州七个门派，如果加上王学修正的止修学派，有八个。

在诸多流派中，最有影响力的是浙中学派、江右学派和泰州学派。

浙中是王阳明家乡所在地，是王学最初发源之地，徐爱、钱德洪和王畿等嫡传弟子多出于此。

江右就是江西一带，是王阳明后来文章事功的重镇，也是王学兴盛之地，代表性人物有邹守益、欧阳德、聂豹等人。这一派被认为最得王阳明心学的真传。其内部又分为以聂豹、罗洪先为首的"归寂派"和以欧阳德、邹守益、陈九川为首的"功夫派"。

而泰州学派主张"百姓日用是道"，规模和影响力是各派中最大的。此派所讲论的"良知天性，古往今来人人具足，人伦日用之间，举而措之耳"，一定程度上接续了阳明心学的功夫之说。

"止修学派"被人们视为旁门左道，以"止修"为宗旨，故而得名，创始人是李材。李材认为"我"才是本体，"知"不是，因而舍弃王阳明的致良知之说，而立止修为宗旨。止即"止于至善"，修即"修身"，从某种意义上来讲已经不是王门的正宗学派。

另外，王阳明在贵州龙场时就有追随他的当地弟子，如陈文学、汤伯元、叶梧等有史可查者二十余人，再传弟子有孙应鳌、李渭、马廷锡、陈尚象等二十余人，形成了黔中学派。他们还建立了最早的阳明书院。

从某种意义上讲，王阳明可算是近五百年来中国最杰出、最有影响力的思想家之一，阳明心学已经成为浩浩荡荡的思想洪流，得到徐渭、汤显祖、袁宏道、李贽、徐光启等一大批杰出人物的推崇。

直到今天，王阳明心学仍然具有独特魅力，尤其是"知行合一"的理念，依然具有强大的生命力。王阳明以深湛学问和显赫事功，实现了古往今来读书人孜孜以求的梦想，成为文人从政的典范。他以自身立德、立功、立言的生动实践，为天地立心、为生民立命、为往圣继绝学、为万世开太平，是中国历史上罕见地实现了人生最高理想的圣贤人物。而王阳明的心学思想，也如涓涓细流，汇入了中华文明的智慧洪流之中，成为中华民族的精神财富。

如果要概括王阳明跌宕起伏而又多姿多彩的一生，"梦想、激情与超越"这一组词语较为贴切。纵观王阳明的一生，无论是做人为官，还是带兵打仗，他总是以一种"既在乎此，又不止于此"的超越心态，连打仗间隙都在和门生弟子讲学，讨论一些深邃抽象的哲理。面对生死关头的重大抉择，他也能凭借深厚的心学底蕴和"不动心"的理性、平和心态做出正确判断。他的智慧总是超越了当下，超越了眼前。

其实，王阳明的心学理论并不深奥难懂，它是一个具有开放性和体验性的原则框架，因而具有广阔而丰富的可阐释空间。它关注的始终是个体的精神建构，关注的是人与现实世界的互动关系，关注的是个人与群体之间责任与义务的平衡与和谐。它在形而上的哲学思辨和形而下的现实行动间，搭建了一个快速便捷的转换通道，可虚可实，可知可行。

王阳明经历了一切，又超越了一切，不断地创造奇迹，又不断把这些奇迹抛在脑后。他的眼中似乎永远盯着最远处的风景，并毫不迟疑地向前走去。而回响在我们耳边的，始终是五百多年前那个少年稚嫩却发人深思的声音："何为第一等事？"